"十四五"职业教育国家规划教材

 "十四五"职业教育河南省规划教材

电子商务客户服务

（第二版）

徐熠明　陈　曦　主　编

付　静　副主编

中国财经出版传媒集团

中国财政经济出版社

·北京·

图书在版编目（CIP）数据

电子商务客户服务 / 徐熠明，陈曦主编． -- 2 版． -- 北京：中国财政经济出版社，2023.7（2024.8重印）

"十四五"职业教育国家规划教材　"十四五"职业教育河南省规划教材

ISBN 978 - 7 - 5223 - 1022 - 0

Ⅰ．①电⋯　Ⅱ．①徐⋯②陈⋯　Ⅲ．①电子商务－商业服务－职业教育－教材　Ⅳ．①F713.36

中国版本图书馆 CIP 数据核字（2021）第 256028 号

责任编辑：樊　闽　　　　责任校对：张　凡
封面设计：卜建辰　　　　责任印制：张　健

电子商务客户服务

DIANZI SHANGWU KEHU FUWU

中国财政经济出版社　出版

URL：http://www.cfeph.cn

E - mail：cfeph@cfeph.cn

（版权所有　翻印必究）

社址：北京市海淀区阜成路甲 28 号　邮政编码：100142

营销中心电话：010 - 88191522

天猫网店：中国财政经济出版社旗舰店

网址：https://zgczjjcbs.tmall.com

北京中兴印刷有限公司印刷　各地新华书店经销

成品尺寸：185mm×260mm　16 开　15.5 印张　350 000 字

2023 年 7 月第 2 版　2024 年 8 月北京第 2 次印刷

定价：45.00 元

ISBN 978 - 7 - 5223 - 1022 - 0

（图书出现印装问题，本社负责调换，电话：010 - 88190548）

本社图书质量投诉电话：010 - 88190744

打击盗版举报热线：010 - 88191661　QQ：2242791300

编写　说明

本书是"十四五"职业教育国家规划教材，作为全国职业院校财经商贸类专业教材使用。为顺应电子商务快速发展对客服专业人才的需求，按照中等职业教育教学改革的要求，在第一版的基础上修订编写了本教材。

本教材在内容编写上遵循"需要为准，够用为度，实用为先"的原则，突出实用性。教材设计思路以电子商务客户服务的基础知识和技能为主线，以工作项目为依托，以工作过程为导向，以任务情景为教学单元来构建课程体系；以学生为主体，以就业为导向，引导学生主动探究与实践。同时，邀请行业企业专家对客服岗位进行工作任务和职业能力分析，并以此为依据确定本教材的学习任务和教材内容。根据所涉及电子商务客服工作的基础内容，组成若干教学模块，在教材编写上采用"项目学习""情境导入""任务实施""实战强化"的形式，穿插"想一想""做一做""知识窗"等小栏目，融知识、技能、训练于一体，方便学生边学边练。结合行业发展新态势、新技术、新成果，增加二维码数字学习资源，以加深学生对专业知识、技能的理解、应用与拓展，使其更好地适应电子商务客服岗位和职业发展的需要。

本教材的此次修订，始终坚持课程思政与专业教学同向同行的原则，将习近平新时代中国特色社会主义思想和党的二十大精神融入教材，以社会主义核心价值观为引领，增设"思想点拨"栏目，注重讲故事、用案例，将价值塑造、知识传授和能力培养三者有机融合，着力培养"知行合一、德技并修"的专业人才。

本教材共设置了七个项目：项目一，理解电子商务客户服务的含义、作用，熟知电子商务客户服务的工作范围、职能及各项相关礼仪常识；项目二，了解电商品牌的相关知识，掌握依据商品特色的描述技巧和电子商务环境下的促销手段；项目三，认识电子商务客服的各项准备工作，掌握电子商务客服工作的基本程序；项目四，掌握常见的客户接待与沟通技巧，能够进行有效且有利于交易成功的沟通交流；项目五，掌握有效订单处理的常见注意事项和处理技巧；项目六，熟悉售后服务的工作内容及应对方法和技巧，能够对纠纷进行正确处理；项目七，熟悉客户关系管理的基础知识，为后续专业课程的学习做好衔接和准备。各项目的任务设计按照电商企业对客服岗位入职培训的步骤及要求进行编写，并体现出前期准备、中期服务、后期维护的逻辑关系，可供新员工培训和社会人员学习使用。

本书为用书学校任课老师提供了课后习题答案和电子课件，如有需要，请以电子邮件形式向中国财政经济出版社索取（请注明学校、全书名、版次、作者），Email：caijingjiaocai@163.com，也可访问如下网址下载：http：//jiaocai.cfeph.cn。

按照全国中等职业学校电子商务教学标准的学时安排，本课程建议教学课时数为72学时，其中理论学时为32学时，实训学时为40学时，课时分配可参考下表：

项目	教学内容	课时分配	
		讲授	实践训练
项目一	入职准备	4	2
项目二	做好知识储备	6	4
项目三	熟悉工作流程	6	4
项目四	客户接待	4	10
项目五	处理有效订单	4	6
项目六	做好售后服务	4	6
项目七	管理客户关系	4	8
课时总计		32	40

本教材由徐熠明、陈曦担任主编和统稿工作，付静任副主编，张益铭、郭增茂参与编写。其中，项目一由付静编写，项目二由徐熠明编写，项目三由陈曦、郭增茂编写，项目四由徐熠明、张益铭编写，项目五由张益铭、郭增茂编写，项目六由陈曦、付静编写，项目七由徐熠明、陈曦编写。

由于时间仓促，加之编者水平有限，虽殚精竭虑仍难免疏漏错误，希望广大读者朋友批评指正并提出宝贵意见。

编　者

2023年7月

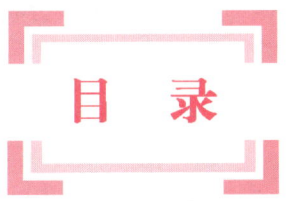

目 录

项目一 入职准备 — 1

任务一 理解电子商务客户服务含义 — 2

任务二 熟知电子商务客服工作范围及职能 — 12

项目二 做好知识储备 — 29

任务一 认知品牌价值 — 30

任务二 掌握商品知识 — 39

任务三 掌握商品促销方法 — 56

项目三 熟悉工作流程 — 69

任务一 熟知电子商务客服工作流程 — 70

任务二 掌握电子商务客服销售流程 — 76

任务三 做好客服准备工作 — 90

项目四 客户接待 — 107

任务一 掌握常见的客户接待与沟通技巧 — 108

任务二 进行客户分析	126

项目五 处理有效订单 — 140

任务一 掌握有效订单的处理流程	141
任务二 礼貌结束服务	153

项目六 做好售后服务 — 162

任务一 进行售后服务及客户维护	163
任务二 处理交易纠纷	190

项目七 管理客户关系 — 204

任务一 进行客户关系管理	205
任务二 客户关系管理工具应用	215

主要参考文献 — 238

附录：二维码资源索引表 — 239

项目一 入职准备

千里之行，始于足下；九层之台，起于垒土。

——老子《老子》

▶ **知识目标：**

理解电子商务客户服务的含义；了解电子商务客户服务的意义及作用；了解网络客服的工作职责范围；掌握网络客服相关的礼仪常识；了解现代电子商务客户服务与传统店面客户服务的区别。

▶ **技能目标：**

了解进行网络客服工作应具备的各项基本技能；能够根据客服岗位的基本素质要求、招聘条件和基本能力需求，结合自身实际特点，进行有目的性的培训和学习。

▶ **情感目标：**

能够正确认识"以客为尊、团结协作、求实创新、诚实守信、开拓进取、务实敬业"的职业价值观和职业道德；能够清晰认识客服岗位在企业的定位和新员工的个人发展空间，并给自己定下一个适合的职业发展方向。

任务一
理解电子商务客户服务含义

任务要点

掌握电子商务客户服务的基础知识；根据电子商务客服岗位的招聘条件和职业标准加强自我培训。

任务情境

电子商务专业的中职生小李想知道自己毕业后面对的就业形势及就业岗位，就在百度上输入了"电子商务招聘"关键词，大量招聘信息涌了出来，其中很多岗位需求是诚招淘宝商城客服、急聘网络客服、诚聘客服专员等，再输入"电子商务客服招聘"，百度引擎的搜索结果更是多达七千多万个。小李心想：电子商务客服岗位需求这么大，那么电子商务客服的职位要求是什么？自己该做些什么准备呢？

任务分析

首先，小李要对电子商务客户服务有整体的认知，要清楚电子商务企业中客服的地位及重要作用；其次，要根据客服岗位需求和技能要求，结合自身实际特点，进行有目的性的培训和学习，并积极寻找机会进行实践锻炼。

任务实施

步骤一 认识电子商务客服

（一）简述电子商务客服

客户服务，简称"客服"。电子商务客服，也称"网络客服"，是基于互联网的一种客户服务工作，是网络购物发展到一定程度，细分出来的一个工种。这种服务形式对网络有较高的依赖性，所提供的服务一般包括：客户答疑、促成订单、店铺推广、完成销售、售后服务等几个主要方面。

电子商务客户服务人员是承载着客户投诉、订单业务受理（新增、补单、调换货、撤单等）、通过各种沟通渠道参与客户调查、与客户直接联系的一线业务受理人员。

客服人员作为承上启下的信息传递者，还肩负着及时将客户的建议传递给企业其他部门的重任，如客户对于产品的建议、线上下单操作、修改、反馈等。

（二）电子商务客服分类

1. 电子商务客服按形式分，分为在线客服、语音客服。
2. 电子商务客服按业务职能分，分为售前客服、售中客服和售后客服。
3. 电子商务客服按工种分，分为销售客服、仓储物流客服和投诉客户。

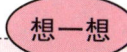

我们身边的网络客服都有哪些？是何种类型？

1. 联通客服_____类型（见图1-1）

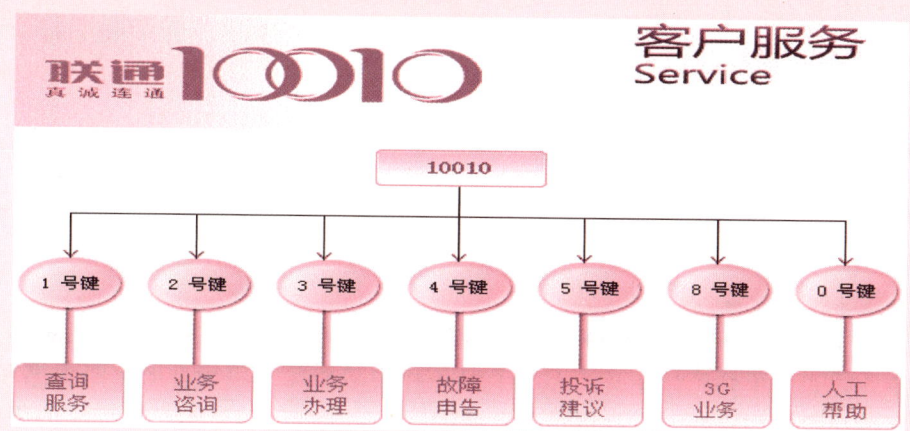

图1-1

2. 淘宝客服_____类型（见图1-2）

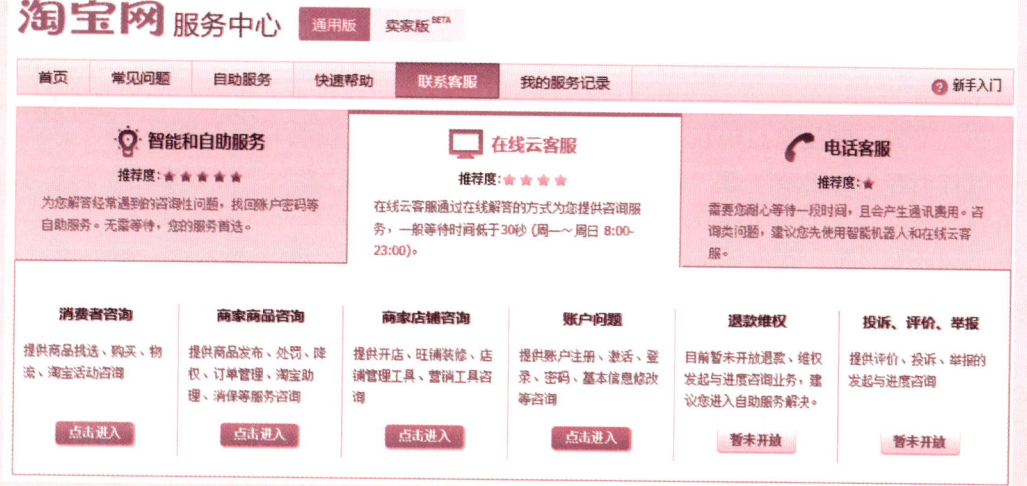

图1-2

3. 京东客服_____类型（见图1-3）

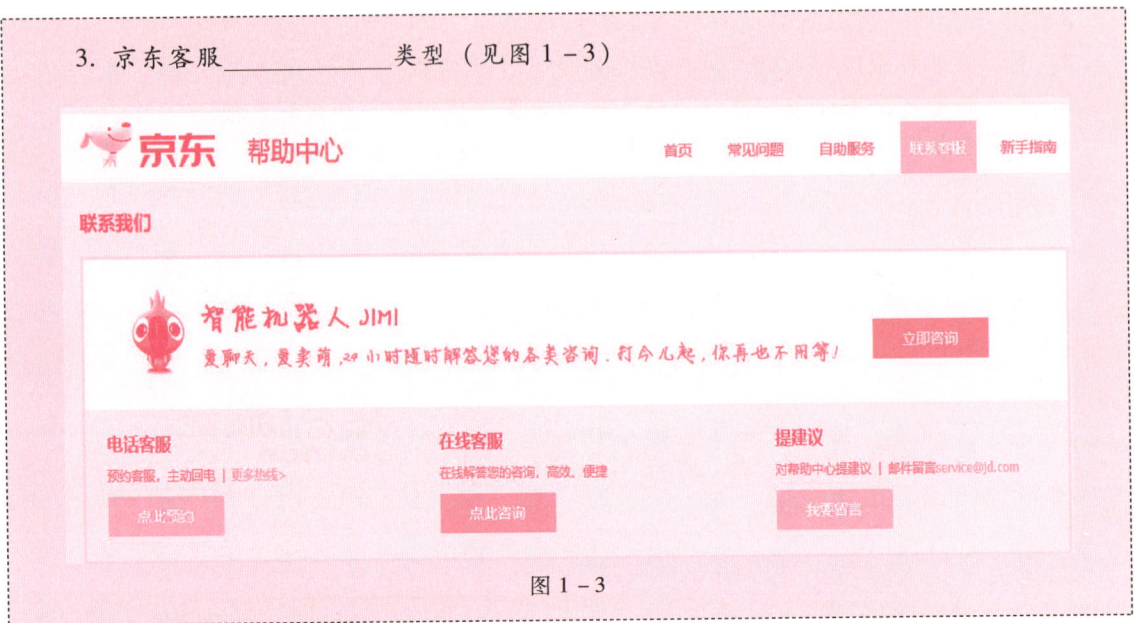

图1-3

（三）电子商务客服的重要作用和意义

1. 塑造公司形象。对于一个电商公司而言，客户看到的商品都是一张张的图片，既看不到商家本人，也看不到产品本身，无法了解各种实际情况，往往会产生距离感和怀疑感。这时，客服就显得尤为重要。客户通过与客服的网上交流，可以逐步了解商家的服务和态度以及其他，客服的一个笑脸（旺旺表情符号）或者一个亲切的问候，都能让客户真实地感觉他不是在跟冷冰冰的电脑和网络打交道，而是跟一个善解人意的人在沟通，这样会帮助客户放弃开始的戒备，在客户心目中逐步树立起公司的良好形象。

2. 提高成交率。现在很多客户都会在购买之前针对不太清楚的内容询问商家，或者询问优惠信息等。客服在线能够随时回复客户的疑问，让客户及时了解其想知道的内容，从而达成交易。有的时候，客户不一定对产品本身有什么疑问，仅仅是想确认一下商品是否与事实相符，在线客服的良好服务可以打消客户的很多顾虑，促成交易。同时，对于一个犹豫不决的客户，一个有着专业知识和良好销售技巧的客服，可以帮助买家选择合适的商品，促成客户的购买行为，从而提高成交率。有时候客户拍下商品，但是并不一定急于购买，这个时候在线客服可以及时跟进，以通过向买家询问支付方式等方法来促进买家及时付款。

文本：客户网购过程

通过客服良好的引导与服务，客户可以更加顺利地完成购买。电子商务客服一个很重要的作用就是提高订单的成交率。

思想点拨

一个细心、专业、拥有良好专业知识储备的网店客服人员可以帮助客户选择合适的商品，促成客户的购买；对于没有及时付款的客户，网店客服人员的跟进沟通和催付，也是店铺提高转化成交量的一种手段。

3. 能够提高客户回头率。当买家在客服的良好服务下完成了一次交易后，买家不仅了解了卖家的服务态度，也对卖家的商品、物流等有了切身的体会。当买家需要再次购买同样商品的时候，就会倾向于选择他所熟悉和了解的卖家，提高了客户再次购买的概率。

4. 可以更好地服务客户。如果把网店客服仅仅定位于和客户的网上交流，这只是服务客户的第一步。一个有着专业知识和良好沟通技巧的客服，可以给客户提供更多的购物建议，能更完善地解答客户的疑问，更快速地对买家售后问题给予反馈，从而更好地服务于客户，才能获得更多的销售机会。

5. 会带来更好的用户体验。电子商务客服可以成为用户在网上购物过程中的保险丝，用户线上购物出现疑惑和问题的时候，客服人员通过答疑解惑，及时解答，能给用户更好的整体体验。一个优秀的电商客服人员的情商要高，他通过客户的文字就可以察觉客户的情绪，对客户进行安抚，或进行赞美，总能恰到好处地让客户觉得舒适。

> **思想点拨**
>
> 优秀的电子商务客服人员可以提升客户的购物体验。电子商务客服人员在与客户交流的过程中，通过耐心询问、认真倾听，为客户提供帮助，这样可以为客户带来良好的购物体验，这是电子商务客服人员必备的职业素养。

（四）网络客服在电子商务中的地位及发展趋势

优质的客服是企业成功的关键。从经济学角度来说，现代市场竞争不再是一味打价格战，服务的竞争水平往往起决定作用，而所有这一切都要通过客服人员的工作来协调完成。不论是电商企业，还是网络店铺，提高客服的服务水平均十分重要。

> **知识窗**
>
> ## 网店客服
>
> 党的二十大报告回顾了过去五年的工作和新时代十年的伟大变革，最近的十年是经济高速发展的十年，尤其是随着互联网技术的发展，电子商务呈现了蓬勃的发展，越来越多的企业将发展目光聚焦到线上，纷纷开设自己的网店。
>
> 网店客服是网店的一种服务形式，通过网络给客户提供解答和售后服务，称为"网店客服"。目前，网店客服主要是针对网购系统，比如淘宝网上的网店客服就是阿里软件提供给淘宝掌柜的在线客户服务系统，旨在让淘宝掌柜更高效地管理网店、及时把握商机、从容应对繁忙的生意。
>
> 以淘宝网店客服的现状为例：目前淘宝有专职/兼职网店客服超过1000万人，但有经验的资深客服非常稀缺，根据智联网网站岗位招聘信息，淘宝网店客服岗位月薪在4000～8000元。
>
> 就业前景：由于网络购物平台的不断壮大，市场缺口巨大，除了平台自身招聘客服人员外，目前有专门提供客服的公司，同时出现了专门招聘网店客服的招聘网站，但是只是以销售客服为主。相信不久，技术客服、售后客服等职位将不断增多，未来的网络客服将成为客服市场的主力。

通过网络搜索引擎或市场调查,整理相关内容知识,充分理解什么是电子商务客户服务,明确客户服务在电子商务企业中的地位,并与传统客户服务相对比,列出二者的相同处与不同处。

1. 以淘宝网店客服为依托,进行资料收集,回答以下相关问题:
(1) 网店客服的工作内容是什么?
(2) 网店客服的种类有哪些?
(3) 网店客服的作用是什么?
(4) 网店客服的前景怎样?
(5) 怎样才能成为网店客服人员?
2. 请对现代电子商务客户服务与传统店面客户服务进行比较并将结论填写在表1-1中。

表1-1　　　　　现代电子商务客户服务与传统店面客户服务比较

	传统店面客户服务	电子商务客户服务
工作方式		
工作对象		
工作内容		
工作环境		
工作时间		
相同点		
差异性		

步骤二　电子商务客服人员应具备的素质和能力

(一) 客服人员应具备的基本素质

一个合格的网络客服人员应具备基本的素质和能力,如心理素质、品格素质、技能素质,以及语言沟通能力等。

1. 良好的语言沟通能力。

网络客服人员要有良好的语言沟通能力,因为其不仅要对客户进行引导,更多的是要让客户有良好的购物体验,所以要注意运用一些基本的语言沟通技巧。在与客户交流的过程中,不要轻易用"肯定、保证、绝对"等词语。因为每个人在购买商品的时候都会对商品有一种期望,如果无法保证绝对满足客户的期望,那么使用这些词语就会使客户失望。

知识窗

　　以护肤品为例，因为每个人肤质不同，所以售卖护肤品的商家不能保证自己出售的商品在几天或一个月内一定能达到客户的期望；同样商家也不能保证快递不会误期、不会丢失、不会损坏。为了不让客户失望，最好不要轻易对客户许诺。用"尽量、努力、争取"等词语效果会更好。这样既能给客户多一点真诚，也能给自己留一点余地。

　　网络客服人员在与客户沟通时，要创造一种亲切感，而这种亲切感首先来源于称呼。因此，网络客服人员在与客户沟通时要常用"咱们"之类的词。例如，介绍商品时说"咱们这款商品"，出现纠纷时说"咱们一起来解决"等。这种表述方式会让客户感觉网络客服人员是自己人，如此就能轻松地促成交易，或者能较容易地解决问题。

　　打字沟通不像是面对面进行交流，无法直接感受到对方的情绪，天南地北的差距也是造成双方对话语理解有误的因素之一，所以在交流时一定要注意用词，不要让买家觉得我们的话语里有歧义，产生不必要的误会。我们在沟通中，通常的流程是：问候→询问商品相关的问题→有无库存→能不能处理售后→发货时间＋快递公司等物流问题→下单后催付/核对信息→欢送感谢。

　　由此可以看出，买家下单之前是存在很长一段流程的，想要买家下单可能并不容易，甚至还包括买家最终的评价等，交易的成功离不开客服的努力。任何一点失误都有可能会引起买家的误会和不满，为了避免误会引发的"丢单"和"中差评"，客服在话术的运用方面一定要谨慎小心。

　　（资料来源：https：//www.mmker.cn/article/3841.html）

2. 心理素质。

网店客服人员应具备良好的心理素质，因为在客户服务过程中，需要承受各种压力、挫折，没有良好的心理素质是不行的。合格的客服人员要具有以下能力：①"处变不惊"的应变力；②挫折打击的承受能力；③情绪的自我掌控及调节能力；④满负荷情感付出的支持能力；⑤积极进取、永不言败的良好心态。

思想点拨

　　在线服务客户时，需要网络客服人员有足够的耐心。有些客户在寻求问题的答案或解决方案时，喜欢"打破砂锅问到底"，这是因为客户心存疑虑，这时需要网络客服人员有足够的耐心和热情，耐心地回复客户的问题，消除客户的疑虑，满足客户的需要，从而让客户对网络客服人员产生信任感。

3. 品格素质。

（1）忍耐与宽容是优秀网店客服人员的一种美德。

（2）一名优秀的网店客服人员应该对其所从事的客户服务岗位充满热爱，兢兢业业地做好每件事。

（3）谦和的服务态度是能够赢得顾客对服务满意度的重要保证。

（4）不轻易承诺，说了就要做到，言必行，行必果。

（5）谦虚是做好网店客服工作的要素之一。

（6）拥有博爱之心，真诚对待每一个人。

（7）勇于承担责任。

（8）有强烈的集体荣誉感。

（9）具备对客户热情主动的服务态度，让每位客户感受到你的服务，在接受你的同时接受你的产品。

（10）客服人员要有一个良好的心态来面对工作和客户，控制好自己的情绪，耐心地解答，有技巧地应对。

> **知识窗**
>
> ### 做能"吃"的人
>
> 要广义地理解能"吃"的含义，即做能吃"苦"、能吃"气"和能吃"亏"的人。
>
> 首先，做能吃"苦"的人。做一名一线客服人员并非一件难事，但要做好一线客服人员却是一件困难的事，他们要面对轮回的酷暑严寒、各色用户群体、不同的用户需求、复杂的用户咨询及反馈、投诉处理等。同时，一线客服人员事务繁杂、责任重、压力大，心理上的"苦"更是需要他们做好充分心理准备。所以说，要一如既往地做好一线服务工作，就要求他们有能吃"苦"的精神，此乃做好服务的基础。
>
> 其次，做能吃"气"人。一线客服人员常会遭遇客户的抱怨、误会、委屈，特别是特殊时期、高温季节、线路不畅、自身条件有局限不能满足用户需求，用户争议偏大难以解决时，客户往往就更容易烦躁，此时应避免"情绪中暑"、被用户牵着鼻子走、不能良好自控，要做能吃客户"气"的人。
>
> 最后，做能吃"亏"的人。很多一线客服人员都害怕吃亏，不愿意为了做好服务而多付出一点，结果这部分服务人员的业绩始终没有进步，个人职业生涯当然也就只会停步不前甚至被淘汰；而这样做的结果更把用户对客服个人的不满转移到公司上，影响了公司的整体形象。服务工作相对于其他工作而言，责任更重、要求更高、付出更多，一线客服人员的工作职责就是服务客户，但就工作内容而言，却很难用规章制度、工作标准来界定。在工作当中，一线服务人员应当保持奉献精神，注重细节，在客户有需要的时候，牺牲部分自己的利益，为八方客户提供明文规定之外的额外服务项目，从而提高客户的认可度、满意度。
>
> （资料来源：https://www.sohu.com/a/235122873_100098196）

4. 技能素质。

（1）良好的文字语言表达能力。

（2）良好的语言沟通技巧和谈判技巧。

（3）丰富的专业知识：如果你对自己企业的产品都不了解，是无法保证第一时间准确回答顾客对产品的疑问。

（4）丰富的行业知识及经验。

（5）熟练的专业技能。

（6）思维敏捷，具备对客户心理活动的洞察力。

（7）敏锐的观察力和洞察力：只有这样才能清楚地知道客户购买心理的变化。了解了客户的心理，才可以有针对性地对其进行引导。

（8）具备良好的人际关系沟通能力：良好的沟通是促成买家下单的重要步骤之一，在整个销售过程中与买家保持良好的沟通是保证交易顺利的关键，还有可能将新买家吸收为回头客，成为自己的忠实顾客。

（9）具备专业的客服电话接听技巧：网店客服不但要掌握网上及时通信工具，很多时候电话沟通也是必不可少的。

（10）良好的倾听能力。

> **知识窗**
>
> 网店客服的工作要求：一般要求打字速度达到 80 字/分钟以上，熟悉网上店铺操作流程和交易规则，熟悉电脑基础操作，能够熟练使用 WORD、EXCEL 等办公软件，会使用聊天工具，掌握网络购物的流程，具有良好的沟通协调及语言表达能力。同时，要求具备热情主动、耐心细致、普通话标准（部分需要和顾客通电话）、思维敏捷、认真负责、能承受工作较大压力、服务意识强和应变能力强等素质。

5. 综合素质。

（1）具有"客户至上"的服务观念。

（2）具有工作的独立处理能力。

（3）具有对各种问题的分析解决能力。

（4）具有人际关系的协调能力。

（二）客服人员应具备的基本能力

电子商务客服人员应具备诸如文字表述、资料收集、代码了解、网页制作、终身学习、了解网民等基本能力。

1. 文字表达能力。把话说明白，把产品描述清楚，这是作为营销类网店客服的基本能力。不妨看看一些网店的宝贝描述、产品说明，仔细分析一下店主的文字表述，就会发现许多买家希望了解的事情其实都没有表述清楚。

2. 资料收集能力。收集资料主要有两个方面：一是保存重要的历史资料；二是尽量做到某个重要领域的资料齐全。如果能在自己工作的领域收集大量有价值的资料，那么对于自己卓有成效的工作将是一笔巨大的财富。

3. 动手操作能力。客服人员要深入网店营销了解其中的各种问题，仅靠一般的了解远远不够，还需要自己动手、亲自参与网店营销过程的各个环节。很多时候，有些问题也只有自己动手去操作才能发现并找到解决的办法。在网店营销学习过程中自己体验的地方越多，对网店客服的理解就会越深刻。

4. 代码了解能力。网店营销与网页制作、数据库应用等常用程序密不可分。网店客服人员不一定能成为编程高手,但是对于一些与网店营销直接相关的基本代码应该有一定的了解,尤其是 HTML、ASP、JSP 等。即使不会熟练地用代码编写网页文件,也应该了解其基本含义,并且在对网页代码进行分析时可以发现其中的明显错误,这样才能更好地理解和应用网店营销。

5. 网页制作能力。网页制作本身涉及较多方面,如图片处理、程序开发等,网店客服人员应该掌握有关网页设计的基础知识,对于网页设计的基本原则和方法有所了解。进行客户服务时,这些能力尤其重要,因为只有了解网页制作中的一些基本问题,才能知道解决方案是否合理,以及是否可以实现。

6. 参与交流能力。从本质上来说,网络客服最主要的任务是利用互联网的手段促成营销信息的有效传播,而实时交流本身就是一种有效的信息传播方式。互联网提供了很多交流机会,如论坛、博客、专栏文章、邮件列表等,都需要直接参与。

7. 思考总结能力。电子商务客服现在还没有形成非常完善的理论和方法体系,同时也不可能保持现有理论和方法长期不变。目前一个很现实的问题是,网店营销的理论与实践还没有有效结合起来,已经形成基本理论的方面也并未在实践中发挥应有的指导作用。因此,营销类网店客服人员需要依靠自己在实际工作中发现问题,并进行思考和总结。

8. 适应变化能力。适应变化的能力,也可以称之为"不断学习的能力"。由于互联网环境和技术发展变化迅速,尤其是一些具体的应用手段会不断变革迭代,客服人员要跟上时代,与时俱进,具备自我学习与更新的能力,不断提升自我。不过,网络客服的一般思想理念并不会随着环境的变化而发生根本的变化。

9. 终身学习能力。没有一个行业比电子商务发展得更快,技术、模式、用户、观念天天在变,要保持终身学习的心态。

10. 建立品牌能力。随着电子商务的发展,网络销售平台的数量会越来越多,要有保持品质、力求特色的能力。

> **知识窗**
>
> **人工智能会替代客服吗?**
>
> 利用人工智能,代替传统的人工客服与客户进行简单沟通并处理基础性问题。久而久之,这样的疑问就开始困扰着人们,特别是相关从业人员:人工智能会代替客服吗?客服是否应该为将来的"失业"做好准备?就像"机器人会征服地球吗"这种"深奥"的问题,看上去似乎是未解的,其实答案已经展现在人们面前。客服从业者担心在未来自己从事的工作将会被 AI 工具所取代。那么,究竟这一结果是否会成为现实呢?通过相关角度的分析,我们可以初步得出这样的结论:不会。人工智能不会代替客服,未来,"人机协作"将会成为客服市场的主要运作模式。我们分析后找到以下两方面原因:
>
> 首先,"共情"能力。纵使智能化在各行各业中广泛应用,智能客服代替人工客服

完成了很多工作和业务，但是，"人"的情感是机器所无法具备的，不光是客服，还有很多工作都需要有情感的"人"来完成，无法完全被机器人取代。共情能力是能够独立思考的"人"所具备而机器人不具备的一种能力，正是因为这种能力，使得客户对智能客服与人工客服产生的体验感完全不同。实际上确实如此，有数据表明，人们更喜欢直接找人工客服解决问题，因为他们认为这是解决好问题的最快捷有效的办法。

其次，信息接收转化的准确度。智能客服在接收信息后进行识别，并根据读取的识别后的信息给予相应的反馈和处理。但是，这些功能存在一定的局限性，致使信息识别不准确。比如，我国地域辽阔、民族众多，各地区的方言也是多种多样，即便再智能的AI机器人，也无法准确无误地识别客户的语音信息及其表达的含义，想要通过智能客服准确识别上述差异，就目前的科技发展水平来看，几乎是不可能实现的。智能客服难以完全觉察到客户的一些特殊语气、情绪和言下之意，从而会造成很多信息误解或者遗漏，严重影响到客户的体验。在这种情况下，如果再由人工客服进行二次介入干预，必定会导致效率低的问题。智能客服其实相当于给人工客服增加了一个帮手，给用户多增加了一个解决问题的入口，帮助用户更有效地解决问题。

（资料来源：https://zhuanlan.zhihu.com/p/397868840）

做一做

通过市场调研或浏览招聘启事，了解企业对电子商务客服人员的能力需求，列出电子商务客服人员的职业标准，并加强学习准备。

1. 你所了解的淘宝网店客服人员的入职要求是什么？请填写在表1-2中。

表1-2

	内　容	标　准
素质要求		
技能要求		

2. 达到淘宝网店客服人员入职要求的自我培训有哪些？请列出培训计划书。

（1）基本能力培训：
（2）专业能力培训：
（3）沟通能力培训：

任务二
熟知电子商务客服工作范围及职能

🔍 任务要点

了解电子商务客服工作的范围及职能；熟悉电子商务客服的基本行为规范；掌握网络客服常用工具的运用；熟知电子商务客服相关礼仪常识。

🔍 任务情境

小李认真学习电子商务客服基础知识后，来到一家大型电子商务公司进行社会实践，被分配到客户服务部门。客户服务部刘经理向小李介绍了公司的背景、规模、主营业务等基本情况，然后告诉小李，两天后要进行正式的培训。这两天，小李要先熟悉客户服务部门的岗位设置、各岗位的职责以及工作环境，有什么不懂的地方可以请教同事。听到这些，小李有点茫然：他不知道这些工作岗位要做些什么？他能做些什么呢？

🔍 任务分析

小李首先要深入了解公司的市场概况和背景，认真体会企业文化的要素组成和表现，积极转换角色，完成自己从学生身份到职场人士的初步转变。其次，要大致了解电子商务客服部门的主要岗位设置，对电子商务客服工作的岗位职责和其他相关工作事项进行熟悉。然后，要能够结合客服岗位发展空间，给自己定下一个适合的职业发展方向。

🔍 任务实施

步骤一　了解电商的组织架构和岗位设置

每个职场新人上岗前，都需要了解公司的组织架构、部门和岗位设置，知道自己今后的工作要跟哪些部门和岗位的同事进行业务上的配合。

如图1-4所示，通常不做分销、只做零售的企业都采用单渠道组织结构，由运营经理或运营总监统领客服、配送、美工、财务和推广等各个部门，在每一个部门下设有多个相关岗位，大家各司其职，共同完成公司的销售目标。

项目一 入职准备

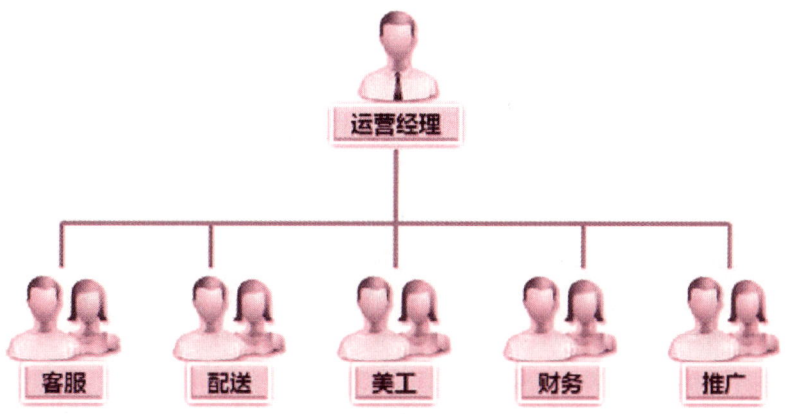

图1-4 单渠道组织结构

公司架构由高层和中层管理者以及基层员工构成，每个部门的职能不同。运营总监带领团队完成业务指标，行政经理负责后勤和内务工作。每个岗位都有对应的工作职能以及权限范围，如图1-5所示。客服部门的岗位职能也会分售中和售后，售中负责在线接待和接单，而售后则负责关系维护和纠纷处理，有些企业会把拍照、文案、标题放在产品部，但一些企业会把这些工作岗位设置在营销部里。

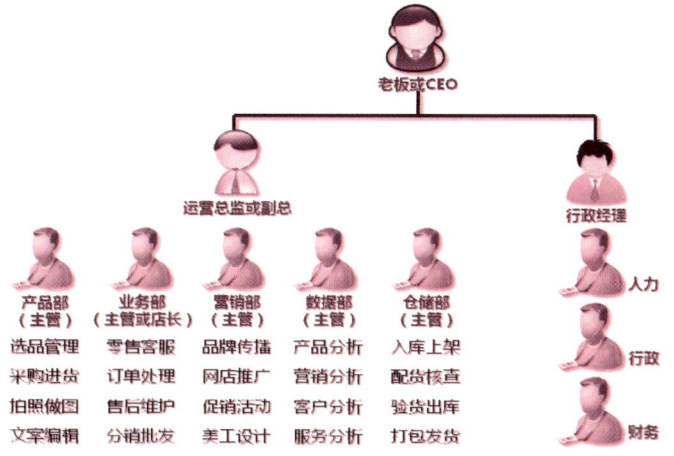

图1-5 部门设置及职能

有些公司除了零售以外，还有分销业务，因此还会设一个分销管理团队。分销管理团队也是由多个岗位构成，但通常不再另外招聘商品拍摄人员和美工，这部分工作还是交由零售团队的相关部门完成，但分销的营销策划通常会专人管理，然后跟营销部的相关人员进行对接。

对公司架构有充分的了解，知道做什么事该找什么部门，哪些工作是哪些人负责，这样就可以直接联系相关同事，尽快处理问题。

步骤二 了解电子商务客服的工作职能

(一) 客服人员的职责

电子商务客服人员的主要职责是专门负责招呼买家，回答买家的咨询，向买家介绍商品，为买家提供良好的售后服务。目前，网络客服分工已经达到相当细致的程度，除了上述职能，还出现了接受买家投诉以及帮助卖家打包的网店客服等。其具体工作内容包括：

微课：网购客户的需求特点

1. 通过聊天工具和客户沟通，解答客户提出的各种问题，达成交易。
2. 负责收集客户信息，了解并分析客户需求，策划客户服务方案。
3. 负责进行有效的客户管理和沟通。
4. 负责建立客户服务团队以及培训客户代表等相关人员。
5. 定期或不定期进行客户回访，检查客户关系维护情况。

> **知识窗**
>
> 1. 淘宝售前客服的工作主要是上传照片，把自己的店铺推广出去，让更多的人看到店铺的宝贝，也就是增加店铺的曝光率。
> 2. 淘宝的售中服务，就是尝试跟顾客进行交易。
> 3. 淘宝的售后客服则包括对顾客的回访，来增加彼此之间的情感，打造出店铺的忠实客户。

6. 负责发展维护良好的客户关系。
7. 负责组织公司产品的售后服务工作。
8. 负责建立客户档案、质量跟踪记录等售后服务信息管理系统。
9. 负责及时跟踪发货动向，及时与用户沟通，避免用户不满意。

通俗地理解网店客服的职责，主要是接受订单、处理货单、接受产品咨询、给新老客户讲解产品、推荐公司新出的优惠政策、客户关系维护等，同时根据客服人员反馈的信息与设计或者营销部门配合，对产品做出设计或者修改。此外，对网店客服工作要求很严格，和买家对话的开头语、结束语、道歉语都有固定的模式，还要接受包括监听录音、评比回答第一名、根据买家评分情况等考核。因此，一个网店客服人员需要具备的最基本的素质就是耐心。

(二) 客服人员的工作目标

1. **降低售后成本。**

在开展售后维护工作时会涉及各项成本。在电商领域中，解决售后问题涉及的成本与客服人员提出的解决方案有直接的联系。下面列举了客服人员在售后工作中提出的解决方案。

（1）客户不退货，商家退全款。

当以这种方式进行售后处理时，商家不仅无法收回已经发出的商品和运输商品的费用，还需将从客户处收取的款项全额退还。这是最干脆利落的解决客户投诉的方法，不需要太多的处理技巧，而且可以有效防止客户留下中、差评或与其产生纠纷等情况发生。但由于此种方法对商家而言损失太大，长期使用会严重拉低整个店铺的利润水平，是实际操作中不鼓励使用的一种方式。

（2）免费重发。

免费重发是指客户不将第一件有问题的商品退还给商家，商家为了解决客户的问题，免费为其重发一件没有问题的商品。

采取这种操作方式时，商家所支付的实际成本由重发商品的进货成本和重发商品的运输成本两部分构成。一般来说，这两项费用的总和占原始订单金额的比重，这个数值也就是采取免费重发方式时商家所需承担的损失。

（3）部分退款或其他补偿。

当客户提出的商品问题并不严重且非无法解决时，商家可以与客户商议，通过部分退款的形式或其他方式对客户进行补偿。

（4）主动提供优惠券。

当某些客户提出的问题并不影响其正常使用商品时，商家可以通过向客户发放一定金额的优惠券来弥补其损失。对于客户而言，获得优惠券与退款无异。而对于商家而言，发放这种优惠券的损失远比全额退款或免费重发小得多；而且优惠券可以促使客户再次购物，进而获得新的销售额与利润。

（5）在技术层面答疑解惑。

在所有解决客户提出的问题的方法中，商家最喜欢的方法毫无疑问是零成本的方法。所谓零成本的方法，是指客服人员通过答疑解惑，解决客户关于商品、服务、运输的问题，让客户理解整个服务的过程，并最终消除客户的疑惑。

> **思想点拨**
>
> 在客户提出问题的第一时间，商家应积极提出解决方案，这样不仅能给客户留下专业负责任的印象，还能最大限度地降低解决问题的成本和难度。商家在提供解决方案时，建议尽量提供两种或两种以上的方案，有多种方案备选可以让客户体会到商家对他的尊重，同时可以防止客户不接受商家的主推方案，转而向平台发起投诉或留下差评的情况发生。上述处理方式也体现了一个专业客服的职业素养。

2. 促进二次销售。

优质的商品服务不仅是一个品牌的诚信保证，还可以带来二次销售机会。二次销售手段通常是指针对网络老客户使用的一些营销手段，也指为了留住老客户必须采用的方式。网店要想促成二次销售，必须保证客户对商品十分满意。

（1）完美解决客户的疑虑。

从网店的成交订单中可以发现一个规律，那就是在网店中多次下单的老客户往往是在最初几次交易中遇到一些问题的客户。当客服人员帮助他们完美地解决问题后，客户对网店的信任度会显著提高，这种信任关系会促使客户在未来的几年中稳定地回购。

（2）设置提示。

设置提示主要是针对商品详情页进行设置，比如关于收藏店铺、收藏商品的提示。设置提示的快捷方式有很多种，常用的有网店二维码、快速收藏等，这些都可以帮助网店获得更多的浏览量,也为二次销售奠定了基础。

（3）定位营销。

开展定位营销前,客服人员需要对已成交客户的购买情况进行统计,对那些购买商品较多的客户给予重点关注,并在网店推出新款商品或者有优惠活动时,及时发信息通知这些客户。

3. 提高店铺转化率。

对网店来说,日常工作中是不能缺少客服人员的,客服人员服务质量的好坏会直接影响店铺转化率。因为在网上购物和实体店购物有比较大的区别,在实体店购物时会有导购主动介绍,而在网上购物遇到问题需要主动向客服人员求助。所以,客服人员的服务质量对客户的购买决策起着决定性的作用,如果客服人员能提供优质的服务,客户是非常愿意下单购买的。

> **知识窗**
>
> **客服人员提高店铺转化率的几个方法**
>
> 第一,响应率要高,及时回复是对客服人员的基本要求。现在大多数客户都是利用碎片时间逛网店的,不愿意花太多时间等待,如果客服人员不能快速回复客户,很可能就会丢失一个客户。
>
> 第二,沟通要热情、有耐心。客服人员的工作之一就是为客户解决一些疑惑。客服人员应尽量热情主动一些,给客户留下一个好的印象,这样才能更好地促进成交,提高店铺转化率。如果遇到一些不讲理的客户,客服人员也要用好的心态去服务,不要与客户争辩。
>
> 第三,沟通中不要出现错别字。虽然在与客户沟通时,有一两个错别字没有多大的影响,但沟通过程中不出现错别字能体现客服人员乃至店铺的专业程度及诚意。
>
> 第四,做好关联销售。客户咨询商品的时候,如果咨询的商品主图中有店铺里的T恤和牛仔裤,虽然客户咨询的是T恤,但客服人员也可以适当向客户推销牛仔裤。
>
> 第五,用真诚的态度处理售后差评问题。店铺难免会有被打差评的时候,这时客服人员应该第一时间去安抚客户,询问客户打差评的原因并做好相关问题的整改工作。

（三）客服人员的职业价值观

1. 认识企业文化。

企业文化是指组织成员的共同价值观体系,它使组织独具特色并区别于其他组织。一个成熟的企业文化主要由以下几个层次构成:

（1）企业理念:它是企业文化最核心的层面,企业理念是指企业发展的定位和未来的愿景。

（2）企业的核心价值观:它是指企业明确的做事原则,也就是企业要求员工对待客户/对待工作的准则,以及企业的价值导向和行为态度等内容。例如,淘宝对员工提出的"客户第一"的价值观就是要求员工在工作中以客为尊,维护企业形象;换位思考,确保有效沟通,苦练服务意识和接待技巧。

(3) 企业的形象与标识:主要包括企业对外形象、员工工作着装/用语等一系列行为形象的规范。例如,中国电信提出的"标准着装十八条,标准行为十二条,标准用语五不说";互联网知名品牌"三只松鼠"使用动漫色彩设计,以三只诙谐、可爱、个性独特、人物化的松鼠形象为主要表现形式,契合了松鼠爱吃坚果的特点,使用户看到其LOGO就联想到了品牌的产品类别。

2. 了解企业文化的作用。

企业文化是企业不可缺少的组成部分。优秀的企业文化能够营造良好的企业环境,提高员工的文化素养和道德水准,对内能形成凝聚力、向心力和约束力,形成企业发展不可或缺的精神力量和道德规范,能使员工产生积极向上的作用,使企业资源得到合理配置,从而提高企业的竞争力。

(1) 企业文化具有凝聚力作用。企业文化可以把员工紧紧地团结在一起,形成强大的向心力,使员工万众一心、步调一致,为实现目标而努力奋斗。事实上,企业员工的凝聚力的基础是企业明确的目标,企业文化的凝聚力来自企业根本目标的正确选择。如果企业的目标既符合企业的利益,又符合绝大多数员工个人的利益,就实现了集体与个人双赢的目标,那么在此基础上就有效发挥了企业凝聚力的作用,这也在一定程度上证明这个企业凝聚力产生的利益基础就具备了。否则,无论采取哪种策略,企业凝聚力的形成都只是一种幻想。

(2) 良好的企业文化具有吸引力作用。优秀的企业文化不仅对员工具有强大的吸引力,对于合作伙伴、供应商、消费者以及社会大众都有很大的吸引力,对稳定人才和吸引人才起着很大的作用。如果同样条件,没有人不愿意去一个更好的企业去工作,也没有哪一个客户不愿意和更好的企业合作。这就是企业文化的吸引力。

(3) 企业文化具有导向作用。企业文化就像一个无形的指挥棒,让员工自觉地按照企业要求去做事。企业的核心价值观与企业精神,发挥着无形的导向功能,能够为企业员工提供方向和方法,让员工自发地去遵从,从而把企业与个人的意愿和愿景结合起来,促进企业发展壮大。

(4) 企业文化具有激励作用。优秀的企业文化无形中对员工起着激励和鼓舞的作用,良好的工作氛围会让员工享受工作的愉悦,如果在一个相互扯皮、勾心斗角的企业里工作,员工就感受不到和谐和快乐,反而会产生消极的心理。优秀的企业文化所形成的文化氛围和价值观是一种精神激励,能够调动与激发职工的积极性、主动性和创造性,把人们的潜在能力激发出来,使员工得到全面发展,增强企业的整体执行力。

(5) 企业文化具有约束作用。企业文化本身就具有规范作用,包括道德规范、行为规范、意识规范等,并形成无形的约束力,让员工明白哪些不该做、不能做,从而提高员工的责任感和使命感。

(6) 企业文化有竞争力作用。一个好的企业文化可以带动企业健康发展,激发员工的工作积极性,提高了企业的效益。

> **知识窗**
>
> **年营收超过 100 亿，三只松鼠 HRD 如何打造企业文化？**
>
> 文化的三支柱是任何一家企业都离不开的内容。三只松鼠对三支柱的理解是这样的：
>
> 使命——长期定位，存在的价值。即以数字化推动食品产业进步，以 IP 化促进品牌多元发展。
>
> 愿景——终极目标。即"活"100 年，进入全球 500 强，服务全球绝大多数的大众家庭。
>
> 价值观——意识形态与行为准则。即超越主人预期、真实、奋斗为本、创新、只做第一。
>
> 一家企业需要有纲领性的文件来规范文化，该文件在企业所有文件中的地位最高。三只松鼠有自己的《松鼠文化行动纲领》，称为"11545"，囊括了整个公司所有的运行规则。除此之外，还需要其他的文化规章制度。任何制度，不论写得多完善，都会有漏洞。而文化正是很好的堵漏洞的方式，它就像砌墙的水泥，能够将砖密封起来，如《松鼠十一条家规》《同事关联关系制度》《松鼠人身份体系》等。当然了，企业文化还有许多文化符号，企业的文化符号需要符合四个方面的标准：形式新颖、主题突出、质量上乘、覆盖全面。另外，三只松鼠对消费者的称呼都是"主人"，这也充分体现了松鼠的"主人文化"。
>
> （资料来源：https://zhuanlan.zhihu.com/p/265045749）

3. 确立客服人员的职业价值观。

作为电子商务客户服务人员，要有一个与企业价值观相吻合的待人接物原则，如图 1-6 所示。

坚守的价值观

客户第一：客户是衣食父母
团队合作：共享共担，平凡人做非凡事
拥抱变化：迎接变化，勇于创新
诚信：诚实正直，言行坦荡
激情：乐观向上，永不放弃
敬业：专业执着，精益求精

图 1-6 职业价值观

第一，要确立的观念就是服务为本，以客为尊。尊重顾客，自觉维护企业形象，在工作当中积极主动地为客户解决问题。学会换位思考，不冷漠，不推卸责任，在坚持原则的基础上争取实现客户和公司都满意的双赢目标，用强烈的责任心和服务意识，以及熟练的接待技巧为客户解决问题，提供优质的服务。

第二，要有团结协作意识。团队精神、团队协作都是企业最为推崇的价值取向，要求员工具有主人翁意识，积极地融入团队，乐于接受同事的帮助，同时也热情地帮助别人，配合团队完成工作。在工作中秉承对事不对人的态度，积极发表建设性意见，善于和不同类型的同事合作，善于利用团队的力量来解决问题。

第三，具有求实创新的思想。理性对待各种变化，积极沟通，诚意协调，并能起到带头作用。同时，要具有前瞻意识，善用新的方法和新的思路来提高工作绩效。要有危机意识和忧患意识，在项目和工作实施前就能想好如何处理可能会出现的问题，避免产生损失。

第四，要做到诚实守信。要做到为人正直、言行一致，不受压力影响，不受外部利益的诱惑，通过正确的渠道和流程客观地反映问题，并且能客观、准确地表达自己的观点，说话做事要照顾到别人的自尊心，尽量帮助团队伙伴，不传播未经证实的消息，勇于承认错误，敢于承担责任。

第五，具备开拓进取的精神。能够开拓进取，干一行，爱一行，对企业有一种归属感。能够顾全大局，不计较个人得失，以一种积极乐观的心态来面对工作。要学会自我激励，遇到来自工作和生活的挫折能够积极地调节情绪，不影响本职工作。新项目推进的时候，能够坚定信念，不轻言放弃，寻求突破。

第六，具有务实敬业的工作态度。严格按照工作流程进行操作，避免重复错误。养成今日事今日毕的良好工作习惯，不断学习和自我完善，养成以结果为导向的职业态度。通过有效的时间管理来合理地安排工作，不墨守成规，能够化繁为简、寻求创新，在专业上、在工作态度上能够用高标准来要求自己。

想一想

1. 我们应该确立什么样的电子商务客服职业价值观？
2. 企业文化的表现形式是什么？淘宝的店小二文化有何特点？

试比较一下某公司客服岗位说明书（见表1-3），看看自己是否满足此岗位的需求？需要强调的是：我们目前对客服岗位在企业的定位和新员工的个人发展空间要有清晰的认识，并给自己的将来定下一个适合的发展方向。

表1-3

岗位说明书			
岗位基本信息			
岗位名称	客服专员	所在部门/所属中心	客服部/运营中心
岗位编制人数	8人	上级主管岗位	客服部经理
岗位核心目的（存在的价值）			
处理用户提出的意见、建议及问题，得到客户的认同与满意，有效地维护和提升公司的形象，协调客户与公司的良好关系；对购买产品的用户需求进行记录并反馈提交，为产品和营销部门提供第一手客户需求。			

续表

岗位主要职责分解和衡量标准	
主要工作与职责	权重（%）
1. 完成本班分配工作，日常工作包括在线、论坛、电话、E-mail 回复，维护论坛、Shell 公告，处理违规用户，配合线上活动等工作	70
2. 负责对用户反映的问题整理、归纳和提交	20
3. 产品测试和 BUG 收集	10
业绩考核指标	权重（%）
1. 保证用户满意度	60
2. 按照公司制度，圆满完成对用户问题的解答、受理等过程	40
任职要求	
专业知识要求（包括但不仅限于学历要求）	从业经验要求（包括但不仅限于行业或专业年限）
大专以上学历，熟悉计算机操作及 Internet 网络知识，能够熟练使用 Excel、Word 等办公软件，中文录入速度在 80 字/分钟以上。普通话标准，口齿清晰，具有亲和力	一年以上客服经验
专业任职资格要求（岗位所要求的资格证书、资质水平）	能力素质要求（按重要性排序，列所要求的能力素质 4~6 项）
对××产品特别熟悉，有一定的工作经验；有较强的适应能力，能够承受一定的工作压力	1. 性格平和 2. 承受压力能力强，能够快速地调整情绪和状态 3. 专业的客服水准，能够按照客服的规范流程进行电话、在线客服和论坛答复 4. 良好的沟通能力 5. 对××产品具有足够的兴趣和理解

步骤三　掌握电子商务客服常用工具

（一）常用的交流工具

传统的客户服务形式有电话、信件、上门服务等。而网络客户服务形式有网络社区、电子邮件、在线表单、即时信息、服务中心等。

1. 网络社区。网络社区包括论坛、讨论组等一些形式。企业设计网上虚拟社区就是让客户发表自己购买产品后的使用感受，发表对产品使用的经验和评论，或者提出改进建议。营造网上社区，就是为了与客户充分地交流与互动，吸引更多的客户参与。

2. 电子邮件。这是一种时下最便捷的沟通方式，引导客户进行注册，可以建立客户邮件列表，定期向客户发布最新产品信息，加强与客户的交流和互动。

3. 在线表单。这是一种企业调查问卷的形式，可以调查客户需求、征求客户意见，以取得更好的服务质量。

4. 即时信息。这是目前最流行的交互方式，不同的交易平台会为用户提供不同的在线沟通工具，淘宝使用的是"千牛平台"，京东使用的是"咚咚工作台"，苏宁使用的是"云信工作台"。

5. 企业服务中心。企业的服务有在线客服、服务热线，可以为客户提供周全的在线服务，解决一些日常问题。

（二）常用的网上支付工具

目前已经出现的网上支付工具主要有信用卡、电子钱包、网络银行、第三方支付、移动支付等。

1. 信用卡，是现阶段网上购物的主要支付方式。
2. 电子钱包，是客户用来进行安全网络交易特别是安全网络支付并且储存交易记录的特殊计算机软件或硬件设备，就像生活中随身携带的钱包一样，能够存放客户的电子现金、信用卡号、电子零钱、个人信息等，经过授权后可方便地、有选择地取出使用的新式网络支付工具，可以说是"虚拟钱包"。

> **知识窗**
>
> ### 电子钱包的常见功能
>
> 电子钱包是电子商务活动中网上购物顾客常用的一种电子支付工具，是在小额购物或购买小商品时常用的新式钱包（见图1-7）。电子钱包一直是全世界各国开展电子商务活动中的热门话题，也是实现全球电子化交易和因特网交易的一种重要工具，全球已有很多国家正在建立电子钱包系统以便取代现金交易的模式，常见的五大功能包括：
>
> 第一，系统将在电子钱包服务器为消费者开立一个属于个人的电子钱包档案，消费者可在此档案中增加、修改、删除个人资料。
>
> 第二，网上付款电子钱包。消费者在网上选择商品后，登录到电子钱包，选择入网银行卡，向"金融联"支付网关发出付款指令来进行支付。
>
>
>
> 图1-7

> 第三，交易记录查询。消费者可对通过"金融联"电子钱包完成支付的所有历史交易记录进行查询。
>
> 第四，银行卡余额查询。消费者可通过"金融联"电子钱包查询个人卡余额。
>
> 第五，商户站点链接。"金融联"电子钱包内设众多商户站点链接，用户可通过链接直接登录商户站点进行购物。

3. 网上银行（Internet Bank），又称"网络银行""在线银行"，它通过 Internet 为用户提供全方位、全天候、快捷、实时的金融服务，几乎可以支持与传统银行相同的各种业务。

4. 第三方支付，就是一些和产品所在国家以及国外各大银行签约、并具备一定实力和信誉保障的第三方独立机构提供的交易支持平台。不同的交易平台使用的支付工具也不同，常见的有支付宝、易付宝、拉卡拉、哆啦宝、快钱等，这些支付工具无一例外都是由平台来做第三方担保。在通过第三方支付平台的交易中，买方选购商品后，使用第三方平台提供的账户进行货款支付，由第三方通知卖家货款到达、进行发货；买方检验物品后，就可以通知付款给卖家，第三方再将款项转至卖家账户。由于这种支付方式是采用第三方待收款的操作流程，能给交易双方提供安全和保障。

5. 移动支付（Mobile Payment），也称"手机支付"，就是允许用户使用其移动终端（通常是手机）对所消费的商品或服务进行账务支付的一种服务方式。整个移动支付价值链包括移动运营商、支付服务商（比如银行、银联等）、应用提供商（公交、校园、公共事业等）、设备提供商（终端厂商、卡供应商、芯片提供商等）、系统集成商、商家和终端用户。

（三）常见的网上管理工具

很多交易平台也提供了一些管理工具，用户可以方便地利用它们轻松地批量上传商品、下载商品资料来做修改和备份，"生意参谋""客服管家"和"苏宁云台"都是平台提供的管理工具，因此在内部接口上有着不可比拟的优势，不管是上传还是下载商品，速度和准确率都是外部管理工具难以企及的。

常见的各网络交易平台工具如图 1-8 所示。

工具＼平台	淘宝	京东	苏宁
聊天工具（卖家版）	千牛	咚咚	旺店通
支付工具	支付宝	京东闪付	易付宝
管理工具	生意参谋	客服管家	苏宁云台

图 1-8　各网络交易平台工具

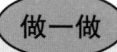

搜索目前网上流行的第三方支付平台，并将各自的特点填入表1-4中。

表1-4　　　　　目前国内流行的第三方网上支付平台对比

平台使用支付工具	交易平台名称	各自优缺点
支付宝		
易付宝		
哆啦宝		
拉卡拉		
快　钱		

知识窗

淘宝官方支付平台——支付宝介绍

支付宝是蚂蚁科技集团股份有限公司旗下业务，成立于2004年，是国内第三方支付开放平台，由支付宝（中国）网络技术有限公司和支付宝（杭州）信息技术有限公司作为主体运营。经过多年的发展，支付宝不断推出创新功能，如"全额赔付"支付、手机支付业务、公共事业缴费等，迅速成长为中国最大的第三方支付平台之一。截至2024年，支付宝已经服务了超过10亿名消费者和8000万个商家，成为全球领先的移动支付公司。

现在，支付宝已经不仅仅是一个支付工具，更是一个综合性的生活服务平台。它提供了包括扫码点单、生活缴费、政务服务在内的超过1000项生活服务，覆盖了用户日常生活的方方面面。支付宝还积极拓展海外市场，与全球众多商家和机构建立了合作关系，为用户提供更加便捷的跨境支付服务。此外，支付宝还积极推动数字化转型，为商家提供一站式的数字化经营解决方案，助力商家提升运营效率和服务质量。

支付宝的特色在于其强大的技术实力和创新能力。通过引入人工智能、大数据等先进技术，支付宝不断提升用户体验和服务质量。例如，支付宝推出了刷脸支付功能，用户只需通过刷脸即可完成支付，大大提高了支付的便捷性和安全性。此外，支付宝还注重用户权益保障和信息安全保护，采取了多种措施确保用户资金和信息的安全。这些特色和优势使支付宝在激烈的市场竞争中脱颖而出，成为用户信赖的支付品牌之一。

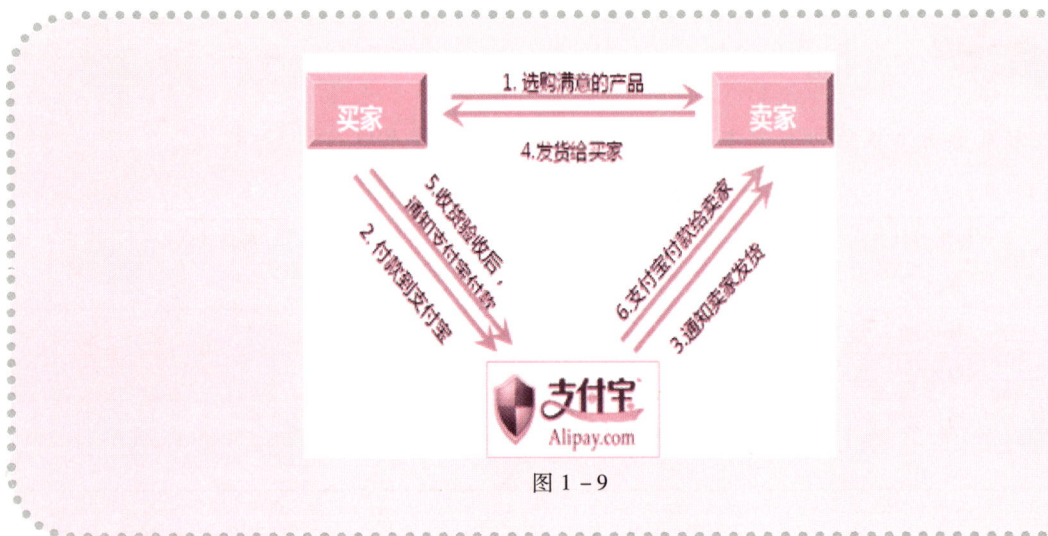

图1-9

实战强化

实训一 电子商务客服认知描述

随堂测验

一、实训目的

通过本次实训，使学生能清晰地对电子商务客服工作的重要性进行描述，增进对网络客服在电子商务中的地位及发展趋势的理解，提高对电商客服应具备素质和能力的认识。

二、实训内容与要求

1. 通过分组讨论或代表演讲的形式，进行表1-5所示内容训练，对个人的成长发展及客服岗位定位有清晰的认识。

表1-5

培训内容及任务	要求
1. 自我介绍	相互认识对方，学会推销自己，拉近彼此的距离
2. 描述客服人员做好服务工作对店铺的重要性	突出客服工作的地位，个人的成长
3. 讲解客服人员所需要具备的素质	从基本素质、品格素质、综合素质三点进行阐述

2. 通过分组讨论形式进行职责阐述，每个小组代表一个网店，每个人则代表网店组织结构里的某一个部门和岗位，小组内部相互阐述自己部门职责，第一个人阐述完毕后由其他人在表1-6中进行登记打分，再由第二个人接着进行阐述，取平均分评判分数，直到全部通过。

表1-6

部门岗位	学生姓名	表达是否完整清晰	是否需要重新阐述	评分
运营经理				
客服人员				
配送人员				
网店美工				
财务人员				
策划人员				

三、实训组织

1. 学生3~5人一组，各成员相互介绍，补充讲解。

2. 学生以小组为单位推选代表，在课堂上以文字和PPT形式展示，看看哪一组分析透彻、描述全面。所有资料整理并上交。

3. 教师点评、总结。

实训二 了解淘宝卖家版千牛工具的使用、支付宝功能的操作

一、实训目的

通过本次实训，使学生充分掌握沟通工具的使用技巧，利用千牛和客户进行沟通交流，掌握常用的客服沟通技巧。注册自己的支付宝账户，能够熟练使用支付宝进行网上购物、账户余额提现、缴纳水电燃气费用、管理个人账户等业务。

二、实训内容与要求

1. 下载千牛，了解、熟悉千牛的各项功能。利用千牛和客户进行沟通交流，掌握常用的客服工作沟通技巧。

（1）下载最新卖家版千牛并安装；

（2）注册一个淘宝账户并登录千牛（见图1-10）；

图1-10

（3）利用搜索引擎查询千牛常用功能及使用技巧；

（4）利用千牛与和出售你最熟悉商品的皇冠卖家的客服人员联系，总结他们常用的沟通技巧；

（5）模拟客服人员与客户沟通，促进客户的购买。

2. 了解网络支付的各种手段，能熟练使用网上银行和第三方支付平台，能分析各种支付手段的优势及劣势。

（1）注册一个支付宝账户，并通过网络银行卡进行充值、转账等操作。

（2）查询支付宝的功能，了解支付宝的应用范围（见图1–11）。

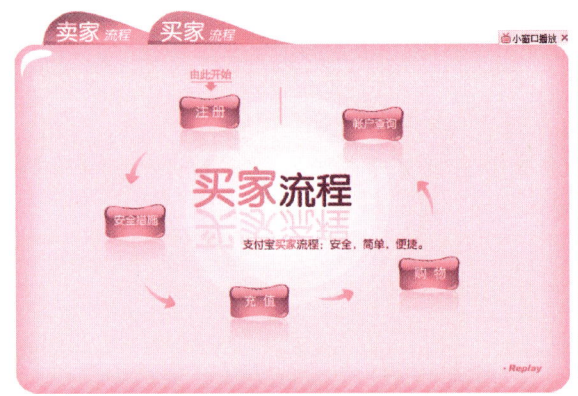 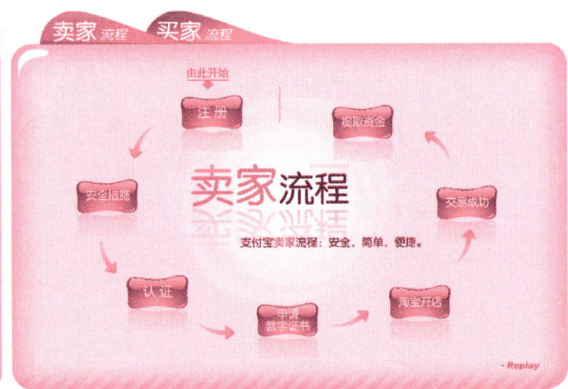

图1–11

三、实训组织

1. 每个学生都进行上机操作。
2. 同学间可相互模拟客户，进行客服（客户）间沟通交流。
3. 教师点评、总结。

思考与练习

1. 问题讨论。
   （1）客服有什么作用？
   （2）客服工作常用的沟通技巧有哪些？
   （3）网络支付手段有几种，各有什么优劣势？
   （4）第三方支付平台有什么风险，你认为可以如何规避？
2. 查询浏览常见的电子商务B2C网站，了解他们的客服技巧。
   （1）浏览阿里巴巴、当当网、网易严选、苏宁易购、亚马逊中国等B2C网站。
   （2）利用阿里旺旺与和你网购商品的皇冠卖家的客服人员联系，总结他们常用的沟通技巧。

（3）利用搜索引擎查询客服工作常用技巧。

3. 上网搜索我国目前流行的电子货币的主要种类。

4. 上网搜索两种最新的网上支付技术。

5. 登录多个电子商务网站，查看并分析其支持的电子支付方式。

6. 使用某种网上支付方式，完成一次网上购物和支付过程，并记录该过程。

任务实训

两天后，小李开始了正式培训。在培训中，小李胆大又热情，顺利完成了任务，交出了一份满意的答卷，获得了一致好评。

一、网络客服培训、筛选计划（见表1-7）

表1-7

培训内容	培训任务	要求
理论培训	1. 自我介绍	相互认识对方，拉近彼此的距离
	2. 描述客服做好服务工作对店铺的重要性	突出客服的地位，个人的成长
	3. 讲解客服所需要具备的素质	分三点：基本素质、品格素质、综合素质
服务技能培训	1. 上机操作，了解平台客服沟通工具的使用	熟悉平台客服沟通工具的主要功能
	2. 培训打字练习	客服要求达到80字/分钟

二、小李的任务完成情况

1. 描述做好客服工作对店铺的重要性。客服人员是在一线直接与客户进行沟通者，其一言一行不仅仅代表个人的行为，也直接反映了整个店铺及公司的文化修养、整体形象和综合素质以及企业利益。

客服工作相对来说比较安逸，但是作为店铺及公司的客服人员，我要与众不同，要做销售型客服，要有年轻人都具备的激情。吃得苦中苦，方为人上人。我要做的是：大家都能做的，我要做得更好；别人不能做的，我要试着做好。工作现在是我的生活不可缺少的事情，我不能浪费自己的时间，要抓住每一分每一秒发挥自己的价值。不要小看客服工作，如果能做好的话，它可以让你多方面提升自己的能力。

第一，做好客户服务工作有助于增加工作热情度与自豪感的产生，因为通过你的态度与方式能征服别人征服不了的客户（矛盾客户、刁蛮客户等）。

第二，有助于客服经验的累积，在今后的企业发展道路上，企业更看重的是营销人员，因此拥有丰富经验的你，价值不可估量。

第三，有助于自我素质的修养与提升，在与多种客户交流中磨练自己，自己的经验与知识、素质与修养累积得越多越丰富，你的回报率自然就越高。

第四，有助于人际关系与沟通能力的提升，通过结交各路人士，你的见识、胆识自然会增加，沟通与交流的能力会越来越强，处理人际关系就会越好。

2. 讲解客服工作所需要具备的素质（基本素质、品格素质、综合素质）。作为客服人员，我们要了解自己必须具备怎样的素质才能够胜任淘宝客服工作。

首先，我们要遵循客服的"五步一法"服务体系：第一步，认识客户；第二步，了解客户；第三步，帮助客户；第四步，理解客户；第五步，感动客户。"一法则"是指"满足客户成功需求"的服务法则。

其次，我们要了解客服人员必备的基本素质：①受惊不变；②挫折打击的承受能力；③情绪的自我控制力；④积极进取，永不言败的良好心态；⑤语言表达能力；⑥丰富的行业知识及经验；⑦思维敏捷，具备洞察客户活动心理的能力；⑧具有良好的人际关系沟通能力；⑨具备熟练的客户电话接听技巧；⑩良好的倾听能力。

再次，我们要了解客服人员的品格素质：①忍耐与宽容是优秀客服人员的一种美德；②谦虚是做好客户服务工作的要素之一；③拥有博爱之心，真诚对待每个人；④勇于承担责任；⑤强烈的集体荣誉感。

最后，我们要了解客服人员的综合素质：①"客户至上"的服务观念；②独立工作能力；③各种问题的分析解决能力。

3. 上机操作了解旺旺工具的使用。了解下载最新卖家版千牛→登录→设置→聊天→退出。

4. 打字练习（要求达到80字/分钟）。小李打字速度非常快，基本达到110字/分钟，被评为能手级。

项目二 做好知识储备

智慧是生成的，知识是学来的。

——陶行知

▶ **知识目标：**

认识品牌的含义，了解网络品牌的特点、层次，理解网络品牌的意义；了解商品的概念和分类，掌握商品的基础知识和描述技巧；掌握电子商务环境下的商品促销活动。

▶ **技能目标：**

能够塑造网络品牌意识，深入挖掘网络品牌价值，将其转化为客户利益；能够短时间内熟悉相关商品的特性，并能做出优劣分析；掌握商品的描述技巧，能恰到好处地进行商品宣传及推广；能够根据具体情况，采取合适的促销手段和执行方案进行促销活动。

▶ **情感目标：**

养成自觉维护国家利益、社会利益、集体利益的职业意识；培养客户至上的服务意识；养成善于观察思考、不断学习、踏实工作的习惯。

任务一
认知品牌价值

🔍 任务要点

> 掌握一定的品牌知识，通过了解网络品牌的特点、层次和作用，找准网络品牌的定位，创造并正确体现网络品牌的价值，以帮助我们塑造网络品牌，做好品牌竞争。

🔍 任务情境

小李毕业后入职了一家天猫网店，作为网店的客服人员，小李需要对网店销售产品的品牌价值进行深入了解，以便在客户咨询时，能够针对客户的需求，从品牌价值的角度进行推荐。但是，网店销售的产品并不属于知名品牌，品牌的价值暂时未被大众认可，小李想：作为一个网络品牌，如何才能提升品牌价值，进而可以从品牌的角度打动客户呢？

🔍 任务分析

品牌最核心的内容是：品牌定位、品牌个性和品牌价值，通过品牌定位，可以锁定目标市场和目标消费群体，创造出迎合目标群体风格偏好和消费主张的品牌个性，制定出符合群体消费层次的价格体系，在此基础上，正确体现出企业的品牌价值。

🔍 任务实施

步骤一　认识电子商务品牌

（一）品牌的含义

"品牌"（Brand）一词来源于古挪威文字 brandr，意思是"烙印"，它非常形象地指出塑造品牌的方向"如何在消费者心中留下烙印？"从消费者的角度而言，品牌是一种信号，又是一种暗示：它告诉消费者该商品技术含量高，值得信赖；它暗示消费者，与同类商品相比较，该商品质量最优、服务最好。

对产品而言，产品品牌包含两个层次的含义：一是指产品的名称、术语、标记、符号等方面组成的视觉组合体，其目的是在视觉上区别于其他同类产品或服务；二是代表有关产品的一系列附加值，包含功能和心理两方面的利益点，如产品所代表的效用、功能、品位、形式、价格、便利、服务等。产品品牌（Brand）是一种识别标志、一种精神象征、一种价值理念，是品质的代名词。

> **知识窗**
>
> 由世界品牌实验室（World Brand Lab）独家编制的2020年度（第十七届）《世界品牌500强》排行榜于2020年12月16日在美国纽约揭晓。得益于"疫情消费红利"，2019年的亚军亚马逊（Amazon）一举击败谷歌（Google）荣登榜首；谷歌退居第二；2020财年净利润大增的微软（Microsoft）名列第三。法国、日本、中国和英国分别有45个、44个、43个和40个品牌入选，为世界品牌大国的第二阵营。特别是，中国品牌入选数2020年首次超越英国，在所有国家中位列第四，并且有继续上升的趋势，其中表现亮眼的品牌有国家电网、腾讯、海尔、中国人寿、中国平安、五粮液、青岛啤酒、中化、中国南方电网、周大福、中国光大集团、恒力、徐工和北大荒。
>
> （资料来源：世界品牌实验室http://www.worldbrandlab.com/world/2020/）

存在于互联网上的品牌即网络品牌。网络品牌有两种分类：一是通过网络手段建立起来且只存在于网络上的品牌；二是对网下既有品牌的继承。两者在网络上的品牌建设和品牌推广方式有所不同，但二者的目标是一致的，都是为了品牌整体形象的创建和提升，以达到促进销售的目的。

（二）网络品牌的特点

相对于传统意义上的企业品牌，网络品牌具有下列特点：

1. 网络品牌是网络营销效果的综合表现。网络营销的各个环节都与网络品牌有直接或间接的关系，网络品牌的建设和维护存在于网络营销的各个环节，从网站策划、网站建设到网站推广、客户关系和在线销售，无不与网络品牌相关。网络品牌是网络营销综合效果的体现，如网络广告策略、搜索引擎营销、供求信息发布等各种网络营销方法均对网络品牌产生影响。

2. 网络品牌的价值只有通过网络用户才能表现出来。科特勒在《营销管理》中说："每一个强有力的品牌实际上代表了一组忠诚的顾客。"网络品牌的价值是企业与互联网用户之间建立起来的和谐关系。网络品牌是建立用户忠诚度的一种手段，对网络品牌的营销可以有效维护客户关系，比如近年来以拼多多为首的新电商营销模式——团购社交，以微信小程序的方式在微信社交圈里发起团购，以拼团的营销方式集中了相同品牌的爱好者，积累出一个庞大而精准的客户群。

3. 网络品牌体现了为用户提供的信息和服务。例如，抖音是最成功的网络品牌之一。抖音是由字节跳动孵化的一款音乐创意短视频社交软件，该软件于2016年9月20日上线，是一个面向全年龄的短视频社区平台。经过多年的快速发展，抖音已经不仅是一个短视频分享社区平台，依靠它强大的用户基础和流量基础，能够实现为各类用户提供信息搜索、娱乐互动、商品购买等有价值的信息与服务，可见有价值的信息和服务才是网络品牌的核心。

4. 网络品牌建设是一个长期的过程。与网站推广、产品推广、搜索引擎营销、直播带货、平台与网店促销等网络营销活动不同，网络品牌的建设不是通过一次活动即可取得立竿见影的效果，与此相反，网络品牌的建设是一项长期的营销策略和计划。因此，评价网络营销活动效果的一些短期目标或指标，并不能全面衡量网络品牌建设的效果。

（三）网络品牌包含的三个层次

品牌是极有效率的推广手段，品牌形象具有极大的经济价值。根据国际商标协会的调查，对于有网下品牌的企业，在网络使用中，有1/3的使用者会因为网络上的品牌形象而改变其对原有品牌形象的印象，有50%的网上购物者会受网络品牌的影响，进而在离线后也购买该品牌的产品，网络品牌口碑差的企业，年销售额的损失平均为22%。这说明，网络品牌为产品的无形价值提供了保证，网络营销成功的秘诀就在于创造一个成功的网络品牌。一个成功的网络品牌包含三个层次：

微课：网络品牌的三个层次

第一，网络品牌要有一定的表现形态。一个品牌被认知，首先应该有其存在的表现形式，也就是可以表明这个品牌确实存在的信息，如域名、网站（网站名称和网站内容）、商标、店铺、电子邮箱、网络实名/通用网址等。

第二，网络品牌需要一定的信息传递手段。仅有网络品牌的存在并不能为用户所认知，还需要通过一定的手段和方式向用户传递网络品牌信息，才能为用户所了解和接受。网络营销是促进产品销售的主要手段，同时也是网络品牌推广的有效途径，网络营销的主要方法有搜索引擎营销、博客营销、微博营销、病毒营销、百科营销、视频营销、社区营销等。网销的方式和信息传递的效果之间具有内在的联系，例如，在进行直播带货时，也达到了品牌推广的目的，只有深入研究其中的规律，才能在相同营销资源的条件下获得综合营销效果最大化。

第三，网络品牌价值的转化。网络品牌的最终目的是吸引新客，留存忠诚客，并达到增加销售的目的。因此网络品牌价值的转化过程是网络品牌建设最重要的环节之一，用户从一位初识品牌的新客，转化为支付买家，最终成为忠诚客户，伴随着访问量的上升、新注册用户人数增加、复购率的提升、销售额的提升，这个过程也就是网络品牌的价值转化过程。

（四）创建网络品牌的意义和作用

创建网络品牌是在电子商务条件下最重要的市场营销策略，也是企业生存的重要手段。

1. 品牌对于企业的作用。

（1）品牌创造了企业忠诚度。当消费者对某品牌的产品与服务的满意度、贡献度较高，认同品牌的价值，或者产生情感与生理上的较高依存度后，就会形成对品牌的忠诚，进而多次进行复购。因此，对于企业而言，忠诚度就意味着巨大的经济效益。同时，品牌是企业塑造形象、知名度和美誉度的基石，在产品同质化的今天，为品牌赋予个性、文化等附加值，对提高产品的竞争力和提升客户的忠诚度具有特殊的意义。

（2）品牌实现了产品增值。品牌是企业的一种无形资产，它所包含的价值、个性、品质等特征都能给产品带来重要的价值。同样的产品，贴上不同的品牌标识，也会产生悬殊的价格。品牌产品所体现出来的优良品质和取得的巨大的经济效益，体现了"优质优价"的市场效应。

（3）品牌扩展实现了企业的多元化经营。品牌是一种资源，国际著名的大公司都将品牌视为其全部的经营内容。他们可以将所有的制造、销售和服务业务以契约形式转包出租，而只保留对品牌的拥有权，从而成功地继续盈利。贴牌生产是充分利用品牌资源，获取利益的一种重要形式。

（4）品牌为企业创造了竞争优势。平均而言，赢得一个新客户所花的成本是保持一个既有客户成本的6倍。如果顾客建立品牌偏好，可以有效降低宣传和新产品开发的成本。

（5）品牌为企业提供了维权功能。通过注册专利和商标，品牌可以受到法律的保护，防止他人损害品牌的声誉或非法盗用品牌。

2. 品牌对于消费者的作用。

（1）品牌帮助消费者提高识别功能。在产品高度同质化的今天，品牌已成为同类产品相互区分的主要标志。在浩如瀚海的网络信息中，网络品牌是无声的导购员，对产品起着有效的凸显作用。

（2）品牌增强消费者购买决策时的信心。品牌建立在产品质量基础之上，相比一般的产品，品牌为消费者提供了产品质量方面的保证。

（3）品牌可以提高消费者的精神消费满意度。随着生活水平的提高，越来越多的消费者正从理性消费走向感性消费。一方面，商品的选择增多了，品牌可以帮助消费者迅速找到所需要的产品，减少消费者在搜寻过程中花费的时间和精力；另一方面，消费者开始注重生活的质量，追求品质高和形象优的产品，强化塑造自己的个性形象。

（4）品牌可以降低消费者的购买风险。消费者都希望买到自己称心如意的产品，同时还希望能得到周围人的认同。选择信誉好的品牌可以帮助降低精神风险和金钱风险。

（5）品牌提供了契约功能。品牌是为消费者提供稳定优质产品和服务的保障，消费者则用长期忠诚的购买回报制造商，双方最终通过品牌形成一种相互信任的契约关系。

（6）品牌提供了个性展现的机会。品牌经过多年的发展，能积累独特的个性和丰富的内涵，消费者可以通过购买与自己个性气质相吻合的品牌来展现自我。

> **知识窗**
>
> **自主品牌的重要性**
>
> "即使全世界的可口可乐工厂，在一夜间被烧毁，第二天我就可以让所有工厂得到重建，全世界的银行都会争相贷款给可口可乐……"这是可口可乐总裁曾经说过的一句话，可以说，品牌是企业的生存之本，品牌对企业的重要性不言而喻。在国家层面上，品牌就是国家的符号，品牌输出就是国家软实力的体现。
>
> 当越来越多中国品牌也慢慢发展强大，逐渐走向世界、经历"蝶变"，随着中国自主品牌的技术实力不断提升，自主品牌的市场占有率不断"刷新"，这直接从市场层面促进了用户消费观念的"刷新"，国民对自主品牌的认可与支持空前提升。
>
> 党的二十大报告指出，着力扩大内需，增强消费对经济发展的基础性作用。因此，在扩大内需，增强消费方面，打造自主品牌，提升品牌影响力，有助于增强消费。以国产汽车品牌为例，2021年，中国自主品牌乘用车销售954.3万辆，同比增长23.1%，占乘用车销售总量约45%，占有率比上年提升6个百分点。这是国人用行动证明对自主品牌认知的全面"刷新"，这个认知和支持对自主汽车品牌而言是一个千载难逢的发展

契机。与此同时，国内消费者求新尝鲜的消费升级趋势更加突出，有力驱动自主品牌高端产品销量持续攀升。

（根据文章《王国强：自主品牌实力的提升 促进了消费观念的"刷新"》整理，文本来源：https：//auto.163.com/22/0708/17/HBP69TAA000884MP.html）

想一想

1. 品牌意识都有哪些形式？如何建立？
（1）经营者的品牌意识：_____
（2）消费者的品牌意识：_____
（3）政府的品牌意识：_____
2. 怎样进行自主品牌意识培养？

步骤二 打造网络品牌

当客户在网上看到一个线下知名品牌时，很容易就会对该品牌产生较高的满意度，因为客户对已有的线下品牌形成了惯性思维，即使网络品牌有不足之处，也会因为线下品牌的影响而被忽略。而当客户看到一个全新的网络品牌时，由于没有任何印象基础，因此客户对网络品牌的第一印象十分重要，这将会是客户今后看待该网络品牌的基础。这也可以说明，知名品牌企业的网络品牌策略主要是品牌形象从网下向网上的延伸和发展，而非知名企业和新创企业的网络品牌则近乎是全新的创建过程，对于网络用户来说，从网上获得的印象几乎就是对于企业的全部印象，因此这些企业在向用户传递品牌信息时更应细心。在这方面，网络品牌与基于互联网业务的纯粹网络公司有一定的相似性。

（一）认清电子商务品牌建立的五个阶段

从电子商务的发展经历来看，品牌的建立需要经历五个阶段，如图2-1所示。

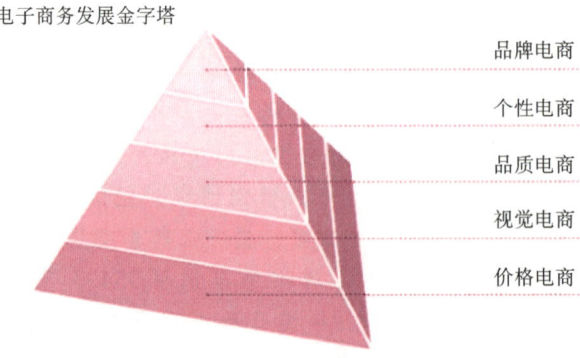

图2-1 电子商务发展金字塔

电子商务发展的第一个阶段，是价格电商。价格电商处于金字塔的底部，这个阶段将会持续很长一段时间，依赖的是低价策略，大多数消费者对商品价格是敏感的。

第二个阶段，是视觉电商，也是现在最主流的阶段。这个阶段看中的是视觉引流，而后带来转化，在这样的情况下，无论商品质量如何，只要视觉设计做的好，例如：图片、视频、详情页，且商品是低价的，客户就会因视觉冲动而购买。

第三个阶段，也就是品质电商的阶段。品质电商要传达的是产品质量信息，而在视觉电商阶段，视觉设计所传达的信息并不一定真实，因此，品质电商相较于视觉电商更加重视由商品品质带来的客户忠诚度提高。未来一两年会有越来越多的卖家重视的不是一次转化率而是二次复购率，通过用户口碑把品牌宣传出去。

第四个阶段，即个性电商。当品质电商越来越多、每一个类别都能提供不低于线下的品质，个性化的需求就产生了，这非常接近C2B模式，能把细分的个性化市场打通，产生相对比较大的聚合力，中间的渠道商分销和库存会减少，整个制造业和零售业的效率会得以提高。

第五个阶段，就是品牌电商的阶段。品牌电商涵盖了以上各阶段的方方面面，品牌的营销有更新的创意，因为他们更加了解消费者，所以营销活动也更加契合消费者的需求和喜好，商品品质有更好的保证，商品价格也更具竞争力，品牌全方位得到提升。

（二）做好企业网络品牌定位

品牌定位的过程，其实也就是找准目标市场的过程。通过品牌定位，我们不仅可以找准目标市场，同时可以锁定目标消费群体，制定出符合群体消费层次的价格体系，创造迎合目标群体风格偏好和消费主张的品牌个性。

我们可以从以下两个方面做好网络品牌的定位：

第一，定位网络品牌的目标客户群。没有任何一个品牌可以向所有客户提供全类别的产品或服务，因此，可以通过电子商务数据分析，采集购买人群的相关数据，通过人群数据分析，找出品牌的客户画像，针对具有客户画像特点的目标群体开展精准营销，达到降低推广成本和提升推广效果的目的。

第二，定位网络品牌的利益或价值。在确定网络品牌的目标客户群之后，需要进一步分析消费者需求，通过网络能够向这些目标客户提供哪些有价值的信息或服务？网络品牌需要有明确的消费者诉求或利益主张，并能够在第一时间向用户明确这种主张，这就是定位网络品牌利益的内容。

定位网络品牌也就是选择进入的竞争领域，一个有明确定位的网络品牌，能够让接触它的网络客户很快明白它能够带给他们的利益，这不仅能够节省用户的时间，也有助于用户深入了解品牌文化以及品牌所提供的个性服务。

（三）做好网络品牌文化建设

品牌建设的核心是品牌文化建设，具体而言，品牌文化是其蕴涵的深刻的价值内涵和情感内涵，也就是品牌所凝练的价值观念、生活态度、审美情趣、个性修养、时尚品位、情感诉求等精神象征。它是网络品牌建立的底蕴和根基，如图2-2所示。

微课：品牌文化建设

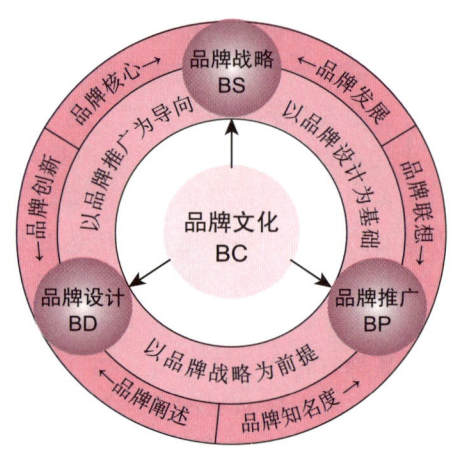

图 2-2 品牌文化的作用

品牌文化建设能增强品牌的溢价能力、市场竞争力和品牌忠诚度。具有品牌文化优势的网络品牌是可以经久不衰的。所以，我们要从品牌的视觉设计、信息传递到消费者的每一次购物体验上体现出品牌所倡导的理念和文化，这样的品牌才有生命力。

（四）做好网络品牌推广

网络营销是网络品牌推广的主要途径，而网络品牌又是网络营销综合效果的体现。因此，做好网络品牌的推广，必须要做好网络营销。

1. 企业网站中的网络品牌建设。企业网站建设是网络营销的基础，也是网络品牌建设和推广的基础，在企业网站中有许多可以展示和传播品牌的机会，如网站上的企业标识、网页上的内部网络广告、网站上的公司介绍和企业新闻等内容。

企业网站所必不可少的要素域名与网络品牌之间也存在密切的关系。由于英文（或汉语拼音）域名与中文品牌之间并非一一对应的关系，使得域名并不一定能完全反映出网络品牌，这是中文网络品牌的特点。

2. 内容营销：内容营销包括短视频营销和软文营销，以创意视频和文字的方式，将品牌信息融入视频短片和软文中，容易被大众化所接受和吸收，且不会造成太大的用户群体排斥性。当客户发觉这是广告时，实际上已经掉入了内容营销的"陷阱"。它追求的是一种春风化雨、润物无声的传播效果。如果说硬广告是商家的少林功夫，那么，软文则是绵里藏针、以柔克刚的武当拳法，软硬兼施、内外兼修，才是最有力的营销手段。

> **知识窗**
>
> 直播营销是一种营销形式上的重要创新，也是非常能体现出互联网视频特色的板块。对于广告主而言，直播营销有着极大的优势：
>
> 第一，某种意义上，在当下的语境中直播营销就是一场事件营销。除了本身的广告效应，直播内容的新闻效应往往更明显，引爆性也更强。一个事件或者一个话题，相对而言，可以更轻松地进行传播和引起关注。

第二，能体现出用户群的精准性。在观看直播视频时，用户需要在一个特定的时间共同进入播放页面，但这其实是与互联网视频所倡扬的"随时随地性"，是背道而驰。但是，这种播出时间上的限制，也能够真正识别出并抓住这批具有忠诚度的精准目标人群。

第三，能够实现与用户的实时互动。相较传统电视，互联网视频的一大优势就是能够满足用户更为多元的需求。不仅仅是单向的观看，还能一起发弹幕吐槽，喜欢谁就直接献花打赏，甚至还能动用民意的力量改变节目进程。这种互动的真实性和立体性，也只有在直播的时候能够完全展现。

第四，深入沟通，情感共鸣。在这个碎片化的时代里，在这个去中心化的语境下，人们在日常生活中的交集越来越少，尤其是情感层面的交流越来越浅。直播，这种带有仪式感的内容播出形式，能让一批具有相同志趣的人聚集在一起，聚焦在共同的爱好上，情绪相互感染，达成情感气氛上的高位时刻。如果品牌能在这种氛围下做到恰到好处地推波助澜，其营销效果一定也是四两拨千斤的。

（资料来源：MBA 智库百科 https：//wiki.mbalib.com/wiki/%E7%9B%B4%E6%92%AD%E8%90%A5%E9%94%80）

3. 网络广告中的网络品牌推广。网络广告的作用主要表现在两个方面：品牌推广和产品促销。相对于其他网络品牌推广方法，网络广告在网络品牌推广方面具有针对性和灵活性的特点，可以根据营销策略的需要设计和投放相应的网络广告，如根据不同节日设计相关的形象广告，并采用多种表现形式投放于不同的网络媒体。利用网络广告开展品牌推广可以是长期的计划，也可以是短期的推广，如针对新年、情人节、企业年庆等特殊节日的品牌广告。

4. 搜索引擎营销中的网络品牌推广。搜索引擎是用户发现网络品牌的主要方式之一，用户在搜索引擎中通过对产品关键词的检索，查询到与产品关键词相关的品牌信息。在此过程中，品牌的搜索结果排名是否靠前，搜索结果数量的多少，是决定客户能否看到品牌并选择品牌的基础。如果品牌排名靠后，无法被客户看到，可以通过搜索引擎竞价来提升品牌搜索结果的排名。这也说明，搜索引擎的品牌营销是基于搜索引擎竞价和搜索引擎内排名规则的营销方式。

5. 网上事件营销中的品牌传播。作为一个需要充分利用网络优势打造品牌的企业，必须十分注意重要活动和热点事件营销。因为品牌的树立和推广需要高度的品牌忠诚和口碑效应。当然，根据企业规模和实力的大小，在此方面的投入也应有所不同，关键是把握好广告费用和公关费用的平衡。"蒙牛"通过与"神舟五号"的嫁接，加上广告、公关、营销促销的及时跟进，已由行业第四一举上升至榜眼之位，而液态奶部分更是攀升为行业霸主，可谓"牛气冲天"。

6. 体验式营销。体验式营销以用户体验为主，以移动互联网为主要沟通平台，配合传统网络媒体和大众媒体，通过有策略、可管理、持续性的O2O线上线下互动沟通，建立和转化、强化顾客关系，实现客户价值的一系列过程。体验式微营销（Has experience marketing）站在消费者的感官（Sense）、情感（Feel）、思考（Think）、行动（Act）、关联（Relate）五个方面，重新定义、设计营销的思考方式。

此种思考方式突破传统上"理性消费者"的假设，认为消费者消费时是理性与感性兼具的，消费者在消费前、消费时、消费后的体验，才是研究消费者行为与企业品牌经营的关键。

7. 建立网络营销导向的网络社区。网络社区营销已经逐渐成为过时的网站推广方法，但网络社区的网络营销价值并没有消失，尤其是建立企业自己的网络社区，如论坛、聊天室等。企业网站建立网络社区，对于网络营销的直接效果有一些争议，因为大多数企业网站访问量本来就很小，参与社区并且重复访问者更少，因此网络社区的价值便体现不出来。但对于大型企业，尤其是有较高品牌知名度、并且用户具有相似爱好特征的企业来说就不一样了，如大型化妆品公司、房地产公司和汽车公司等，由于有大量的用户需要在企业网站获取产品知识，并且与同一品牌的消费者相互交流经验，这时网络社区对网络品牌的价值就表现出来了。

思想点拨

中国品牌，技术奇瑞

党的二十大报告中指出，深化国资国企改革，加快国有经济布局优化和结构调整，推动国有资本和国有企业做强做优做大，提升企业核心竞争力。

在业内外的认知里，"技术奇瑞"的形象一直深入人心。尹同跃董事长认为，质量是中国汽车出口的"敲门砖"，技术是走向国际市场的"通行证"。技术底气不仅让奇瑞的产品更加可靠，也让奇瑞有实力根据海外各国市场的不同环境、市场情况和消费者行为习惯等，进行"因地制宜"的产品进行适应性开发，更加满足当地市场、法规和消费者的需求。

奇瑞常年在巴西、沙特、俄罗斯等全球多个国家开展整车试验，测试内容覆盖极寒、极热等极端工况，满足不同地区的全天候试验标准，满足当地用户的需求。纵观国际著名汽车品牌，无一不是通过走向全球市场，最终成为国际一流品牌。在尹同跃董事长看来，出口强劲也是中国从汽车大国走向汽车强国的标志，广阔的海外市场对中国汽车品牌来说蕴藏着巨大的机会。

奇瑞从创立之初就确立了"打造世界一流品牌"的目标，坚持"无内不稳，无外不强"战略。深耕海外市场20年的奇瑞经历了国际化"三步走"，从最初的"走出去"的单纯贸易，升级为当前的品牌"走上去"，深度融入海外市场所在国，通过属地化发展与当地合作共赢。论坛上，中汽协副总工程师许海东表示，他曾经通过调研得出结论：凡是汽车强国，海外市场都有高市场份额，而中国汽车出口的份额只从去年的4%升至8%，因此，相比世界其他汽车发达国家，我国汽车出口空间广阔。

"20年前，一扇门打开了中国与世界的联系，也开启了奇瑞汽车海外征程的无限可能。"尹同跃董事长表示，面对既充满机遇又充满风险和挑战的海外市场，中国企业家和

项目二　做好知识储备

自主品牌既要保持好奇心和好胜心，更要有耐心，海外市场的机会总是提供给有准备的人。优质的产品、服务和令人信赖的品牌形象，让奇瑞赢得了海外市场的充分认可。根据《2020年中国企业海外形象调查报告"一带一路"版》，奇瑞在榜单中位居全行业第九名，同时在汽车行业排名第一。多年来，奇瑞已经连续五次获选"中国企业海外形象20强"，成为中国汽车走出去的一张名片。

初心不改，方得始终。未来，奇瑞将继续瞄准"打造具有全球竞争力的世界一流企业"的目标，深耕技术和全球化运营，继续扎好技术的根，助力中国汽车行稳致远，继续扬起技术的帆，让世界看见中国汽车。

在国家号召"从中国制造向中国创造转化、中国产品向中国品牌转化、从中国速度向中国质量转化"的大背景下，我们的客户消费方式也已随之升级，不再认为最贵的就是最好的，而更偏向于选择性价比高的、口碑比较好的品牌产品。所以，在今天这样一个激烈的行业、乃至全球竞争的格局下，谁打响了品牌，谁就赢得了未来。

思考： 奇瑞是如何走出国门的，品牌形象在其中起到了什么作用？

（资料来源：搜狐网https://www.sohu.com/a/504809127_125956）

任务二
掌握商品知识

🔍 任务要点

认识商品，了解商品的基本知识，能够建设符合产品特色的网店风格、特色图片。掌握商品描述技巧，恰到好处地对产品进行宣传推广，并能根据商品的性质、特点和效益，有针对性地向客户推荐。

🔍 任务情境

按照网店客服的新人培训流程，小李被要求第一阶段到生产商的厂房生产线上熟悉产品；第二阶段去网店仓库盘点、配货，目的也是熟悉产品；第三阶段去打包间学习打包，目的还是熟悉产品；第四阶段上机操作，一对一带教，进行商品描述。同时，小李在培训的过程中，一直被灌输一个理念：客服作为网店与客户之间的唯一纽带，对自己的产品一定要熟悉，大小、规格、特性要一目了然，对商品的描述一定要做到简洁明了，突出重点。那么，小李该从哪些方面做好商品的描述呢？

任务分析

电子商务客服人员首先要熟悉公司产品,从公司产品的规格型号、功效功用、材质面料、配套产品、风格潮流、特性特点等方面了解商品,使自己能够在很短的时间内熟悉产品特性,并以此进行网店的布局设计和装修,对商品图片进行美化和处理。进行客户服务时,能对产品的优势、劣势做出分析,使用合理的方式和巧妙的语言进行商品描述,有针对性地给客户介绍商品。

任务实施

步骤一 认识商品

(一)商品的概念

商品原指"用于交换的劳动产品",随着经济的发展,许多自然资源以及非劳动产品也进入交换领域,因此现代经济学家对商品定义进行了扩展与外延,即"商品是用于交换的使用价值",其中,特别强调"必须通过交换过程,实现使用价值的转移才叫商品"。

消费者购买某种商品,不仅仅是为了获得商品本身,更主要的是要获得商品给他带来的某种需求的满足,即商品的功能和效用。商品的功能和效用总是通过一定的具体形式反映出来,包括形象、包装、品牌、款式、色调、品质、特征等。消费者在购买和使用商品时获得的各种附加利益,包括售前的咨询服务;售中的交易方式,如赊购、提供信贷或各种担保等,以及售后的送货、维修服务等,是企业提高市场竞争力的保证。

(二)商品的分类

商品种类繁多,据不完全统计,在市场上流通的商品有 25 万种以上。为了方便消费者购买,方便组织商品流通,选择适当的分类标志,将商品科学、系统地逐级划分为门类、大类、中类、小类、品类以至品种、花色、规格的过程,称为"商品分类"。

> **知识窗**
>
> 一类商品是关系国计民生最重要的商品,如粮食、油脂油料、棉花、棉布、汽油、柴油、润滑油、煤炭等。这类商品的购销指标由国家集中管理,实行统购统销。
>
> 二类商品是关系国计民生比较重要的商品,如生猪、鲜蛋、黄红麻、苎麻、蚕茧、毛、皮、毛竹、化肥、农药、圆钉、名牌缝纫机、名牌自行车、某些药材和中药材等。这类商品的收购、调拨等主要指标,由国务院有关部委管理,政府实行统一收购、派购或包销政策。
>
> 三类商品是一、二类以外的其他商品,如小百货商品、分散产区的水产品、零星分散的小土产中药材等。这类商品由地方或企业自行安排生产和购销。政府对这类商品实行议购议销或者由商业部门选购、生产单位自销的政策。中国在很早以前便把商品划分为三大类,实行不同的管理办法和购销政策。在不同时期,一、二、三类商品的划分及管理办法是有所变动的。

把商品划分为三大类，对关系国计民生重要或比较重要的商品实行统购统销、派购、包销政策，对于保障供给、稳定人民生活、支援国家建设起了积极的作用。但是，也存在明显的弊端：切断了生产和市场的联系，忽视价值规律的作用，不利于商品经济的发展和经济效益的提高。随着国民经济的发展、产品的丰富，国家计划直接控制的商品的范围正逐步缩小。现在，商业部门计划商品范围已经由过去的39种减为16种，农副产品的统购派购制度正在逐步取消。

（资料来源：MBA智库百科https：//wiki.mbalib.com/wiki/%E5%95%86%E5%93%81）

商品的用途、原材料、生产方法、化学成分、使用状态等是商品最本质的属性和特征，是商品分类中最常用的分类依据。

1. 按商品用途分类：不仅适合对商品大类的划分，也适用于商品种类、品种的进一步详细划分。按商品用途分类，便于比较相同用途的各种商品的质量水平和产销情况、性能特点、效用，能促使生产者提高质量、增加品种，并且能方便消费者对比选购，有利于生产、销售和消费的有机衔接，但对贮运部门和有多用途的商品不适用。

2. 按商品原材料分类：适用那些原材料来源较多且对商品性能起决定作用的商品。以原料为标志分类清楚，还能从本质上反映出各类商品的性能、特点，为确定销售、运输、储存条件提供了依据，有利于保证商品在流通中的质量。但对那些用多种原材料组成的商品，如汽车、电视机、洗衣机、电冰箱等不宜用原材料作为分类标志。

3. 按商品生产方法分类：适用于原料相同，但可选用多种工艺生产的商品。因为生产方法、工艺不同，突出了商品的个性，有利于销售和工艺的革新。对于生产方法有差别，但商品性能、特征没有实质性区别的商品不宜采用。

4. 按商品的化学成分分类：便于研究和了解商品的质量、特性、用途、效用和储存条件，能反映商品的本质特性，对于深入研究商品的特性、保管和使用方法以及开发新品种、满足不同消费者的需要等具有重要意义，是研究商品使用价值的重要分类方法。有些商品，它们的主要成分虽然相同，但由于含有某种特殊成分，而使商品的质量、性能和用途完全不同，因此商品的特殊成分也可用作分类的标志。但对化学成分复杂的商品（如水果、蔬菜、粮食等）或化学成分区分不明显的商品（如收音机），则不适用。

商品与产品有哪些区别？电子商务中的商品如何分类？电子商务平台上的商品类别都有什么不同？

步骤二　了解商品的基本知识

（一）商品特性

商品特性是客服人员必须掌握的基本知识，因为了解商品特性是成功销售的基础，也是打动顾客和体现专业性最重要的一个努力方向。了解商品的特性,才能更好地介绍和推销商品,顾客是否接受商品,在很大程度上取决于客服人员对商品特性的了解程度。

每位顾客在决定购物之前,如果对所购商品的特性一无所知,肯定会感到手足无措。反之,他所掌握的商品信息越全面、越真实,他就越容易做出购买决定。所以,客服人员对商品知识的掌握是将商品销售出去的一个重要保证。客服人员应掌握的基本商品知识主要有:

1. 商品性质。商品性质主要是指商品的化学性质、物理性质、机械性质和生物学性质,它们是决定商品内在质量的重要因素,并对商品的鉴定、包装、储存、运输及合理使用有重要关系。最低限度要了解:①商品本身的材质构成、大小规格、适用范围(见图2-3);②商品名称与品牌、商品款式及外观、色彩与搭配、产地与价格;③产品档次与分类、优缺点、风格与定位;④工艺与生产流程、使用说明与功能特点等。

图2-3 商品的性质

比如,规格是指产品的物理形状,一般包括体积、长度、形状、重量等。在标准化生产的今天,通常一种产品采用一种规格衡量标准,主要是为了区分类似产品,一般品种的规格都是从小到大有序地排列。不同类型的商品会采用不同的方式来区分规格,图2-4所示为常见的规格区分方式,用归纳总结的方法可以最快地掌握商品资料,有利于将来运用专业知识来服务顾客。

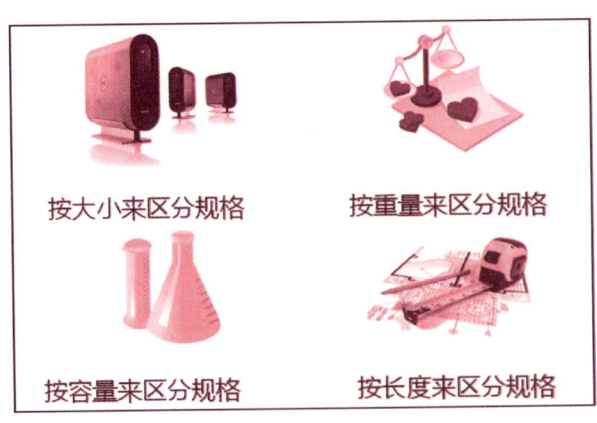

图2-4 产品的规格型号

知道了这些商品特性才能回答顾客的简单提问，至少能回答顾客：衣服的面料是什么、食品使用了哪些基本原材料、该商品适合什么人或在什么情况下使用，等等。

2. 商品使用特点。商品使用特点在一定程度上代表了与同类商品相比较的优势，如图 2-5 所示。需要基本了解：①商品的使用方式与感受、视觉效果与个性把握；②维护与保养；③展示技巧与搭配技巧等。

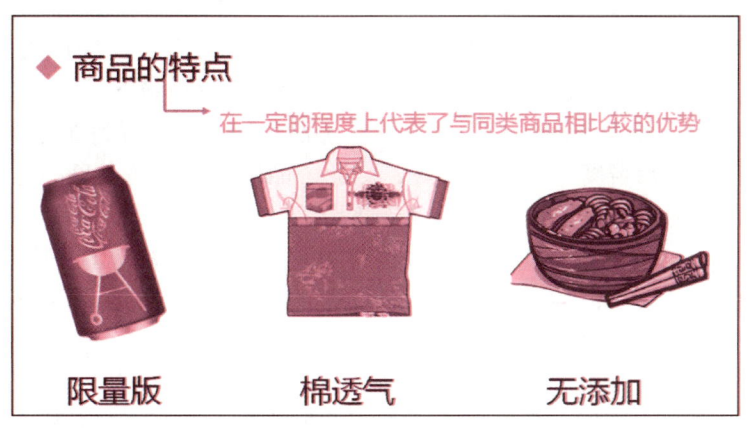

图 2-5 商品的特点

比如，商品展示过程中的细节事项（近看、细看、商品质感、光线对商品花色的影响等）；面料及服装维护、洗涤知识（面料的类别特点、各种面料的使用注意事项及保养常识、辅料的作用、各种面料的洗涤常识）；使用不含添加剂的食品更安全；商品可以两用或多用；感觉很独特、很有个性、是限量版、送礼非常有新意……

3. 商品的根本利益。商品的根本利益是顾客真实的需求，如果商品的优势不能有效地转化为顾客的利益，那么顾客就不会被轻易地购买，如图 2-6 所示。要基本掌握：①消费知识，包括消费心理、风俗习惯等；②流行趋势，要把握时尚潮流、了解顾客消费倾向、了解流行经典等；③形象设计、服装审美等。

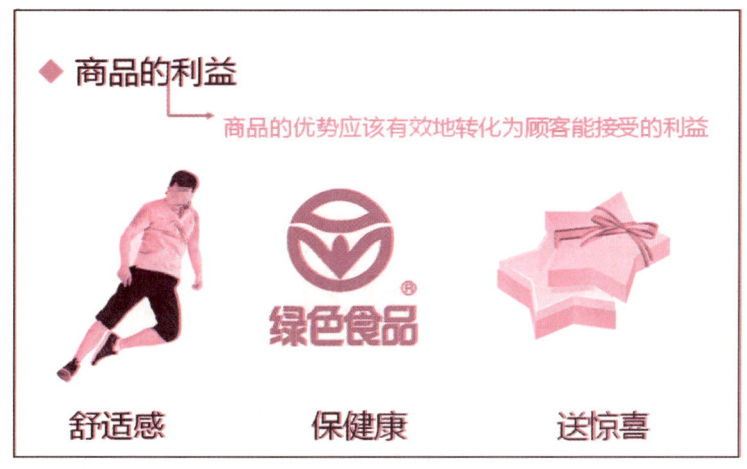

图 2-6 商品的利益

比如，透气、吸汗的服装对顾客的利益就是穿着更舒适，夏天可以避免大汗淋漓的狼狈和尴尬，可以保持更好的工作状态；食品安全对顾客来说就意味着对身体健康的保障，满足人们对长寿和健康的渴望，同时，身体健康也可以有效降低医疗费用，好好地享受人生；商品的用途广泛表示可以节省费用，有新意的礼物更容易让收礼的人得到意外的惊喜，留下深刻的印象，而这两点都是送礼的人最希望达到的效果。

服装如何搭配才美？对于不同发型的顾客，选购什么样的服装比较合适？客服人员要养成多翻阅流行时装杂志的习惯，提高审美能力，对于本店的商品一些成功的搭配要牢记在心，在审美基础上，帮助顾客选择合适的服装，为顾客提出一些建议。

4. 相关商品知识。相关商品知识主要包括：①品牌知识，有品牌概念、企业品牌内涵、品牌风格与定位、品牌知名度、品牌战略等；②竞争品牌，要了解竞争品牌信息，进行适当比较，找出自己商品的优势，突出优势，宣传商品。

5. 销售辅助知识。要了解：①商品的经济性、价格、折扣率；②商品的各类促销活动，馈赠品；③商品的售后服务，品质保证；④商品的宣传情况；⑤商品的销售业绩；⑥其他顾客对商品的体验与评价；⑦商场在行业内的优势。

6. 生活小知识。比如服装类小知识，对于服装洗涤、漂染、存放、如何防止静电、起毛、起球、断纱、僵硬、老化、辨识真伪等小知识要经常收集整理，掌握这些小细节会对客服工作起到很大作用。各类面料洗涤标志和说明如图 2 - 7 所示。

图 2 - 7　面料洗涤标志和说明（中英文对照）

（二）商品的识别

1. 要注意从商标标志上识别。从商标标志上识别的主要步骤是：①认准商标标识；②查看商品标识，冒牌商品有一个重要特征，就是模仿名牌商品的商标标识，或者搞近似商标，对此只要稍微了解一些有关商标的知识，冒牌商品是不难识别的。

> **知识窗**
>
> 商标标识：是指用于商品上的商标载体，是独立于被标志商品上的商标物质表现形式。如酒类商品上的瓶贴；自行车上的标牌；服装上的织带等。商标一经注册，可在商品的外包装上标识"注册商标"字样或"R"图样。
>
> 产品质量认证标志：是认证机构为证明产品符合认证标准和技术要求而设计、发布的一种专用质量标志。产品上带有认证标志，不仅可以把准确可靠的质量信息传递给用户和消费者，对企业而言，还起到质量信誉证的作用，表明该产品经过公正的第三方证明，符合规定标准。
>
> 目前，我国国内经国务院产品质量监督部门批准的认证标志主要有三种：适用于电工产品的专用认证标志长城标志（CCEE）；适用于电子元器件产品的专用认证标志PRC标志；以及适用于其他产品的认证标志方圆标志。
>
> 此外，一些较有影响的国际机构和外国认证机构按照自己的认证标准，也对向其申请认证并经认证合格的我国国内生产的产品颁发其认证标志。如国际羊毛局的纯羊毛标志、美国保险商实验室的UL标志等，都是在国际上有较大影响的认证标志。

2. 要注意从商品的外观质量上去识别。一般冒牌商品往往粗制滥造，工艺不过关，产品质量低劣。如在商标标识上无法识别是否为冒牌商品，就可以从商品的外观质量上去鉴别：①检查商品的生产厂名；②检查商品包装；③看商品的色泽；④看商品的发霉、潮湿、杂质、结晶、形状、结构情况；⑤通过手感、听感、嗅感、味感识别。

3. 要注意从一些商品的特有标记上去识别。这些内容主要包括：①检验商品的特有标记；②检查商品供货渠道；③检查商品认证标志。

> **知识窗**
>
> ## 防伪标志
>
> 防伪标志是能粘贴、印刷、转移在标的物表面或标的物包装上，或标的物附属物（如商品挂牌、名片以及防伪证卡）上，具有防伪作用的标识物。防伪标志的类别很多，其中典型的有以下几种：
>
> 1. 全息防伪标志：又名"激光防伪标志"。激光全息技术是继激光器于20世纪60年代问世之后迅速发展起来的一种立体照相技术。
>
> 2. 数码防伪标志：该防伪标志利用覆盖层覆盖有唯一对应的数码或图文信息，即数码防伪，该标签分刮开式和揭启式两种。覆盖层去掉，应不能再次使用，最常见的为数码刮开式和数码揭启式防伪标志，其查询方式有短信防伪、400电话、800免费电话、固定电话、网站查询等。

3. 双卡防伪标志：分莫尔条纹双卡、核径迹双卡、偏振光学双卡、随机加密隐藏图文双卡四种双卡防伪标志。

4. 核微孔防伪标志：即核径迹防伪。其防伪特征是：在可见光下，由于微孔衍射与散射作用，人眼观察到的视觉效果为白色图文。若水滴其上，水渗入微孔，图文消失。若用有色液体涂抹，有色液体渗入微孔，擦去表面有色液体，呈现有色图文。

5. 标记分布防伪标志：该防伪标志利用呈三维立体状彩色纤维分布特性制成，称为"纹理分布"防伪标志；利用彩色反光颗粒及白色凸起微泡分布特性所制成的防伪标识称为"颗粒分布"防伪标志。这种标识的原创属于我国，标识唯一性和难以仿造性均很好。

6. 图文揭露防伪标志。主要有如下几种：

（1）阴阳图文揭露防伪标识：表层和次层各有互补的阴阳图文。阴阳图文部位涂敷的胶各有不同的黏结强度。在揭启前，阴阳互补成为整体，处于视觉隐藏状态。只有在揭启后才能彼此分开，表层和次层各有相应分开的阴阳图文，揭启后不能复原。

（2）全镀层揭露防伪标识：分层揭去，底层（全镀层）阴阳图文部位表面特性存在差别，在揭启前，全镀层处于视觉隐藏状态，只有在揭启后呈现隐藏的图文。

（3）规则揭露防伪标识。

> **想一想**
>
> 图2-8中的标志都代表什么？有何意义？
>
>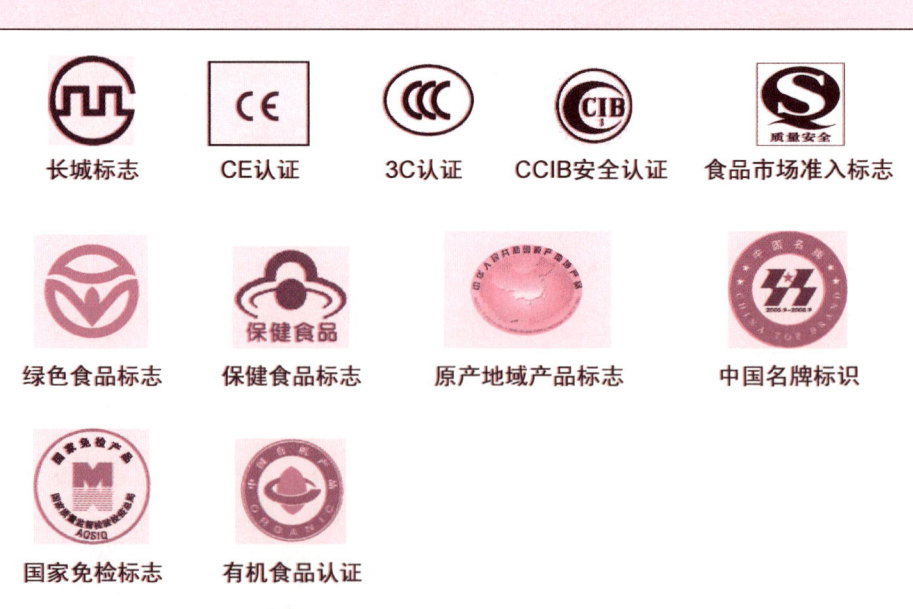
>
> 图2-8

做一做

从规格型号、功效功用、材质面料、配套产品、风格潮流、特性特点等方面对大众商品（如服装、皮革、纺织品、饮料、化妆品等）进行学习了解，尽可能结合生活中的使用、保养小常识，汇总成自己的《商品知识手册》或《商品知识小百科》。

步骤三　掌握商品描述技巧

电子商务平台的商品信息准确地传递给客户，是运行电子商务网站的重要环节，也是促成客户选购产品的关键因素。商品描述最重要的目的，就是要以营销为导向，以用户需求为基础，最大化促进用户的购买，也就是提高用户的转化率，只有围绕着这样的一个中心做出来的产品描述页才会是用户真正需要的。但同时应注意，商品的描述应与商品的真实情况相符，不做虚假宣传，夸大的商品描述会降低客户的信任与购物体验，降低网店的评分。

（一）商品描述的作用

1. 充当销售员的角色。用户上网浏览商品时，最想知道的就是商品的详细信息，而这些信息都包含在商品描述中。就像在传统生意中，顾客根据销售员的介绍来了解商品一样。

专业的商品描述就如训练有素的销售员，可以让顾客清晰、全面、详尽地了解商品的品牌、背景、材质、功能、优势等；还可以洞察顾客的心理，判断出顾客的抗拒点并消除顾客的障碍，满足顾客的真正需求并超越顾客的期望。而粗糙的商品描述就如一个沉默的销售员，碌碌无为，不知所措。

2. 让用户按"你的建议"购买。优秀的销售员会用精彩的话语改变你刚进店里时心中预设的目标商品与预算。网上的商品描述也如此，例如，通过推广、活动、特价商品将用户吸引进店；再通过首页的 Banner 展示、热销爆款产品推荐、企业文化展示等店铺和品牌描述，将用户引导至商品页；最终在商品主图、参数展示、详情页展示等商品描述和促销活动的共同作用下，实现用户的转化。

3. 增加流量的利器。商品描述不仅是写给目标用户看（转化率），而且还应该写给搜索引擎的蜘蛛看（关键词搜索）。

因此在描述时，出现的商品名称要完整（包含品牌/中文/英文/正确型号），方便 Google、百度等搜索引擎蜘蛛读取（如保证商品名的出现密度保持在 1%～8% 内）。所以，写一篇专业的商品描述，是增加订单和转化率必不可少的部分。同时，商品的描述应关联与产品相关的热点词汇，当用户在搜索引擎中输入热点搜索关键词时，会提高商品的展现，进而提升访客和转化率。

4. 防御竞争对手的攻击。专业的商品描述还可防御竞争对手的攻击。例如，某竞争产品宣传商品的性价比较高，价格低于同类产品；作为防御回应，可在商品描述中强调产品的正品保证和服务保证。

(二) 商品描述的内容

1. 商品描述的核心。

贯穿整个商品描述的核心是图片、文字、视频（有视频的情况下）。通俗来讲，网上卖商品就是卖图片和文字，通过图片和文字与用户产生共鸣，从而促使用户产生购买意向或购买行为。

微课：商品描述的内容

在商品描述中，商品的图片看起来更直观，特别是对于表现商品局部的细节图片，但是顾客无法只通过图片了解商品的所有特征，在网络沟通中就特别需要利用文字来对商品的一些最基础的属性进行说明。同时，准确的文字描述也起到了对商品品质承诺的作用，写在商品描述页面中的文字就是卖家对顾客进行商品属性的承诺。这样也可以避免顾客对商品属性的主观判断，避免交易的纠纷。

另外，文字永远没有图片来的有渲染力，图片阅读简单，不容易引起视觉疲劳，同时好的图片说明会比文字来得更有力度。举个很简单的例子，你要去的店铺正在做促销，你用文字描述可能是：亲！现在全场半价，五折优惠！这样的文字看起来并没有很强烈的促销感，但是用一个60% SALE 或三折起的图片，一个向下的箭头就更显眼，促销味道更浓，如图2-9所示。

图2-9　打折促销

2. 商品描述的内容。

（1）定制模块：产品标题（便于搜索和引流）。

关键词就相当于产品的标签。商品的标题由若干个关键词组成，而通过关键词搜索，客户可以快速找到需要的产品，如图2-10所示。因此商家不断优化标题的目的是：适应客户不断变化的搜索习惯，找出搜索量大、相关性高的关键词作为产品标题，从而获得更多的曝光和流量。

秋冬季鹅绒里衬全羊毛双面呢夹克男韩版潮流羊绒大衣男士短款外套
全店包邮 专区2件8折/3件7折

图2-10　商品标题

如图2-10所示，该标题虽然阅读起来不够通顺，但却全面展示了商品的相关特点与属性，比如适用季节、材质、版型、风格等，一方面使用户在搜索相关词汇时，能够有更大的概率展现给用户，另一方面也为用户了解产品提供了帮助。

（2）固定模块：产品参数信息。内容完备的产品参数信息便于顾客了解产品的基本属性，如图2-11所示。

品牌：Aokang/奥康	功能：耐磨	闭合方式：一脚蹬
尺码：38 39 40 41 42 43 44	图案：纯色	风格：休闲
鞋跟高：平跟	颜色分类：黑色T223214222 棕色T2...	货号：T223214222
季节：春秋	上市年份季节：2023年春季	鞋头款式：圆头
场合：办公室	跟底款式：平跟	鞋底材质：PU
鞋面内里材质：头层猪皮	适用对象：青年	鞋制作工艺：胶粘鞋
鞋面材质：牛皮革	鞋垫材质：头层猪皮	款式：休闲皮鞋
销售渠道类型：商场同款(线上线下都...		

图2-11　商品参数

（3）定制模块：产品的详细信息（通过图文结合的方式，对产品的卖点进行展示）；店铺的活动信息（加入店铺的相关促销信息，增加下单概率）；店铺售后服务信息（提供产品的相关售后和担保服务）；店铺的付款方式（付款方式和流程可选用视频或图片展示）；店铺推荐产品（向客户推荐同类产品，尽可能地留存客户）。

产品介绍要详尽，包括名称、尺寸、颜色、材质、价格、包装、产地等方面。如图2-12和图2-13所示，产品的功能、亮点和设计优势等，用图文结合的方式展现不仅清爽醒目，加深顾客的印象，而且页面也更加美观和专业。

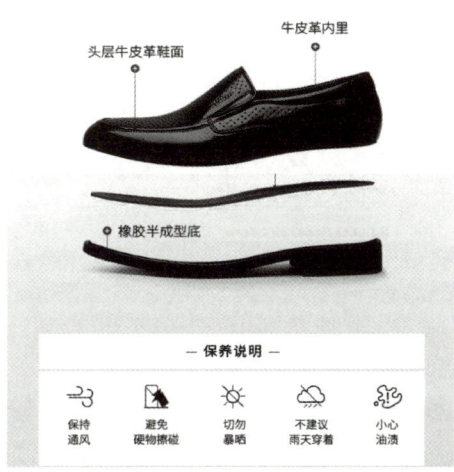

图2-12　商品详情页

图 2-13 商品详情页

服务保障包括质量承诺、价格保障、物流服务等信息，这些信息既可给顾客安全感也可利用高质量的服务来稳定客户的黏性。如图 2-14 就是商家对商品和服务的承诺，不管是商品质量还是物流配送过程，或者是售后维修，只要顾客购买他们的商品出现了上述的问题，基本上都能够得以解决，这就给予了顾客很大的安全感，促使他们下决心来购买和尝试。

图 2-14 商品服务保障

（4）固定模块：评价信息。评价信息具有以下三个方面的作用：首先，评价信息真实反映了购买该产品客户的使用体验，客户的评价是对产品最好的描述；其次，评价信息可以有效促进潜在客户的转化，好的评价可以吸引更多的潜在客户购买产品；最后，评价信息可以有效提升产品的搜索排名，评价高的产品在搜索引擎中的排名较为靠前，提升产品的曝光量。如图 2-15 所示，为部分客户在购买产品后所给出的商品评价。

图 2-15　商品评价信息

（三）商品描述的写作手法

1. 知识型描述。突出商品的寓意、使用与保养注意事项，商品相关文化、基础知识、真假辨别等信息。知识型描述要尽量通俗、简洁，让顾客有阅读的欲望，最好是读完以后还有意犹未尽之感。这些内容可以让顾客对你产生信赖心理，还能吸引回头客，甚至介绍更多新顾客。

2. 活动型描述。突出特价、秒杀、抢购等促销活动信息。它是商品描述中必不可少的部分。容易让潜在的用户增强购买欲望。

3. 提示型描述。突出商品的质量、服务承诺、支付方式等信息。服务承诺属于保障消费的内容，顾客在犹豫不决时看到这些保障内容，打消了后顾之忧，再加上述的活动信息，易产生购买冲动。支付方式属于便捷购买的内容。当用户被你的商品描述吸引时，便捷的支付可以让他们尽快完成购买流程。

4. 故事型描述。突出商品的寓意、文化、内涵等信息。有些顾客挑选了很长时间的宝贝，却没有非常合意的，但会被你写的寓意、文化所打动。

（四）商品描述的技巧

1. 以图片为中心的商品描述。网上商城的大部分商品均以图片为主，清晰直观的图片就是描述的灵魂。

有时候人们觉得写商品描述很难下手，那是因为没有好图片，正所谓"巧妇难为无米之炊"。进行商品描述的时候，我们可以像讲解 PPT 一样，讲解员这个时候就是推销员的角色，也就是说，设计商品描述就是图片加文字解释。

如图 2-16 所示，网络零售的商品陈列是以网页的形式展现的，无法亲眼看到实物是它的一个条件限制，顾客对商品的第一印象就来自于商家上传的照片，因此商品图片对于商家来说至关重要，如何使商品呈现出其商业价值，这也是衡量商家经营能力和敬业态度的标准之一。

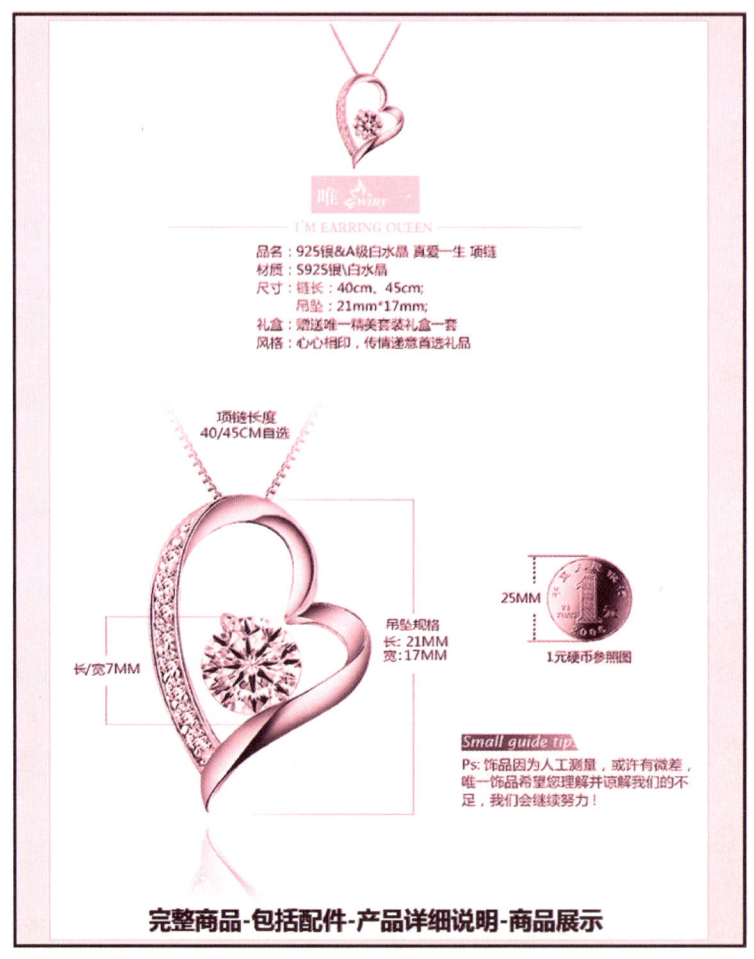

图 2-16　专业的商品图片展示

2. 从物的角度来描述商品。所谓从物的角度来描述商品，是指就事论事、就物论物。我们从物的角度来描述商品的时候，一定要加入自己独特的东西。如果所有的商品描述都雷同的话，那就变得毫无特色。

如图 2-17 所示，从物的角度来描述有一个诀窍，那就是进行描述的时候一定要投入自己的感情。现在很多人都做代销，一般都是代发货，自己手里并没有实物，这样很难能有好的商品描述，有接触就会有感情，有真情实感就会有话可说，投入感情是区别你与其他卖家商品描述的一个重要武器。

图 2-17　激发顾客感性的商品描述

3. 从买家的角度来描述商品。从买家的角度来描述，首要的是提炼卖点。买家之所以购买某一商品，是有一定目的，或者是为了解决某种需求，或者是该商品可以给他带来价值和利益，买家总是有一套自己的想法，梦想着用它来做什么……所以我们的描述就紧紧抓住买家的目的、买家的情感和买家的梦想。你的产品能够帮买家解决其最核心的问题，这就是卖点。

如图 2-18 所示，店铺准备上新某款衣服，这款衣服的特点是设计感较强，面对这样的商品，如果单从商品材质的角度描述，则显得较为单调，不能很好展现这款商品；但从消费者追求时尚个性的需求出发，在描述该商品时，可着重强调商品的设计感和时尚感，同时配以不同的图片，展示衣服上身的效果，可更好地吸引消费者。因此，商品的描述不仅要描述商品本身的特点，更重要的是要兼顾消费者的需求。

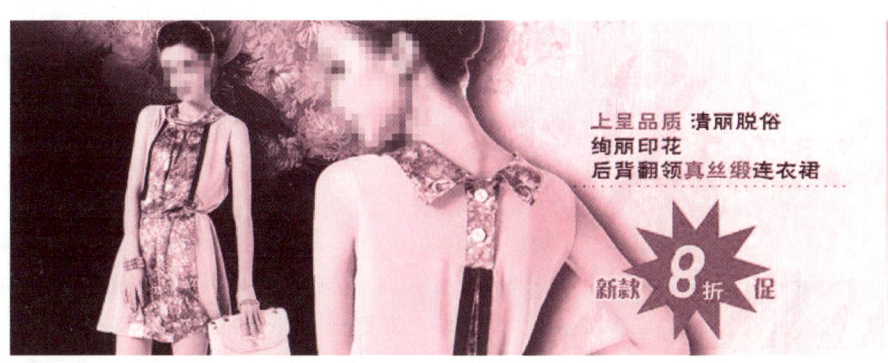

图 2-18　人物图片的效果

4. 其他需注意的方面。

（1）商品文案可以随季节及销售数据修改。在商品销售之前、全新上市时、商品热销时、商品销量衰退时、商品清仓时的文案要具有差异化，以此促进卖场销售气氛，优化每一个时期的商品销售结果，即帮消费者找出"为何要在此时购买"的理由。

（2）三段式写作。第一段，精要地浓缩全文的销售术语。第二段，依照要点延伸法，逐一说明该商品的众多特色。最后一段是"钩子"，主要任务是要提醒买家"Buy Now"，所以一般是强化商品独特销售卖点（Unique Selling Point，USP）、价格优势或赠品。

（3）谨慎地写每一篇文案。写网购商品文案等同于建一个销售页面数据库，等同于录一段推销该商品的影片。一篇好的文章可以有持续性的效应，所以要谨慎地写好每一篇文案。

微课：商品虚假宣传的法律处罚

思想点拨

商品虚假描述及其宣传形式

对于企业和品牌来说，商品描述上运用一些夸张的成分吸引眼球是常用的网络营销手段，但通过虚假的信息来吸引消费，这实际上是一种欺骗。比如著名的化妆品牌欧莱雅的一款产品描述为"8天肌肤犹如新生"，这让很多爱美女性信以为真，从而受到诱惑去购买，而实际使用时却根本无法达到宣传的这种效果。

虚假宣传是企业在进行推广时应该避免和杜绝的，它不仅伤害消费者，也会对品牌造成反噬恶果，《广告法》中第38条相关规定"发布虚假广告，欺骗和误导消费者，使购买商品或者接受服务的消费者的合法权益受到损害的，由广告主依法承担民事责任。"虚假宣传是一种违法行为，它的危害是多方面的。

日用品描述中，牙膏品类的产品描述角度通常会从亮白、强健等功效上突出优势，吸引注意，佳洁士的双效炫白牙膏从其品名就可以看出其宣传方向，邀请了知名的台湾艺人小S作为代言人，广告词为"只需一天，牙齿真的白了"，这种说法过于夸张，画面上展现的牙齿变白画面，也是通过后期的修图制作出来的，但实际这是不可能达到的效果。所以，佳洁士的产品描述存在实际使用效果与描述不符的情况，属于虚假宣传，并被工商部门依法罚款306万元。

无独有偶，电信、移动、联通是当下我们日常生活中的电信运营商三大巨头，我们每个月都需要通过这些运营商来拨打电话、发信息、使用流量等，运营商也因为这些刚需而赚得盆满钵满。由于当下人们使用流量的要求已经变得必不可少，三大运营商为了更好地推广自身，推出了各种各样的流量套餐，并相继打出"流量不限量"的旗号，吸引更多用户的订阅。

但事实上，所谓的全国流量不限量在实际使用中充满了种种"套路"，使得很多用户根本无法获得良好的体验感受，比如超过一定的流量使用额度就会被限速，或者超过一定流量后无法上网，这些在套餐描述中根本没有提到，导致很多用户被误导，掉入"流量陷阱"，从而遭受到权益损害。这种情况存在已久，但一直以来，相关的监管部门、工信部门都对这种行为持有模糊的认识，认为这只是宣传不诚信，直到2018年，湖南省工商局将三大运营商的这类广告定性为虚假广告，下达行政处罚决定书，并责令其停止发布进行整改，成为全国首例。

虚假宣传，首先欺骗消费者，使其受到利益和情感损失，是一种侵权行为；其次，在宣传上弄虚作假，对传统的诚信、公平、合理等商业道德受到挑战，更是违背了社会公德；再次，破坏了广告真实性基础，导致消费者失去对广告的信任，削弱其信息传播和推广作的用；最后，造成资源浪费和劣币驱逐良币的现象，扰乱市场的竞争秩序和健康发展。因此，对于消费者、商家、行业乃至整个市场来说，虚假广告都是百害无一利的。然而，为了迅速获得利益，有些商家或是刻意欺骗，或是无意夸大，让大众受到损失。从消费者的角度上，要避免被骗，在购买前应尽量多地了解这类传播有哪些常见的行为和表现形式。

思考：如何才能把握好产品描述的尺度，实现既能吸引顾客，又不弄虚作假呢？
（资料来源：搜狐网https：//www.sohu.com/a/358074176_120104552）

知识窗

做商品描述需了解的常识

1. **熟悉产品知识：**只有熟悉产品知识，才能对产品亮点进行提炼。商品描述不仅仅是商品说明，商品说明是商品的展示，告诉用户我有这个东西，这个东西的功能特点是这些。商品描述是商品说明的升级，是品牌宣传，也是促进购买。

2. **了解目标用户群：**只有了解目标用户群，才能有针对性地进行亮点描述。商品描述要与品牌的定位一致，形式上应该在语言条理清晰、简洁、精准的前提下，丰富商品的描述：分清主次，图文并茂；重图轻文（文字用来画龙点睛）；放重要的图片，而不是大量的图片。

再动人的文案不如一张有说服力的图片，再有说服力的图片，不如一个有说服力的视频。图片底下可加上一小排说明文字，图片与说明文字的阅读率远胜过堆砌文字。再加一个生动的图片，能让你的商品描述更通俗活泼。

3. **掌握销售心理学：**只有掌握了这方面的知识，才能更有效地促进用户下单。应根据具体情况及时修改描述内容，例如，销售前、新品上市时、热销时、销量衰退时、清仓时、节假日、收到用户的反馈信息时，描述的内容都可以不同。这些差异化的文案可以优化每一时段的商品销售结果，营造店铺气氛。只需在不同的销售时机将文案的头尾部分略作修改，帮消费者找出"为何要在此时购买的好理由"，就这么简单。

任务三
掌握商品促销方法

任务要点

了解电子商务环境下促销活动的类型和特点，掌握网上促销策略，学习各种商品促销手段，灵活运用促销活动传达工具进行促销推广。

任务情境

今天，客户服务部刘经理告诉小李，公司准备进行一项新的商品促销，要求小李准备一份活动方案。小李该怎么办呢？

任务分析

首先，一个合格的客服人员不仅能够提供客户服务，更应具备各项网络营销技能。对于商品促销，要能够根据实际情况采取合适的促销手段，设计编写促销活动的执行方案书。同时，能熟练掌握促销活动通知方式和执行促销活动的基本内容。

任务实施

步骤一 解析电子商务环境下的促销手段

微课：网络促销的作用

（一）网络促销形式

传统的促销形式主要有四种：广告、销售促进、宣传推广和人员推销。网络促销活动的相应形式也有四种：网络广告、销售促进、站点推广和关系营销，其中，网络广告和站点推广是网络促销的主要形式。

网络广告类型很多，根据形式不同可以分为旗帜广告、电子邮件广告、电子杂志广告、新闻组广告、公告栏广告等。

销售促进就是企业利用可以直接销售的网络营销站点，采用一些销售促进方法，如价格折扣、有奖销售、拍卖销售等方式宣传和推广产品。

站点推广就是利用网络营销策略扩大站点的知名度，吸引网上流量访问网站，起到宣传和推广企业以及企业产品的效果。站点推广主要有两种方法：一种是通过改进网站内容和服务吸引用户访问，起到推广效果；另一种是通过网络广告宣传推广站点。前一种方法费用较低，而且容易稳定顾客访问，但推广速度比较慢；后一种方法可以在短时间内扩大站点知名度，但费用不菲。

关系营销是借助互联网的交互功能吸引用户与企业保持密切关系，培养顾客忠诚度，提高收益率。

（二）网络促销的方法和手段

网络促销是在网络营销中使用的手段之一，适当时利用网络促销，可以更好地为销售服务。常用的促销手段有打折促销、赠品促销、免费配送、积分促销、抽奖促销、联合促销、节日促销、纪念日促销、优惠券促销、限时限量促销、网站庆贺日促销等。

B2C平台营销脱胎于传统零售市场，兴盛于C2C网店，如今更多的B2C网购平台也开始开展各种丰富多彩的营销活动。其主要表现形式有会员优惠、买赠活动、买商品返现金、限时抢购、节日促销、全场或者部分折扣、商品绑定销售、免除运费、特价商品、团购优惠价格、注册有礼、体验试用等。

如图2-19所示，无论是B2C、C2C网站，还是积分换礼类营销网站，促销无疑是这些网站最常见的网络营销手段，在适当的时机推出适当的促销会更好地促进销售，增加流量，吸引人气。

图2-19　行业卖家组织的专场活动

步骤二　促销活动的设计和执行

（一）准备促销活动方案

一份完善的促销活动方案应包括以下内容：

1. 活动目的：对市场现状及活动目的进行说明。组织者会依据竞争条件和环境情况，对活动目标进行一个说明，例如，活动的目标是清理库存，还是提高产品使用率。

2. 活动主题：包含确定活动主题和包装活动主题两个方面。选择什么样的促销工具和什么样的促销主题，要考虑到活动的目标、促销的费用预算和分配。在确定主题之后，要尽可能艺术化地"扯虎皮做大旗"，淡化促销的商业目的，使活动内容更接近消费者，更能打动消费者。这一部分是促销活动方案的核心部分，应该力求创新，使活动具有震撼力和排他性。如图2-20所示，为唯品会的"6·18"促销海报；也可以针对特殊时间段组织"情人节专场"或是"新学期特价"；可以是团购，也可是买赠活动；甚至是全场五折大促销和买满多少元换购礼物等主题活动。

图 2－20　"6·18"促销海报

3. 活动时间：活动时间及持续长短的确定。在时间安排上尽量让顾客有时间参与。持续性也要深入分析，持续时间过短会导致在这一时间内无法实现重复购买，很多应获得的利益不能实现；持续时间过长，又会引起费用过高且市场形不成热度，并降低其在顾客心目中的身价。

4. 活动对象：活动针对的主要目标、次要目标及目标市场控制范围的确定。

5. 活动内容和方式：主要指活动细则的制定和活动说明的完备。要考虑在操作中应该注意的细节，比如，这个活动是为了提高产品使用率的，要求每个ID只能拍一件，以免顾客误操作。

6. 客服培训提示：组织客服人员学习活动内容，熟悉整个活动的详细情况、活动内容、时间以及各项活动；请客服人员灵活掌握连带销售技巧，以提高成交率；请客服人员在活动前充分熟悉品牌货品情况，在销售过程中熟练地推荐产品，避免顾客的流失；下发统一编写的快捷回复，这样可以在活动期间尽可能地提高工作效率。

7. 发货注意事项：处理顾客订单时，要注意商品分拣和赠品明细，严格根据订单的备注项配货。

8. 其他注意事项：关于特惠、特价产品、免邮活动、非品牌产品质量问题的处理意见，及退换货问题的处理意见。

以上部分是促销活动方案的一个框架，在实际操作中，应大胆想象，小心求证，进行分析比较和优化组合，以实现最佳效益。

> **拓展阅读**
>
> ×××户外用品专营店（电子商务部）"开店筹备"促销活动执行方案
>
> 1. 活动主题：全场包邮。
> 2. 活动时间：2021年5月10日至2021年7月10日。
> 3. 活动内容：全场6.7折对外销售（活动：包邮）。

活动说明:
(1) 包邮活动参与品牌:始祖鸟、哥伦比亚、The North Face 等。
(2) 参与品牌的类目:服装类、鞋类、箱包类。
4. 参与对象:×××户外用品专营店。
5. 客服培训提示:
(1) 组织客服人员学习活动内容,熟悉整个活动的详细情况、活动内容、时间以及各项活动。
(2) 请客服人员务必注意,将此包邮活动与其他网络分销区分开。此包邮活动可与开店惊喜推荐活动相结合,向顾客推荐我们的推荐精选,并介绍包邮活动。
(3) 请客服人员灵活掌握连带销售技巧,可向顾客推荐我们的超值推荐,并引导顾客在网站查询浏览活动图片,以提高成交能力。
(4) 凡购物顾客,客服要沟通确认所需赠品的尺码,以确保销售的尺码适合顾客的穿着,并将尺码及包邮情况填写在顾客订单的备注项里。
(5) 请客服人员在活动前充分熟悉品牌及货品情况,在销售过程中熟练地推荐产品及替代断码、断色的货品,避免顾客流失。
6. 发货注意事项:
(1) 网络营销部处理顾客订单时,已将顾客所购额度的赠品明细填写在订单的备注项里,请配送中心在分拣商品时严格根据订单的备注项配货。
(2) 由于此次活动采取的营销策略包括"全场包邮",请配送中心做好备注说明。
7. 其他注意事项:
(1) 关于×××户外用品专营店的特惠产品不参与任何活动累计。
(2) ×××户外用品专营店所售特惠、特价产品和免邮活动,非品牌产品质量问题,不予退货。因尺码或颜色问题调换货时必须附发货单,并只能调换同款式或同价位产品,如调换产品后低于原产品价值,不予找现。产品必须保证吊牌完整,未经水洗,否则不予退换。具体退换货方案请按照《商城退换货指南》执行。
(3) 活动最终解释权归×××户外用品专营店所有。
编　制:电子商务部　　　　　　　　　　签批:
审　核:电子商务部
发布日期:××××年5月6日　　　　　实施日期:××××年6月15日
本文报送:公司总裁审核(电子版)
本文发至:物流中心、财务中心

(二) 策划促销手段

1. 目标客户分析。通过了解客户的基础属性和偏好属性,例如年龄、性别、地域、工作职位、学历等基础属性,款式、风格、口味、用途等偏好属性,进行客户画像,以便针对有效客户,进行精准营销、促进产品销售和客户研究,减少推广成本。

2. 视觉设计。促销信息,实质上就是用以吸引目标客户所采用的视觉设计,包括 Logo、图片、文字、视频等。视觉的设计要配合店铺的促销活动,达到促进销售活动的目的。美国流行色彩研究中心的一项调查表明,人们在挑选商品的时候存在一个"7秒钟定律",视觉设计的内容应间接明了,突出重点,富有创意。除此之外,促销活动的广告应放置在首页显眼的位置,顾客在浏览网页时,前三屏注意力是最高的,所以应该把促销活动放置在网页的前三屏,能够引起顾客的注意和购买欲。

> **知识窗**
>
> **七秒定律与黄金三屏**
>
> 美国流行色彩研究中心的一项调查表明,人们在挑选商品的时候存在一个"7秒钟定律":面对琳琅满目的商品,人们只需7秒钟就可以确定对这些商品是否感兴趣。在这短暂而关键的7秒钟内,色彩的作用占到67%,成为决定人们对商品好恶的重要因素。而美国营销界也总结出"7秒定律",即消费者会在7秒内决定是否有购买商品的意愿。商品留给消费者的第一眼印象可能引发消费者对商品的兴趣,希望在功能、质量等其他方面对商品有进一步的了解。如果企业对商品的视觉设计敷衍了事,失去的不仅仅是一份关注,更将失去一次商机。
>
> 黄金三屏中的屏指的是一个屏幕高度能够看到的内容,也就是说电脑显示器能够显示的高度,那么前三屏就相当于一个首页或详情页最前面的内容,之所以说黄金前三屏主要是和人的注意力有关,顾客在浏览网页的时候,前三屏注意力是最高的,所以前三屏的设计是决定客户转化的重要影响因素。

3. 促销方式的选择。作为信息发送者,企业必须选择最有效的促销手段准确传达促销信息。由于企业的产品种类不同、销售对象不同,促销方法与产品种类和销售对象之间将会产生多种网络促销的组合方式。企业应当根据自己产品的市场情况、消费者情况,扬长避短,合理组合,以达到最佳促销效果。

(三)促销活动送达

做促销活动前,通常需要做一些准备工作,其中一个很重要的内容就是将活动规则和操作细节有效地传达给每一个一线销售人员,以保证活动的顺利实施及一线销售人员在活动期间接待和解释的一致性,避免不必要的失误。

活动通知一般有线下通知和线上通知两种,线下通知以会议通知为主,线上通知则主要通过企业微信、企业钉钉、邮件等现代通讯工具进行通知。其中,会议通知最为常用,因为会议是面对面的交流方式,如果有问题可以马上解答,以保证信息的有效传递。

会议通知内容有活动形式、活动主题、活动目标、活动细则、注意事项、标准快捷回复。

内部的促销安排完成后,接下来就要进行宣传,让客户知晓活动内容。宣传要赶在促销之前完成,具体时间需按照促销方案确定,要留有提前量。在宣传方式上,可采用多种方法,如微信客户群、公众号、小程序、微博、抖音官方帐号、平台首页广告等。

(四) 促销活动执行

经过品牌价值的培训、产品知识的培训，客服人员学习了如何通过挖掘品牌价值、产品知识和利益转换来更好地完成销售任务，也学习了一些实用、高效的商品促销方法和手段。同时，养成良好的工作习惯也可以有效地提高工作效率，制作一个《促销活动执行手册》就是一种很好的工作方式。

《促销活动执行手册》的内容大致有以下几点：

1. 活动形式……
2. 活动主题……
3. 促销内容……
4. 活动细则……
5. 活动资料……
6. 简明流程……

思想点拨

文化自信——网络营销中的"国潮美学"

网络营销不仅传递产品、品牌和企业信息，还是一种文化输出的途径，营销推广的内容能体现文化、社会发展等深刻的内涵。在支持国产品牌的呼声中，许多国产产品牌深入挖掘中华文化、人文底蕴等元素，并通过提炼让消费者在产品体验的过程中领略中国文化的底蕴，增进了的文化自信，培养了爱国情怀。

近年来，新国货迅速崛起，获得越来越多消费者的青睐，逐渐成为新消费的主角，成为"社交符号"。喜欢打扮的年轻人习惯用玛丽黛佳睫毛膏、花西子散粉、完美日记唇釉等国货美妆，市民家居生活喜欢用美的、华为、小米、海尔、格力、九阳等品牌的家电和电子产品。

从追捧海外品牌，到掀起"国潮美学"风尚，以传统老字号和国货新品牌为主要力量的新国货，之所以能够紧紧抓住消费者的心，得益于新国货自身的创新与品质，更在于日益增强的文化自信对消费者心理的深刻影响。

党的二十大报告中多次提及文化自信，明确指出：全面建设社会主义现代化国家，必须坚持中国特色社会主义文化发展道路，增强文化自信，坚持百花齐放、百家争鸣，坚持创造性转化、创新性发展，传承中华优秀传统文化，满足人民日益增长的精神文化需求，不断提升国家文化软实力和中华文化影响力。

不少老字号品牌通过跨界、联名等方式，打造了一大批新兴概念网红产品，诸如泸州老窖香水、同仁堂面膜等带给消费者很大的新奇感，吸引人不由自主购买体验，不断拉升新国货的品牌形象和市场口碑。面对巨大的市场空间，新国货迸发出强大的创新能力和品质竞争力。很多新国货网络产品既有"颜值"又有"价值"，能够很好满足消费者对个性与实用的双重追求。过硬的品质是传统老字号屹立不倒的突出优势，新国货继承和发扬了老字号的传统，从一开始就致力于提供高质量的产品。在此基础上，通过深入挖掘消费者更深层次的需求，根据新人群、新需求不断进行产品创新，使产品跃升为文化和时尚的符号。

思考：你试用过哪些网红国潮产品，你对这些产品中的文化自信是如何理解的？

（资料来源：华声在线官方账号 https：//baijiahao.baidu.com/s？id＝17035078291791 22550&wfr＝spider&for＝pc）

实战强化

实训一　商品描述技巧训练

随堂测验

一、实训目的

好的商品描述对于提高转化率能够起到很重要的作用。通过本次实训，要求学生从以下三个方面练习如何进行商品描述，并掌握相关的描述技巧。

1. 做好商品的展示图片。
2. 做好商品标题。
3. 做好商品的文字描述及关联营销。

二、实训内容与要求

（一）单项训练

1. 美化图片。商品图片美化在网络店铺中的作用，就是增加我们的产品被潜在顾客发现的概率；影响买家购买决策；提高自己在同类商品卖家中的竞争力；提升销量，引起供货商的重视，得到更好的服务以及更优惠的条件。

要求：通过在搜索页面上对比处理过的图片和没处理的图片的效果，来查验商品图片美化的功用。能熟练运用图片处理工具进行图片处理。

（1）处理前后产品图片的对比——抠图效应，见图 2－21。

图 2－21

（2）处理前后产品图片的对比——边框效应，见图 2－22。

图 2 - 22

(3) 处理前后产品图片的对比 —— 细节效应, 见图 2 - 23。

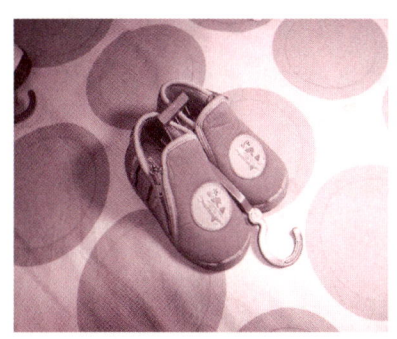
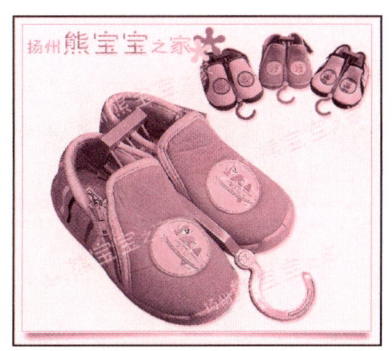

图 2 - 23

(4) 处理前后产品图片的对比 —— 人物效应, 见图 2 - 24。

图 2 - 24

(5) 处理前后产品图片的对比 —— 水印效应, 见图 2 - 25。

图 2-25

2. 商品的分类选择和标题设计。在网络搜索商品的时候，销量和收藏决定了排名的前后，此外还有一个要素就是名称顺序。比如，淘宝的搜索框默认的顺序是：品牌、行业、名称（通称）、功能、属性、型号，所以，上传商品首先要选择的是分类，然后是标题。

要求：熟练掌握商品标题的优化，提高商品排名及店铺流量。

例如，对商品品牌和特色的专门展示，如图 2-26 所示。

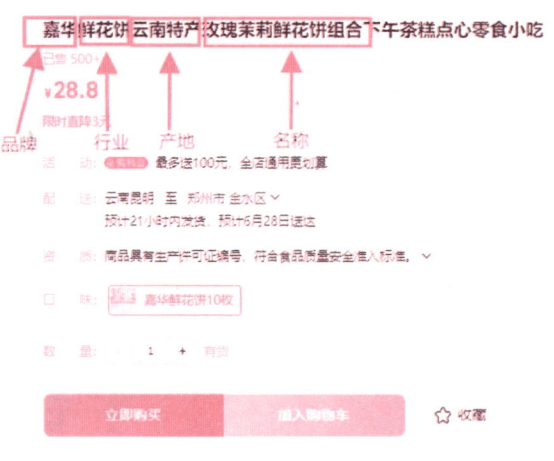

图 2-26

3. 商品描述——以点带面进行包装。商品描述是店铺的核心。首先，商品描述图片要全，要让人产生购买的欲望，但是描述不要太多，可以描述一些产品和保养的信息，以及一些产品的对比，来突出自己产品的长处。同时，要把商品打造成以点带面的包装，比如，店铺里面有非常低价的商品或正在做秒杀活动的商品，一定要把这些商品的图片传上去，也许客户对单件产品不满意，但或多或少可以带动其他商品的销售。

要求：进行商品描述页设计（单品描述），做到最大化地提高用户的转化率，以促进用户的购买。

例如，各种描述手段的组合运用，如图 2-27 所示。

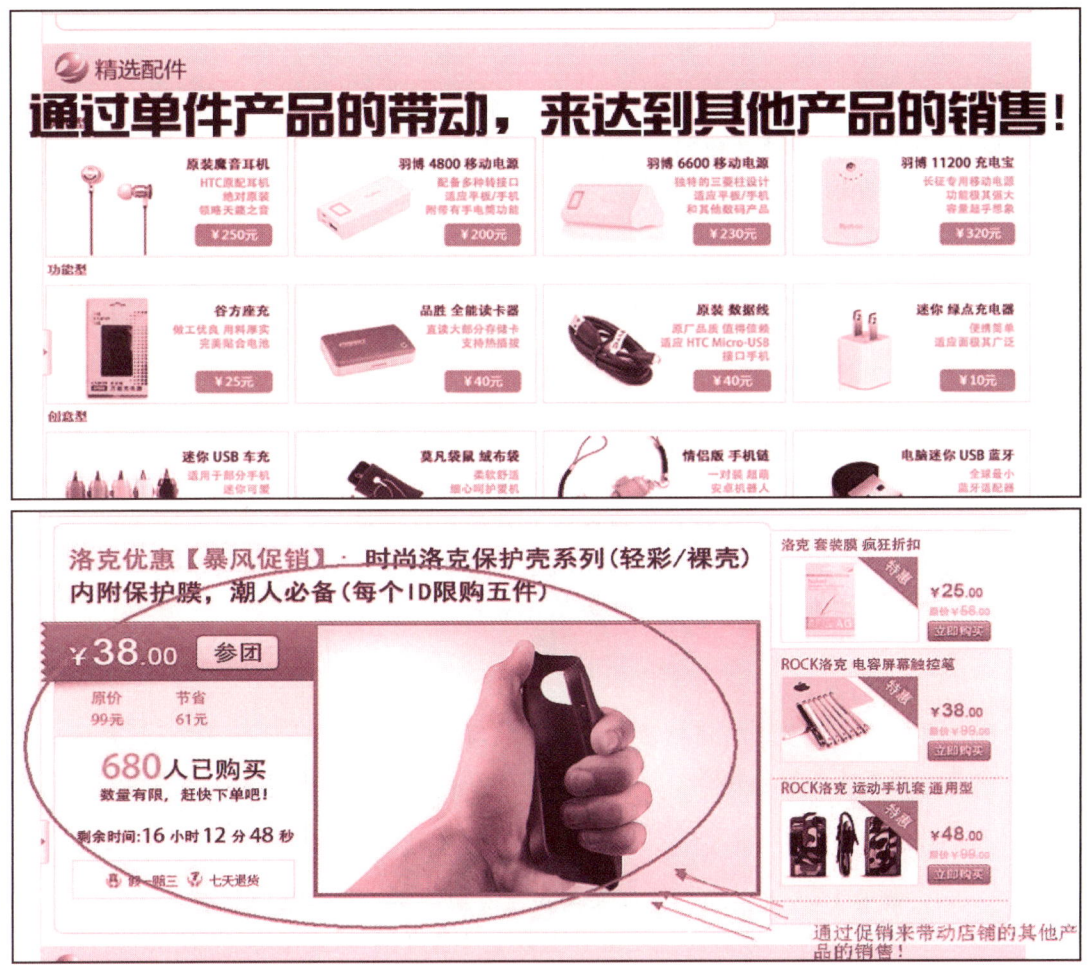

图 2-27

(二) 综合训练

运用所学知识，对以下客户进行包装，完成一个商品详情页的描述。这个客户的商品是杂粮和有机食品，目标客户针对高端用户。

要求：

1. 为商品起个好听的名字。

2. 遵循品牌故事的塑造原则：真实性、趣味性、独特性，完成"人无我有，人有我优"的文案策划。

因为店铺装修要凸显厚度，需要把个性融入到每一个细节的地方，所以美工们给客户做装修和设计之前要去参考他们之前的技术文档，了解品牌个性和故事。

3. 进行专业的商品美工设计：装修的色系、包装的设计都能给客户在"为什么要注重高端优质的食品？如何养生？"的主题上带来深刻的印象。

三、实训组织

1. 以实物拍照为素材，进行图片的抠图、边框、细节（大小、亮度、色彩度等）、组合、水印效果处理。每个学生都要求完成。

2. 对有机食品案例进行标题优化、描述页设计。可以三个学生一组，分工进行，整合方案上交。

3. 教师点评、总结。

实训二　产品促销活动模拟训练

一、实训目的

借助于电子商务平台，越来越多的个性化促销手段不断呈现，它们将有助于需求者、供应者乃至整个社会实现经济效益最大化。通过本次实训，要求学生能够根据实际情况采取合适的促销手段，增进对商品促销方法的理解，提高促销活动的设计和执行力，为胜任各项客服任务奠定基础。

二、实训内容与要求

自选某一项目进行促销活动设计，编写出"促销活动执行方案"，熟练运用适合的促销方法及销售技巧，以提高成交能力。能编写快捷回复，以提高工作效率。

三、实训组织

1. 学生3～5人一组，小组长给成员分配任务，做好协调工作。

2. 学生以小组为单位，在课堂上以文字或PPT形式展示成果，看看哪一组方法得当、设计有创意。所有资料整理并上交。

3. 教师点评、总结。

思考与练习

1. 如何理解品牌的价值？
2. 你欣赏的品牌在其他消费者心目中的定位究竟如何？
3. 与消费者沟通最好的办法是什么？
4. 怎样打动消费者？
5. PV、UV分别是什么含义？

任务实训

正式培训第二天,小李详细地了解了店铺主营商品的产品知识,细致地做了分类,并且做了一份《产品手册》,受到客服经理的重点关注。

一、淘宝客服培训、筛选计划

培训内容	培训任务	要求
理论培训	1. 公司目前运营的几个商城店铺情况介绍	熟悉商城店铺的组织架构,了解岗位设置和业务发展情况
	2. 各个店铺主营产品介绍,并进行产品知识及各种问题问答互动	了解公司商品品牌,熟悉相关商品特性,掌握相应的产品知识
	3. 客服的主要工作职责	加强服务意识,努力提高商品销量,提高收入转化率
服务技能培训	1. 上机浏览,了解商城店铺的装饰风格、布局特点、主题含义	(略)
	2. 了解主营商品的描述主线、商品详情、主题故事	(略)
	3. 背诵店铺产品知识	根据培训情况给新人制定需要硬记的产品知识

二、小李的培训内容

1. 公司现在运营的几个商城店铺情况说明。客户服务部刘经理首先对店铺的主营产品、运营情况做了大致介绍,让新人对公司总体情况有个大致了解,方便以后工作中与公司各部门机构沟通。

2. 简单介绍各个店铺主营产品,并与学员们进行产品知识及各种问题问答互动。

刘经理首先列举了公司目前经营店铺的主营产品:

爱宝氏——乳元、鱼肝油、牛初乳;

家乐宝——孕优、叶酸、乳尔钙、双智座鱼肝油、锌潮等;

意隆食品——各款卡西泰咖喱酱;

元宝康怡——各款记忆枕。

其次介绍各款产品的规格、产品卖点、使用方法、主要成分的含量,比如:

乳元——900毫克×30/盒,钙元素含量150毫克,钙、磷比是1.8:1,分子链比较小易吸收,0~1岁的宝宝一天一粒,1~3岁的宝宝一天2次(一次一粒)等。

然后进行产品问答互动,例如:

乳元产品中:①钙元素含量是多少?②我家宝宝2岁大一盒可以吃多久?③乳元怎么用呢?④这个胶囊是液体吗?⑤效果怎么样呢?容易吸收吗?

客服回答可以是:钙、磷比是1.8:1,接近母乳分子链,很小容易吸收,吸收情况要跟喂养方式、宝宝自身的吸收情况而定,是液体胶囊,目前买家反映产品的吸收和效果还是很不错的。

3. 客服的主要作用和工作职责的认识。店铺整体运营分三步。一是美工，店铺装修美观、专业、整洁，才会让浏览的客户有咨询的意识。二是运营引流，美工页面设计做好了，需要运营部门的引流，让更多的目标买家能在第一时间找到店铺。三是客服，店铺装修好了，PV、UV 上来了，成交额就要客服来努力了，因此要提高每一个客户的客单价（即客户消费的金额），同时还要提高转换率（咨询客户与下单客户的百分之百），是客服的主要工作职责。

同时，还要特别注意的是关联销售，要根据客户购买的产品做关联销售，可以通过各种打折、包邮等方式刺激客户，提高销量。只有客单价和转换率都提高了，总体销量才会提高，作为客服人员，才可以体现其价值。

所以，客服虽然是店铺整体运营的第三步，却是至关重要的一步。

4. 上机查看熟悉店铺的基本情况。小李认真浏览了店铺网页，用心熟悉店铺风格、品牌内涵、产品分类、布局详情，对店铺主营商品有了初步的认识。

5. 背诵店铺产品知识（根据培训情况，给新人制定需要硬记的产品知识）。小李根据产品知识编制了一份《产品手册》（见表 2-1），方便自己记忆。

表 2-1　　　　　　　《产品手册》模板

编号	图片	品名	品牌	货号	款式	尺码	尺寸	颜色	面料	数量	售价	备注
1												
2												
3												

项目三 熟悉工作流程

不以规矩，不能成方圆。

—— 《孟子》

▶ **知识目标：**

认识标准化工作程序的必要性；熟知电子商务客户服务工作基本流程；了解电子商务相关知识；并付诸实践练习。

▶ **技能目标：**

在了解组织架构、部门和岗位设置的基础上，学会标准订单处理以及退换货订单处理；能够熟练掌握商品的交易过程、退款过程、退货换货过程中的工作技巧；能够熟练掌握网站交易规则、物流及付款知识、网络安全交易知识等。能够顺利完成客服工作流程实践模块练习。

▶ **情感目标：**

树立以客户为中心的经营思想，确立"客户满意是我们永恒的追求"的经营理念。充分认识在业务流程基础上细化工作环节的作用，完全用流程标准来规范各岗位的动作和语言，达到真正为客户提供优质、高效的服务。

任务一
熟知电子商务客服工作流程

任务要点

能够了解电子商务客服工作程序，实现日常工作基本流程标准化、程序化，掌握标准订单处理流程和退换货订单处理。

任务情境

小李在客服技能培训中产生了一个疑问：客服人员被要求8：30到岗，而线上接待客户的时间是从9：00开始，为什么客服人员需要提前半个小时到达工作岗位，在这半个小时内需要做哪些岗前准备？日常客服如何开展工作，才能使工作更高效、更规范、更专业化呢？

任务分析

我们需要认识到，规范、标准化的工作流程可以提升工作效率，增加工作产生的附加值；对人员进行标准化的工作流程培训，可以在短时间内快速培养出能够胜任岗位的工作人员；同时标准化的工作流程可以极大减少工作中的常见失误。而标准话术的使用可以使客服更加规范化和专业化，能够与客户更好地交流。

任务实施

步骤一　了解电子商务客服工作程序

电子商务客服的服务宗旨是以客户为中心，提供全方位的、满足客户需求的服务。电子商务客服的服务目标是通过不断提升的高质量服务，提升每个客户的购物体验，从而达到提升转化率的目的。电子商务客服是电商平台及店铺与客户产生直接交流的关键接触点，每个接触点为客户提供一个或多个的产品或服务流程。如图3-1所示，客服操作流程就是为了提升每个接触点的工作效率，增加转化率的一系列作业活动的串联。

（一）遵守操作流程的作用

网络客服平时的工作很琐碎，常常让人感觉没有什么技术含量，但任何一项工作都有投入及产出。如图3-2所示，从标准化与持续改善的角度来看客服工作，就是从关键因素、客户满意因素、重大显著问题等方面来选择关键操作流程，规范的、标准化的工作流程可以大大增加工作附加值。

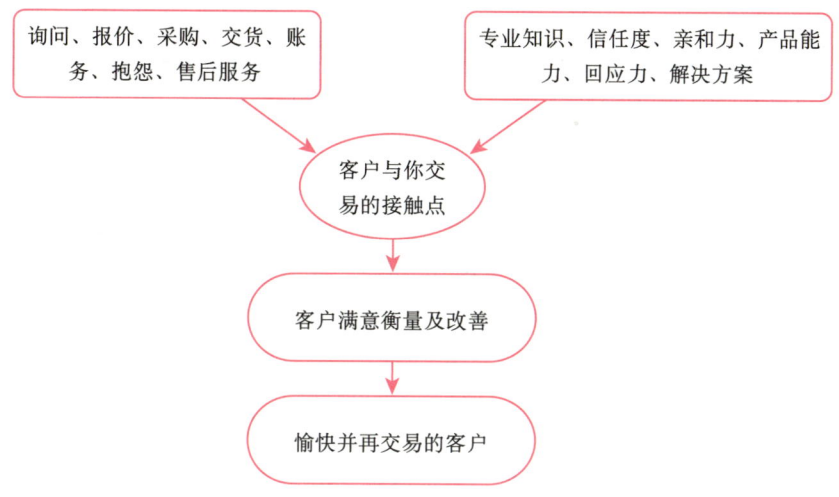

图 3-1 客服面对客户的活动流程

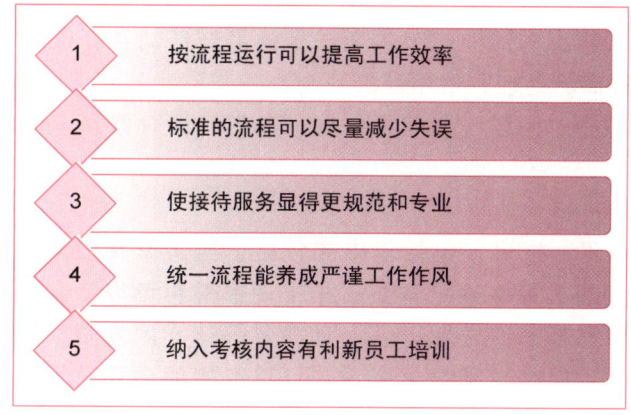

图 3-2 遵守操作流程的作用

另外，统一工作流程，学习并实践规范化的工作流程，可以帮助客服人员养成严谨的工作作风，快速成为一位合格的客服人员。这在我们的生活中也有很多例子，比如，驾驶员需要严格按照交通法规驾驶，不仅提高了驾驶技术，同时也避免了交通事故的产生；再比如，医生做手术前需要按照标准流程进行消毒，这样做不仅保护了病人，创造无菌环境，同时保护了医生自己的生命健康。

当然，无论工作流程制定的如何详细，在工作实践过程中，每个人都会因为个人的习惯而对流程稍加改变。这样的改变有积极的意义，在于工作人员将标准化流程真正内化，成为最适合自己的工作标准，同时也会产生消极的意义，在于工作人员并未完全按照标准进行工作。因此，应注重在员工开展工作前，对员工进行规范化的培训，避免因个人问题先入为主，对工作产生消极的影响。

规范化的工作流程还可以纳入客服人员的考核内容，有利于新、老员工的培训和测试。我们可以把流程中的一些规范转化为一些习题，不定期对新、老员工进行测试，因为只有经过测试，才能够帮助他们不断地提高。

（二）基本工作流程

客服部门的岗位职能可以分为售前、售中和售后，售中负责在线接待和接单，售后则负责关系维护和纠纷处理。基本工作流程一般应包含以下几个方面：

1. 售前准备：①每天开始工作前，处理好各项准备工作的流程；②商品介绍流程；③沟通工具回复流程。
2. 售中服务：①顾客分类流程；②信息收集流程；③打消买家疑虑的流程；④讨价还价流程；⑤形成标准订单流程；⑥发货流程。
3. 售后服务：①处理中、差评的流程；②延伸客户服务的流程；③退换货操作流程。

步骤二　做好日常基本工作

（一）日常工作基本流程

1. 准备工作：个性签名、聊天设置、客服设置、常规应用软件的使用维护。
2. 温故知新：更新在线商品、回复留言、给客户发送成交信、查看昨日未转化及未付款人员并进行有效催付。
3. 前期处理工作：掌握店铺推广区各项产品的最新活动并具体施行、客户重复拍下商品的处理、缺货的在线商品处理、信用评价。
4. 售前客服接待流程：问候、询问、价格、连带、核对信息、促成交易、标准订单处理、礼貌欢送。

（二）标准订单处理流程

处理一个订单从流程上来讲，包括售中和售后，当买家看中某一个商品并通过跟客服人员沟通，最终确定购买，拍下商品并付款以后，一个标准的订单产生了。在买家看来，付款以后，只需要等待卖家发货，然后确认收货和好评就可以了。但是对于卖家来说，订单产生后会涉及很多环节和工作人员，如图3-3所示。

微课：标准化工作流程的意义

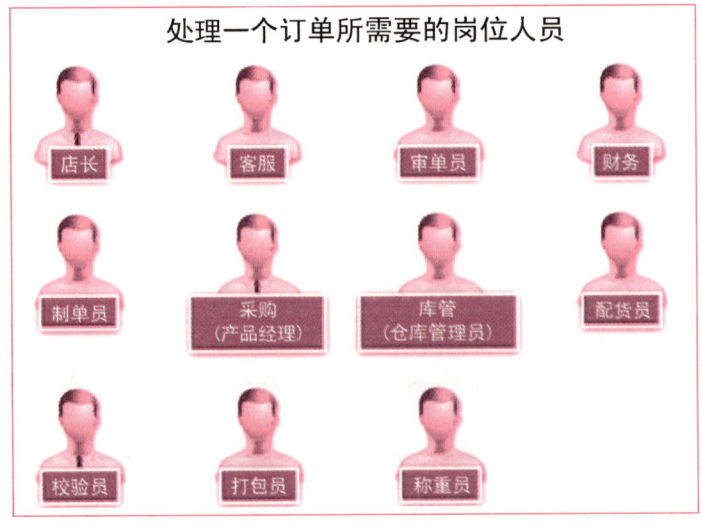

图3-3　处理一个订单所需要的岗位人员

如图 3-4 所示，一个标准订单的处理，从订单生成开始，销售客服就要对买家要求进行备注，比如优先发货、送小礼品、选什么颜色等。订单提交给系统以后，审单员需要对订单进行审核，看地址是否详尽、商品编号是否齐全、有无缺货等。财务核实付款后，制单员即开始打印订单并登记快递单号，登记以后交给配货员拣货，检验员逐个核对订单，看有没有错发、漏发等，再由打包员打包，称重员称重并录入系统，然后录入到淘宝的后台，这个订单就处理完了。

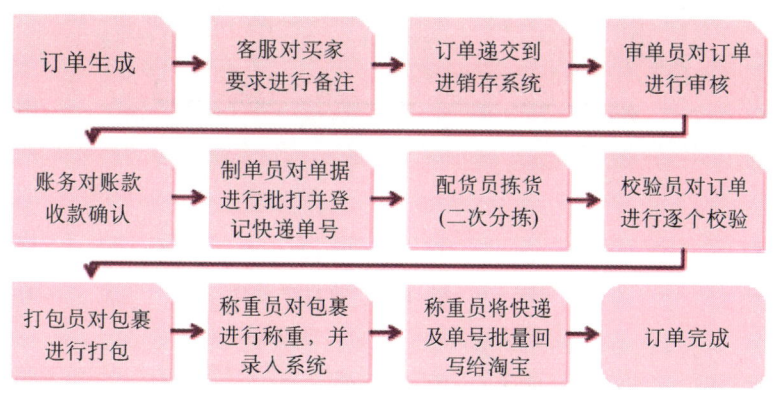

图 3-4 标准订单处理

如图 3-5 所示，非生产型企业通常还有采购订单处理流程，采购通常由产品部负责，不是销售客服的职能范围，因此我们只做简单了解即可。

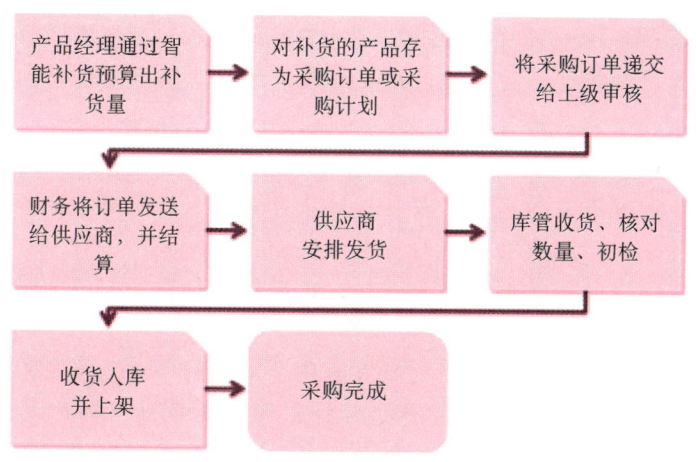

图 3-5 标准订单处理

如果出现退换货，也要按照如图 3-6 所示的标准流程来操作。首先，售后客服人员先要询问顾客退换货原因，看是发错了货还是产品质量问题，主动给顾客道歉，安抚顾客，缓解不良印象，稳定顾客的情绪，并协商退换货事宜。等退换货协议产生以后，做好售后登记和备注，通知顾客退换货的注意事项和操作步骤，等收到顾客退回的货物后，库管会将退件登记入库，重新补发商品并进行增发货操作。发货后，通知客服联系顾客，告知换货商品已发出，近期请注意查收，至此，退换货流程即告操作完成。

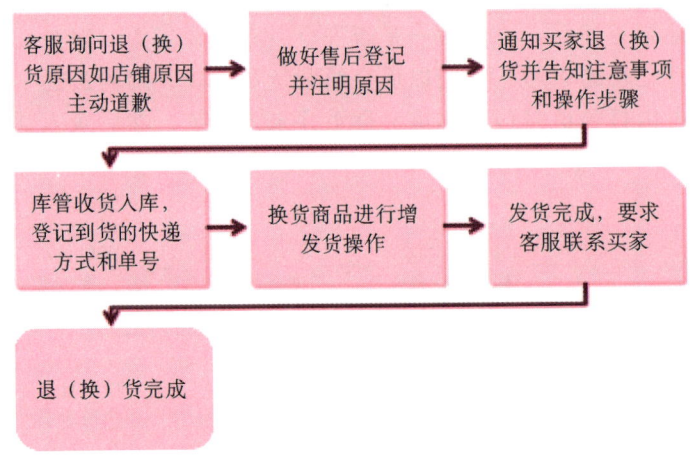

图 3-6　退（换）货订单处理

> **知识窗**
>
> **电商客服的实战技巧**
>
> 电商客服是电子商务运营必不可缺的一部分。在线下交易中，销售人员可以通过观察客户的表情、捕捉客户的语气和情感变化，从而给出相应的回应或推荐。与线下交易模式不同，电商是通过线上交易，看不见、听不到，不能及时捕捉客户的直观反映，仅通过打字来判断客户的情绪，往往难以捕捉到客户的需求。针对这个问题，在这里分享一些电商客服在工作中的实战技巧。
>
> 1. 掌握专业的商品知识。
>
> 掌握必备的品牌和产品知识，客服应当对品牌有深入的了解，能够从品牌价值的角度对客户进行推荐，对所负责的产品的基本参数、特点、种类、材质、尺寸、用途、使用注意事项等都有全方位的了解。除此之外，还要对本行业的有关知识进行学习认知。
>
> 2. 熟知平台和网店的交易规则。
>
> 作为电商客服，应该把自己定位成商家的角度来了解平台的交易规则，从而可以更好地把握自己的交易尺度。遇到第一次交易的客户，不知道网购的具体流程，这个时候，客服除了要指点顾客去熟悉平台的交易规则，在交易过程中出现的支付和售后等细节问题，要协助客户进行操作。
>
> 3. 针对不同类型客户需采取不同沟通技巧。
>
> （1）客户对商品缺乏认识，不了解：这类的顾客对所购买的商品认知十分匮乏，也就是所谓的"知识盲区"，具有疑虑且依赖性强的心理状态。对于这样的顾客，客服人员需要具有足够的耐心来解答，在了解客户的基本需求时，从客户的角度来推荐，并且告知客户推荐此类商品的原因，对于这样的客户，客服的解释越细致，客户就会越信赖你。

（2）对商品有些认知，但是一知半解：这类顾客对商品有基本的了解，主观性强，不太容易信赖客服的推荐。面对这样的顾客，客服人员要学会控制情绪，给出专业的答复，突破顾客对产品的基本认知，这样会让顾客增加对你的信赖。

（3）对价格要求不同的顾客：在电商平台砍价的客户也是数不胜数。砍价是买家的天性，因此，客服人员需要抓住用户的痛点所在，比如，在遇到孕妇购买母婴产品时，可以从宝宝健康的角度切入，引导买家换个角度来看待商品，也可以建议顾客先货比三家，放大自家产品的优势所在，而不是直接回绝顾客。

4. 及时处理顾客的询问。

当代网民进行网购的习惯，具有"浏览快、阅读量大"的特点，对于客服回复的时间往往没有过多的耐心，在没有得到及时的回复时，商家往往就错失了这次交易。因此，客服人员在接收到询问时，应及时回复客户的问题，并迅速给出相应的解决策略。

5. 把握话题和话题的转移。

作为客服，可能同时要和几个客户进行交流，有些客户的问题又比较烦琐，问题较多，这时候应该怎么办？

将谈话的主动权掌握在自己手中才是最重要的，聊天的内容越来越不着边际时，就要主动询问客户：关于商品还有什么需要了解的吗？或者告诉顾客，可以通过留言的方式，稍后再处理，从而实现引导话题的方向。

6. 掌握话术，促成交易。

（1）抓住客户"怕买不到"的心理：客户对越是得不到、买不到的东西，越想得到它、买到它，此时，客服人员要在交流中，抓住客户这样的心理来促成交易。当对方已经有比较明显的购买意向，但还在犹豫中的时候，可以利用以下话术来促成交易："这款是我们畅销品，经常脱销，估计不要一两天又会没了，喜欢的话别错过了哦"或者："今天是优惠价的截止日，请把握良机，明天就恢复原价"等等。

（2）当顾客一再发出购买信号，却又犹豫不决拿不定主意时，在沟通上可采用"二选其一"的技巧，譬如："亲是看中 A 款还 B 款呢，两款一起购买的话还是享受包邮呢"或者说："您看中红色还是黑色呢？"，这种"二选其一"的问话技巧，能够尽快促成交易。

（3）当顾客拿不定主意，需要客服推荐的时候，要尽可能多地推荐符合客户的要求的款式，在每个链接后附上推荐的理由，而不要找到一个推荐一个。

在这个网购时代，客服作为企业与客户对接的第一道窗口，掌握与客户沟通的技巧对于客服来说至关重要。

思考：你认为还有哪些交流技巧是客服人员必须具备的呢？

（资料来源：搜狐网https://www.sohu.com/a/406662159_120683942）

思想点拨

小细节大文明：电商服务礼仪

在"一对一"双向交互式网络营销中，客服的态度极大地影响着产品销售量和客户满意度，由于电商客服人员不能与客户直接面对面交流，所以措辞使用在与客户交流过程中显得更为重要。遵守电商客服礼仪能够有效吸引和留住客户，从而提高网络营销效益。

服务过程中要做到态度诚恳、热情周到、有问必答、谦和有礼。严禁出现拖腔、态度生硬、教训、不耐烦、方言、网络用语等不礼貌行为。尊重客户，不得与客户闲聊。遇到个别客户的失礼行为，要克制忍耐，不与客户争辩顶撞，用自己的良好言行与涵养感化客户。

工作中出现差错时不得强词夺理，应诚恳接受客户批评，主动致歉并立即纠正错误。客户问到不懂或不熟悉的业务时不得推诿、搪塞客户，应婉言向客户解释并询问相关人员后再作解答，必要时可请相关人员代答。客户需要帮助时，在不违反相关规定的前提下，热情相助。

电商客服人员态度诚恳热情，是抓住客户心理的重要手段。当电商客服人员与客户开始交流的那一刻起，所代表的企业形象便会通过文字传达给对方，所以使用合适开场语尤为重要。

要始终与顾客保持联系，顾客所投诉的问题解决后，要及时回访。在今后的工作中引以为戒，不断提高产品质量和服务水平，避免同类问题再次发生。

不积跬步无以至千里；不积小流无以成江海。党的二十大报告对提高全社会文明程度提出了具体的要求：实施公民道德建设工程，弘扬中华传统美德，推动明大德、守公德、严私德，提高人民道德水准和文明素养，培育时代新风新貌。文明细节虽小却是"天大的小事"，唯有从点滴小事做起，我们才能让文明在全社会蔚然成风，文明才能真正成为一种感染力、凝聚力、推动力，进而升华为一种城市的名片，一种国家的形象，一种民族的精神。

思考： 电商客服礼仪话术有哪些？尝试设计开场白和结束语。

（资料来源：文明青岛https://www.sohu.com/a/277919923_99960371）

任务二
掌握电子商务客服销售流程

任务要点

熟知客服工作的整个流程，包括交易流程、退款流程、退换流程，掌握在线接待基本规律，能够在不同的电商平台下顺利完成整个交易。

项目三　熟悉工作流程

任务情境

开始服务技能培训了，小李被要求尽快熟悉整个客服销售流程。客服销售流程都包含哪些环节呢？

任务分析

熟知交易流程，以便在顾客购物时遇到操作问题及时给予操作指导，保证买家顺利完成购物；熟悉退换货流程，以便在发生退换货时提供及时快捷的服务；掌握在线接待流程的基本步骤，以提高在线接待转化率。

任务实施

步骤一　熟知交易流程

（一）熟悉购物流程

作为电子商务客服人员，熟知网络购物的流程，是为了当客户在购物操作上出现问题时，能够及时给予客户操作指导，使客户顺利完成购物操作，将访客转化为支付买家，实现订单转化。

如图3-7所示，无论是什么网购交易平台，一笔正常的订单交易流程通常由以下五大部分组成：（1）商品挑选与加购：买家通过商品浏览、商品对比和客服咨询，加入购物车→（2）订单支付：在购物车内通过各类交易方式进行付款结算（交易平台代管货款）→（3）卖家物流发货→（4）买家验货并确认收货（交易平台打款给卖家）→（5）买卖双方进行交易评价。

在这个交易流程里，会发现它跟现实中的买卖有一个很明显的区别，那就是：买家付款以后，资金并没有直接到卖家手中，而是由交易平台代为保管。交易平台相当于中介，其作用是对交易的安全进行担保，同时保护消费者的合法权益只有等买家收到卖家的货物，并在平台里进行确认收货操作以后，交易平台才会把钱打给卖家，从而保证买卖双方顺利通过网上交易成功，如果双方产生纠纷，平台可作为中介，按照平台规则参与协商调解并可以对双方在交易过程中的态度或服务进行评价。每次评价都会显示在商品评价页面里，可以作为其他买家的参考。

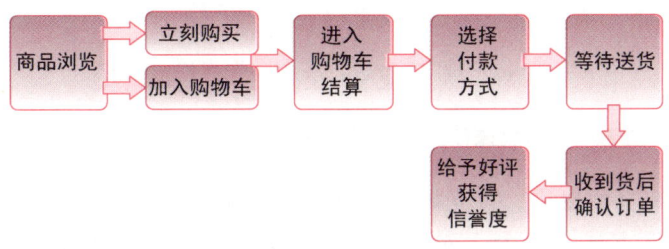

图3-7　网络交易流程

1. 以淘宝网购物流程为例，实际交易步骤如下所示：登录淘宝网，在商品搜索页面输入"童装"，进行浏览和对比，如图3-8所示。

图3-8 购物流程一（买家搜索和挑选商品）

2. 通过标题关键词、商品主图和价格的对比后，找到喜欢的产品。如图3-9所示，"迷你巴拉巴拉儿童羽绒服2021年冬男女童防风轻便发热蓄暖科技羽绒轻盈轻羽绒90%鸭绒 火山岩蓄热里布"，选择产品数量、颜色和尺码，点击页面中"立即购买"直接进入结算页面，或点击"加入购物车"按钮将商品加入购物车中，挑选其他产品后可在购物车中统一付款。若购买多件产生多个订单，重复收取邮费，可联系客服统一收取邮费。

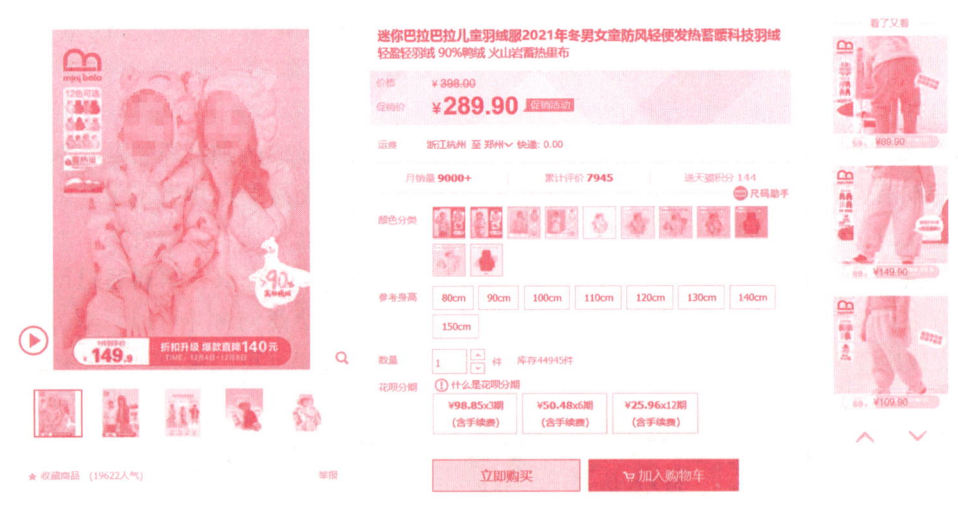

图3-9 购物流程二（买家点击"立即购买"，拍下商品）

3. 进入订单提交页面以后，首先要填写或者选择正确的收货地址，然后选择并确定商品购买的数量和优惠方式，将个人对商品的颜色、尺码、发货时间等特殊要求，填写在"给卖家留言"框里（注意，留言部分的要求需要先和商家协商一致），最后点击页面底部的"提交订单"，如图3-10所示。

项目三 熟悉工作流程 79

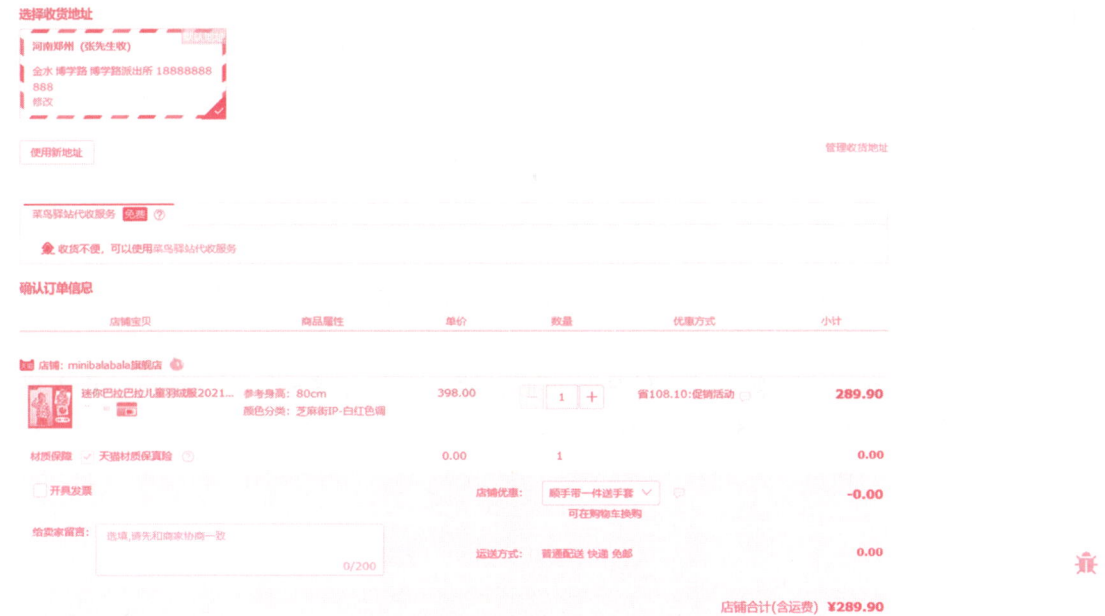

图 3-10 购物流程三（买家提交订单）

4. 进入支付页面以后，可选择添加快捷或网银支付方式，也可选择支付宝方式，输入支付密码，再点击"确认付款"，如图 3-11 所示。

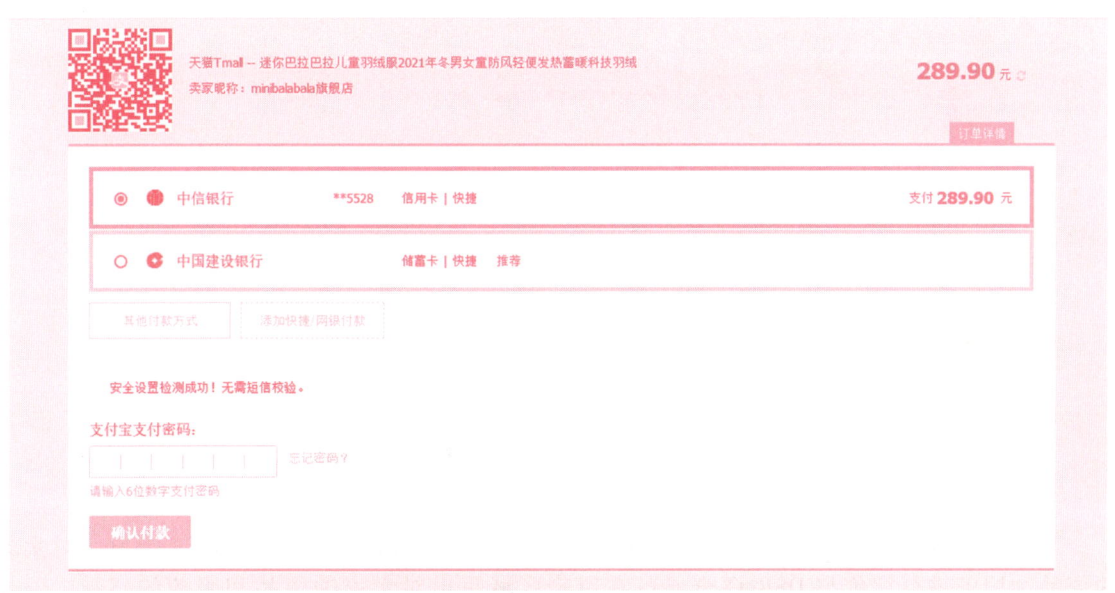

图 3-11 购物流程四（选择付款方式并支付）

5. 卖家收到买家已付款的提示以后，通常会在 72 小时内发货，收到包裹后，最好当场开箱检查，确认货物没有损坏或异常后再签收。一般拿到货物使用 1~2 天就可以去登录淘宝网最顶上一行，"我的淘宝"→"已买到宝贝"，找到此商品，点击"确认收货"，如图 3-12 所示。

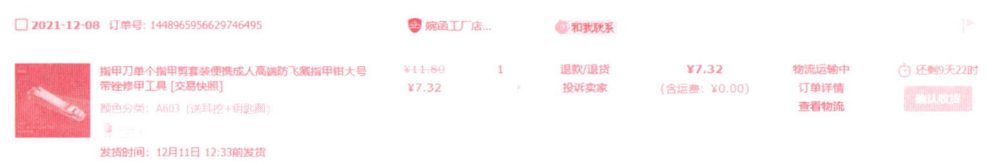

图 3-12　购物流程五（买家在商家发货后确认收货）

6. 在"我已收到货，同意支付宝付款"页面，输入支付宝账户的支付密码，将支付宝代管的货款支付给卖家，如图 3-13 所示。

图 3-13　购物流程六（买家确认收货并付款）

7. 此时，买卖双方交易成功，银货两讫，买家可以点击"给对方评价"按钮，对卖家的商品和服务进行评价与 DSR 评分，可在留言区域写出对卖家的商品和服务的感受，添加产品图片，并在下店铺动态评分栏里选择 DSR 评分星级，DSR 评分包括三个维度，分别是描述相符、卖家服务与物流服务，每项评分的满分为 5 分，选好以后，点击"确认提交"按钮，完成对这笔交易的评价，如图 3-14 所示。

图 3-14 购物流程七（评价及打分）

知识窗

认识 DSR 评分

DSR 评分是电商行业的一个专属但却普遍使用的词汇，很多买家都听说过 DSR 评分，但又不是很清楚 DSR 评分到底是什么，有什么作用。本文将给大家详细介绍淘宝 DSR 评分的概念以及作用。

一、淘宝 DSR 评分是什么？

DSR 评分是指店铺动态评分，该评分是动态变化的，实时更新的。DSR 评分是根据店铺宝贝描述相符、店铺服务态度、物流服务三项评分来计算的。每项店铺评分的计算方式为：取连续 6 个月内买家给予该项评分的总和/连续 6 个月内买家给予该项评分的次数。

当店铺订单交易成功后，淘宝买家可以从宝贝描述相符、店铺服务态度、物流服务三项给店铺进行的打分。买家在给出评分时，三项指标都具有 5 个分值，1 分表示非常差，2 分表示差，3 分表示一般，4 分表示好，5 分表示非常好。注意：

1. 交易成功后的 15 天内，买家可本着自愿的原则对卖家进行店铺评分，逾期未打分则视为放弃，系统会默认给店铺一个好评，但不会产生店铺评分，不计入店铺动态评分计算。

2. 一旦买家给出店铺评分后无法再次修改。

二、DSR 评分有什么作用？

淘宝 DSR 评分高对于店铺来说是有很多好处的，DSR 评分证明了店铺的综合实力，

DSR评分飘红则表示店铺运营得很好，超过行业平均水平；而DSR评分飘绿则表示店铺宝贝描述相符、服务态度、物流服务都比同行要差。

店铺评分中的每项评价的最高分均为5分，买家给出的分值越高，则表示买家对店铺的认可度越高。淘宝平台会对于DSR评分高的店铺给予一定的权益，比如买家搜索商品时，店铺宝贝能优先展示；淘宝官方活动报名的考核门槛，DSR评分不达标无法报名等等。

三、如何获得DSR评分？

我们根据DSR评分的计算方法可以知道，想要获得DSR评分，店铺需要产生交易，并且买家主动给出评分。

1. 店铺发生交易行为，必须是真实的订单。新开的淘宝店实在没有客户可以找朋友用账号购买店内的宝贝，模仿真实的购物流程。

2. 引导鼓励用户主动给店铺做出5星好评，可以采取5星好评送店铺优惠券，或者小礼品。一定要注意方法，不要被平台判定为好评返现的违规行为。

3. 创建会员买家群，对于主动给店铺5星好评的优质客户可以邀请成为会员，进入店铺会员群。因为优质用户再次购买给出好评是能继续计算动态评分的。不过要注意每个自然月，相同买、卖家之间交易，卖家店铺评分仅计取前三次（计取时间以交易成功时间为准）。

（资料来源：知乎https：//zhuanlan.zhihu.com/p/332496481）

（二）熟悉买家退换货流程

正常的交易均能按一般交易流程来完成，只有出现以下三种情况，才会进入退换货流程：（1）买家因等待时间太长未收到货，要求退款；或买家购买后反悔，商品未发出，要求退款；（2）买家已收到货，买家试用后不满意，由于卖家承诺7天无理由退换货，要求退货；（3）买家已收到货，但由于卖家商品质量有问题、有瑕疵等原因，买家要求换货或者退款退货。

微课：退换货流程——物流责任

退换货交易只要在买家付款以后，就可以由买家单方面提出退换货申请，卖家有3天的时间来处理退换协议。在查看退款说明和理由以后，只需符合上述三种退换货情况之一，在双方通过协商达成一致以后，卖家可以选择同意买家的退换货申请协议，进入退换货流程。

值得注意的是，从2014年3月起，新《中华人民共和国消费者权益法》第二十五条规定："经营者采用网络、电视、电话、邮购等方式销售商品，消费者有权自收到商品之日起七日内退货，且无需说明理由，但下列商品除外：（1）消费者定做的；（2）鲜活易腐的；（3）在线下载或者消费者拆封的音像制品、计算机软件等数字化商品；（4）交付的报纸、期刊。"

除前款所列商品外，其他根据商品性质并经消费者在购买时确认不宜退货的商品，不适用无理由退货。新《中华人民共和国消费者权益法》明确了不宜退货的情形、退货的商品应当完好以及退换费用的承担，对于法律明确列明的商品之外，商品性质不宜退货的，要求必须经消费者购买时确认，解决了可能发生的事后争议。

消费者退货的商品应当完好。经营者应当自收到退回商品之日起 7 日内返还消费者支付的商品价款。退回商品的运费由消费者承担；经营者和消费者另有约定的，按照约定进行退货。

1. 退款流程包括：买家申请退款/退货→商家处理退款/退货→退款成功，如图 3 – 15 所示。

图 3 – 15　退（换）货流程示意图

退款交易只要双方经过协商、达成一致后，买家可以在交易生成的 24 小时后提出退款申请。卖家有 5 天的时间来处理退款协议，在看清退款说明和理由后，选择同意买家的退款申请协议并输入支付密码，退款即告完成，该交易关闭，相关款项也同时退还到买家的支付宝账户里。

2. 以淘宝为例，退换货的具体流程分为以下三种。

（1）买家未收到货的退款申请操作流程。买家未收到货选择退款的原因主要有：卖家虚假发货或发货时间过长，物流公司长时间未收货或未派送，未按约定时间发货，买家个人原因反悔等等，一般要求卖家全额退款。具体操作流程如下：

第一步：进入"我的淘宝"→"已买到宝贝"页面，如图 3 – 16 所示。

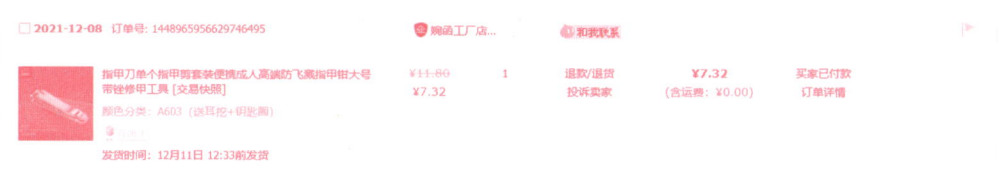

图 3 – 16　进入"我的淘宝→已买到宝贝"页面

第二步：在"已买到宝贝"页面找到需要申请退款的订单，点击"退款/退货"，如图 3 – 17 所示。

图 3 – 17　未收到货时申请退款/退货

第三步：在退款管理页面，选择"退款原因"（如不想要了，拍多了，发货速度不满意等），接着填写"退款说明"，有必要的话还可以"上传图片"作为凭证（比如卖家发错货的凭证），最后点击"提交"按钮进行退款，如图 3 – 18 所示。

图 3-18 填写"未收到货"退款说明

第四步：提交退款申请以后，卖家有 3 天的时间来处理此次退款申请，若双方达成一致，卖家同意退款，则全额退款到买家的支付宝，完成退款流程。

（2）买家已收到货，不用退货但需要退款的退款申请操作流程。买家在退款/退货申请时选择不退货但需要退款的原因主要是对产品不满意，又觉得退货麻烦，想将就着用，同时希望卖家能给予部分退款来弥补买家的损失。常见的退款原因有：大小尺寸不符、材质/面料不符、工艺/手艺问题、颜色/款式/图案与描述不符、发货问题、服务/态度、不喜欢/穿着效果不好、拍错/多拍、认为是假货等。具体操作流程如下：

第一步：进入"我的淘宝"→"已买到宝贝"页面，在"已买到宝贝"页面找到需要申请退款的订单，点击"退款/退货"，如图 3-19 所示。

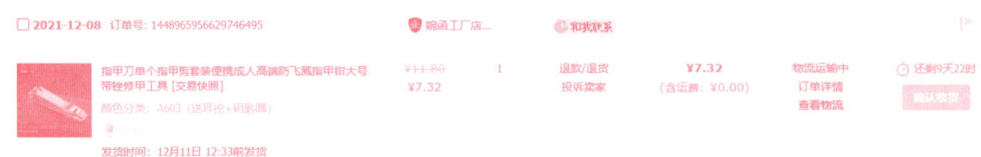

图 3-19 买家已收到货后申请退款/退货

第二步：在退款管理页面，选择"我要退款（无需退货）"，然后选择服务类型和货物状态，接着选择"退款原因"，填写"退款金额"（一般不是全额退款）以及"退款说明"，有必要的话还可以"上传凭证"（比如大小尺寸不符的照片），最后点击"提交"按钮进行退款，如图 3-20 所示。

图3-20　卖家已发货后卖家申请退款不退货

第三步：提交退款申请以后，卖家有3天的时间来处理此次退款申请，若双方达成一致，卖家同意退款，则退款金额退回到买家的支付宝，完成退款流程。

（3）买家已收到货，需要退货和退款的退款申请操作流程。在退款界面里选择"我要退货退款"，然后选择服务类型"退货退款"，选择退款原因，输入退款金额，填写退款说明，上传凭证，选择是否使用"急速退款服务"，点击"提交"即可，如图3-21所示。

图 3-21　退款退货界面

> **知识窗**
>
> ### 网店客服退换货情况处理办法
>
> 　　任何网店都不可能做到百分之百令买家满意，因此都存在退换货情况。能否妥善处理退换货订单，会直接影响到网店在买家心中的信用度以及网店排名，从而降低客流量。下面为大家介绍网店经营过程中碰到的几种常见退换货情况以及正确的处理办法：
> 　　一、退换货原因：买家未收到货，要求全额退款
> 　　1. 买家退款理由：一致协商退款。这种情况一般是买家拍下后不想买了。处理办法：①如卖家未发货，则直接退款；②如卖家已发货，则通知快递公司退回商品，并退款（扣除运费）。

2. 买家退款理由：未按约定时间发货。处理办法：①如卖家未能在48小时内发货，则由客服人员给买家打电话道歉，可适当赠送买家小面值的赠品，并说服买家把退款理由修改为"一致协商退款"；②如卖家在48小时内发货，则由客服人员打电话给买家说明晚发货原因，并请买家把退款理由修改为"一致协商退款"。

3. 买家退款理由：虚假发货。处理办法：①如卖家没发货却按了发货按钮，则由客服人员联系买家进行解释，并请求买家把退款理由修改为"一致协商退款"；②如卖家已真实发货，则给买家提供快递运单号，供买家查询，再考虑是否退款；③如卖家填错单号，则由客服人员给买家提供快递单据照片，并向买家道歉，请求买家把退款理由修改为"一致协商退款"。

二、退换货原因：已收到货，要求退款不退货

1. 买家退款理由：商品质量问题。处理办法：①如真的是商品质量问题，请买家从多个角度拍摄商品质量问题部分的局部细节照片三张，发给客服人员交由公司品质管理部门核实，限定3个小时内给买家明确答复。如查实是产品质量或者瑕疵问题，视情况给予顾客该商品价格20%～50%的现金返还作为补偿。与买家沟通好以后，为表示网店的诚意，由卖家先支付货款，然后诚恳地请买家给卖家网店5分好评。如不能解决，则请买家把退款理由修改成"已收到货，需退货"，由卖家承担该商品退货运费，给予买家退货或更换新品，同时给予若干补偿。如果是物流运输中的破损问题，则由卖家承担商品来回运费，给予买家退货或者更换新品，同时给予若干补偿费，再由物流发货部门和物流公司进行问题包裹的处理。②如果是因为色差或者买家的主观意识，客服人员首先要与买家进行沟通和解释，并给予买家若干现金返还作为补偿。为表示网店诚意，可由卖家先支付现金，然后诚恳地请求买家给网店5分好评。

2. 买家退款理由：收到的商品不符。处理办法：①如果是卖家发错货，向买家道歉，请买家把退货原因修改成"已收到货，需退货"，按操作步骤给予退款。②如果是漏发货，向买家道歉，并给予漏发部分的退款。

三、退换货原因：已收到货，要求退换货

1. 买家退款理由：商品质量问题。处理办法：与"已收到货，要求退款不退货"两种情况相同的，处理方法一致，如不属于以上两种情况，则由买家承担退回运费，卖家收到包裹时，由物流发货部门进行产品检验，如不影响二次销售，则可以签收，并通知客服人员给买家退款。如产品影响二次销售或者产品不符，则进行拍照存证，并拒签，联系快递公司将包裹退回给买家，然后通知客服部门上传照片证明，进入问题件处理流程。

2. 买家退款理由：收到的商品不符。处理办法：与"已收到货，要求退款不退货"两种情况相同的，处理方法一致。

3. 买家退款理由：七天无理由退换货。处理办法：由买家承担运费，给予退换货，收到包裹后检查通过后，给予退款并发新品给买家。

4. 买家退款理由：收到假货。处理办法：请买家提供第三方检验报告，卖家提供授权证明以及进货发票等证据给淘宝。核实不是假货后，跟买家沟通交流，并请求买家确认收货并给卖家网店5分好评。

步骤二 掌握在线接待流程

网上购物的特殊性使在线接待非常重要，无论标题、关键词做得多到位，图片多么美轮美奂，但最后多数买家还是会点击旺旺联系过客服后（见图 3-22），才会最终下单购买。如何从客户点击旺旺与客服人员说第一句话开始就吸引住他，需要依靠客服人员本身的职业素养和沟通技巧。

图 3-22 在线接待是在线销售的临门一脚

（一）在线接待流程基本规律

要达到优秀的在线接待转化率，规范的接待流程非常重要，标准化的程序永远是帮助团队厘清脉络、提升业绩的良方。每个客服团队都会有各自不同的接待流程，大家可以根据自己经营的产品和以往运营的经验制定出适合自己的接待流程。在日常工作中，在线接待一般包含以下内容：

开场白：欢迎语。

话天地：跟进客户的问题，与客户开始沟通。

挖需求：了解客户的需求点，根据客户需求推荐产品并做关联销售。

试缔结：解决客户的异议。

促成交：通过当天发货等由头促进客户成交。

结束语：客户购买后，结束之时的致谢语不可少。

（二）在线接待流程具体步骤

好的接待流程可以提高工作效率，也许按照客服的个人发挥也会有很多买家愿意接受，但是有一个共性的规则可以尽可能地提高工作效率。同时，以前实践的成功案例可以帮助我们减少重复的失误，规范的话术可以使我们的接待服务更加规范和专业。

我们一般把在线接待分为八步流程，即为：进门问好→接待咨询→推荐产品→处理异议→促成交易→确认订单→礼貌告别→下单发货（见图 3-23）。

项目三　熟悉工作流程

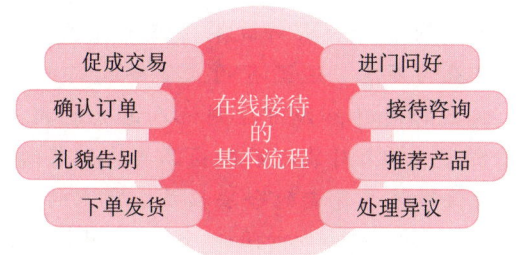

图 3-23　在线接待的八步流程

第一步：进门问好。可以归纳为一个字"迎"。
第二步：接待咨询。要做好客服准备工作。
第三步：推荐产品。要学会根据客户的需求方向去"说"。
第四步：处理异议。要掌握一个新技巧"应"。
第五步：促成交易。这是一切在线销售工作的最终目的。
第六步：确认订单。要求客服利用好确认订单的流程。
第七步：礼貌告别。也蕴含着一个重要技巧"收"。
第八步：下单发货。可以作为一个工作流程的交接。

思想点拨

网络购买商品七日无理由退货办法

　　为保障《消费者权益保护法》七日无理由退货规定的实施，保护消费者合法权益，促进电子商务健康发展，根据《消费者权益保护法》等相关法律、行政法规，制定本办法。本办法共7章39条，自2017年3月15日起施行。《办法》明确了不适用退货的商品范围和商品完好标准以及相关退货程序，并对网络商品销售者违反本办法规定，做出了明确的处罚细则。

　　《办法》明确，消费者定做的商品、鲜活易腐的商品、在线下载或者消费者拆封的音像制品、计算机软件等数字化商品、交付的报纸、期刊等商品不适用七日无理由退货规定。

　　《办法》规定，下列性质的商品经消费者在购买时确认，可以不适用七日无理由退货规定：一是拆封后易影响人身安全或者生命健康的商品，或者拆封后易导致商品品质发生改变的商品；二是一经激活或者试用后价值贬损较大的商品；三是销售时已明示的临近保质期的商品、有瑕疵的商品。

　　《办法》提出，消费者退回的商品应当完好。商品能够保持原有品质、功能，商品本身、配件、商标标识齐全的，视为商品完好。消费者基于查验需要而打开商品包装，或者为确认商品的品质、功能而进行合理的调试不影响商品的完好。

　　《办法》明确，对超出查验和确认商品品质、功能需要而使用商品，导致商品价值贬损较大的，视为商品不完好。

> 七天无理由退货是利于消费者的一项好政策，但是却被善于钻规则漏洞的人利用，转变成了侵害部分消费者权益的事情。这里有两点值得我们去思考：一个是从卖家的角度来考虑，在确保消费者权益的同时，如何控制他人恶意利用七天无路由退货的空子；一个是从消费者的角度来考虑，二次封装之后的商品再次销售给用户是否合理？
>
> **思考：** 七天无理由退货保障了消费者的合法权益，商家的权益如何保护呢？
>
> （资料来源：百度百科http://baike.baidu.com/item/中华人民共和国消费者权益保护法/）

任务三
做好客服准备工作

任务要点

熟悉不同电子商务平台的交易规则、特点、退换货政策；掌握物流及付款知识、网络安全交易知识等。

任务情境

就要上岗实践了，小李被要求牢记各项网站交易规则、安全交易常识。小李心中还有些忐忑，自问：我还有哪些知识没掌握呢？还要做哪些准备工作呢？

任务分析

电子商务客服人员上岗之前要做很多准备工作，比如说心态的准备和职业价值观的准备、对品牌价值和产品知识的学习和了解，以及熟悉掌握不同电子商务平台的交易规则、特点及退换货政策。有了这些知识的积累，再加上良好的工作习惯、端正的工作态度，才能在上岗后很快地进入状态，完成工作任务。

任务实施

步骤一　熟悉网站交易规则

规则不仅是大家共同遵守的制度或章程，也是一种管理手段。规则不仅使我们所生活的社会变得更趋于合理，而且还是管理者在处罚违规行为时的判断基础和衡量标准。作为一个交易平台，为了防止各种不诚信的欺诈行为，杜绝不正当的商业弊端，淘宝网这类网络零售平台都会制定一系列的规则和措施，来约束和规范用户在此平台上的行为，如图3-24和

图 3 – 25 所示。

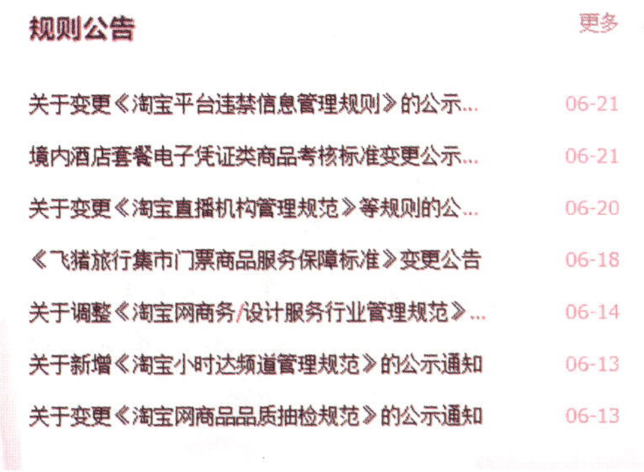

图 3 – 24 淘宝网交易规则公告

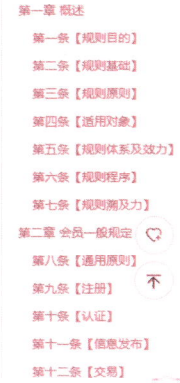

图 3 – 25 淘宝网交易总则

（一）淘宝网买家规则解读

1. 买家正常交易流程规则。

（1）会员名可能被收回：如果淘宝会员连续一年没有登录，会员名可能会被收回。

（2）交易超时注意事项。

付款时限：买家拍下商品后要在 3 天内完成付款，否则交易将会关闭。

申请退款：买家付款之后就可以立即申请退款。

确认打款时限：卖家发货后，如果在规定时间内没有确认收货或申请退款，系统将自动将交易款项支付给卖家。具体规定时间为：自动发货商品 1 天；虚拟商品 3 天；使用快递、EMS 发货及不需要物流的商品 10 天；使用平邮发货的商品 30 天。

退款时限：买家提出退款申请的操作时限均为 7 天。如未能在 7 天内操作，退款将有可能结束，返回到正常交易流程。

（3）交易过后要评价。支付宝交易成功后 15 天内，买家可以对卖家进行评价。超过 15

天后系统会默认给卖家好评，买家有一次追加评价的机会。

信用评价等级分为好评、中评和差评，建议买家给出客观、真实的评价。如果认为商品基本满足期望，卖家服务基本满意，建议可以给予卖家好评；如果认为商品本身存在较大瑕疵或对卖家服务有意见，建议可以给予卖家中评；如果对商品质量或卖家服务完全不满意，可酌情给予卖家差评。在做出中、差评后的30天内，可进行一次修改或删除，30天后就不能修改了。另外，店铺评分是不能修改的。

2. 买家违规处罚规则。

竞拍不买：如果买家幸运地在竞拍中拍得商品，必须及时按照最终出价完成付款，否则将有可能被扣12分，并且需要向卖家赔偿最后一次出价金额的5%。

恶意评价：买家应当真实、客观地给予卖家评价。一旦出现利用中、差评威胁卖家以谋取额外财物的现象，每次将被扣12分。

3. 买家遇到问题可以投诉。

侵犯知识产权：如果买家购买了假冒商品，可以对出售该商品的卖家发起侵犯知识产权的投诉。若投诉成立，该卖家最高将会因严重违规扣48分，并将被永久封号。

延迟发货：如果卖家在买家付款后72小时内都没有发货，买家可以在交易关闭后15天内发起延迟发货的投诉。若投诉成立，该卖家除被扣分外，还将额外赔付商品交易金额的5%，最高不超过30元。

描述不符：如果买家收到的商品与卖家的描述不相符，买家可以在交易成功后15天内发起描述不符的投诉。若投诉成立，该卖家将被扣3分。

违背承诺：如果买家发现卖家没有履行其加入相关服务时做出的承诺，可以发起违背承诺的投诉。若投诉成立，该卖家将根据违规程度被扣除相应的分值。

若发现卖家存在任何违规行为，都可以发起投诉。若投诉成立，卖家将会被处以相应扣分及处罚。

（二）淘宝网卖家规则解读

1. 卖家交易基础规则。

（1）卖家账户解绑须知：符合下列情况之一，不能解绑账户：一是卖家账户已通过支付宝认证并且发布过商品；二是卖家账户还有正在进行中的交易或未处理完的投诉举报；三是卖家账户拍卖押金还没有解冻或支付宝账户还没有激活。

微课：淘宝卖家规则——恶意刷单

（2）怎样才能开店铺：首先要通过支付宝实名认证，并在淘宝网上公示您真实有效的信息，同时需参加并通过开店考试，才可以开店。

（3）交易超时问题。

注意发货时限：如果卖家在买家申请退款之时起3天内仍未点击发货，系统将自动退款给买家。

注意退款时限：当买家申请退款后，有很多环节需要卖家进行相应的操作，要注意所有退款环节中需要卖家操作的时限都是5天，以免造成不必要的损失。

（4）评价条件和计分：卖家可以在支付宝交易成功后15天内对买家进行评价。每个自然月中，相同买家和卖家之间的评价计分不得超过6分（以支付宝系统显示的交易创建的时间计算）。超出计分规则范围的评价将不计分。若14天内（以支付宝系统显示的交易创建的时间计算）相同买、卖家之间就同一商品有多笔支付宝交易，则多个好评只计 1 分，多个差评只计 -1 分。

2. 卖家违规处罚规则。

（1）卖家容易触犯的规则。违规行为包括严重违规行为和一般违规行为，两者分别扣分、分别累计、分别执行。

第一，当卖家的严重违规扣分累计达 12 分或 12 分的倍数时，将会受到不同程度的处罚，到达 48 分时将被永久封号。处罚措施包括：店铺屏蔽、限制发布商品、限制发送站内信、限制社区功能及公示警告。以下行为属于严重违规行为：

发布违禁信息：卖家在发布商品时不能发布国家法律法规禁止发布的商品或信息。违禁信息按照严重程度区分为四级，每次违规对应分别扣分 48 分、12 分、6 分及 2 分。

侵犯知识产权：卖家应该尽可能从正规渠道进货并保留有效进货凭证。如果出现出售假冒商品或商品、店铺、会员等信息涉嫌侵犯他人知识产权的情况，将会根据违规程度分别被扣 48 分、12 分或 4 分。

第二，当卖家的一般违规行为扣分每到 12 分将会受到店铺屏蔽、限制发布商品及公示警告 12 天的节点处罚。以下为较常见的一般违规行为：

滥发信息：发布商品时要注意以下几种可能出现的商品违规情况，一旦违规，将根据不同情况扣以不同的分值：一是发布国家法律法规限制发布或影响网站运营秩序的商品或信息；二是以不当方式发布商品或信息：在禁止发布商品信息的区域发布广告信息的、店铺中同时出售同款商品两件及以上的、开设出售同样商品的店铺两家及以上的；三是发布错误描述的商品或信息：商品信息缺少要素或要素之间不匹配的、商品信息不实或无关的、商品类目或属性不符的、信用等级或好评率虚假的；四是商城卖家在买家付款前且商品信息显示有足够库存的情况下，以任何理由表示不能在 72 小时内完成发货的。

虚假交易：卖家要坚持诚信经营的原则，保证信用及商品销量是真实的，不作假的。一旦违规，将根据违规情节严重程度分别扣 96 分、48 分及 24 分。

延迟发货：卖家必须在买家付款后 72 小时内发货，一旦违规，将每次扣 3 分，并向买家赔偿商品实际成交金额的 5%，最高不超过 30 元。

描述不符：卖家对商品的描述必须尽可能真实、完整，不能刻意夸大，一旦违规，每次扣 3 分。

违背承诺：卖家加入淘宝网的各项服务时，都会要求做出相关的承诺，主要包括以下情形：一是如果卖家未履行加入消费者保障服务、试用中心时做出的承诺，每次扣 12 分；二是如果未履行在加入相关服务时所做出的所有承诺，每次扣 6 分；三是如果未履行自行做出的其他承诺，每次扣 4 分。

恶意评价：卖家切忌利用中、差评对同行进行恶意竞争，以谋取不正当利益。一旦违规，每次扣 12 分。

（2）卖家投诉买家。如果卖家在交易过程中遇到买家存在以下违规行为时，可以发起相应的投诉：

竞拍不买：如果买家在竞拍中拍得商品，却拒绝按其最终出价购买，卖家可以在买家拍下后 15 天内发起投诉。若投诉成立，该买家将被扣 12 分，并向卖家赔偿其最后一次出价金额的 5%。

恶意评价：如果买家利用中、差评对卖家进行威胁以谋取额外财物，卖家需要保留好有效凭证,并在交易成功后15天内发起投诉。若投诉成立,该买家将被扣12分,该评价将被删除。

(3) 卖家遇到问题处理规则。

规则频道:淘宝首次推出的官方规则推广平台。频道中集中展现淘宝规则正文、淘宝官方规则解释,帮助卖家更好地了解规则、理解规则。

淘宝首页规则专区:每日发布最新规则变更信息,帮助卖家第一时间了解规则动态。

知识窗

如何处理中、差评

淘宝评价亦称之为"信用评价"。淘宝规定,买家给卖家的好评能增加卖家信用1分,中评不产生卖家信用,差评扣卖家信用1分。淘宝网会对会员的评价积分进行长期累积,并且在淘宝网页上展示其评价积分和相应的信用等级。淘宝网的信用积分对应的信用级别显示是从心级、钻级、皇冠级到金冠级别,信用积分在4分以下无心级,达到4分则为一心,达到11分上升为两心,按图片上所示的分数标准以此类推。买家的信用级别评定标准与卖家相同,差别只是使用不同的图标来区分(见图3-26)。

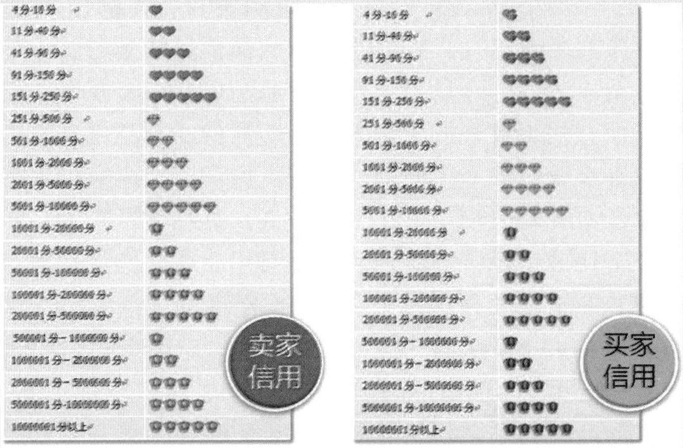

图 3-26

所谓中、差评,是指买家在评价的时候给卖家的中评或者差评。从信誉等级角度来说,中、差评对卖家的信用等级会有很大影响,从网购的大环境来说,大部分买家都会专门留意卖家店铺的中、差评,特别是货比三家的时候,会对有中、差评的卖家的商品质量产生质疑,取消购买意向,从而降低卖家店铺的购买转化率,所以但凡卖家均不希望网店有中、差评。作为一名合格的客服人员,应该第一时间找到给网店中、差评的买家进行沟通,了解给予的中、差评的原因是因为质量问题还是卖家的服务态度问题,还是物流发货速度问题,并可以采取协商的方式处理好问题,使买卖双方达成一致,并说服买家修改评价;然后指导买家登录淘宝网,在最顶上一行"我的淘宝"→"评价管理"→"给他人的评价"页面,找到需要修改的评价,点击"修改评价"超链接,然后修改页面,把评价改为好评。

项目三　熟悉工作流程

> **想一想**
>
> 1. 支付宝账户和淘宝账户的绑定规则是什么？
> 2. 小张的店铺之前由于宝贝数量连续5周少于10件被关闭，但现在宝贝数量恢复到10件或以上，但店铺仍然没有恢复开店状态，为什么？什么样情况下店铺会被屏蔽？
> 3. 淘宝网评价规则是什么？信用炒作和侵犯他人知识产权的处罚规则有哪些？
> 4. 侵权行为的处罚规则是什么？千牛使用规则、社区发帖规则、投诉与举报规则、支付宝交易纠纷处理规则都是什么？

步骤二　掌握物流及付款知识

（一）指导买家付款

作为一名合格的客服，必须有能力引导买家在购买商品时进行付款操作，产生订单。目前网上交易一般是通过第三方支付平台，比如微信、支付宝、云闪付、财付通和网上银行付款等方式进行交易。

从网购安全的角度出发，客服应该尽量建议用正规的网上支付方式来完成交易，碰到买家因为各种原因拒绝使用网上交易，客服人员要首先判断买家是因为不会使用网上付款的原因，还是其他的顾虑，如果是前者，可以通过指导帮助买家开通完成网上付款，如果是后者，应该想办法尽可能打消顾客的顾虑，促成交易。

（二）指导买家查询物流

买家网购付款后，卖家就要联系物流公司给买家发货了，目前比较流行的物流方式主要有平邮、快递以及 EMS 三种，其中使用快递的方式居多，目前比较有名的快递公司有顺丰快递、圆通快递、申通快递、韵达快递等。

卖家发货后，需要在商品订单里按发货按钮，此时买家会收到一条卖家已发货的系统提示，买家可以根据此提示去查询物流信息。以淘宝网为例，具体步骤如下：

1. 买家登录淘宝网，找到最顶上一行，"我的淘宝"→"已买到宝贝"，进入图 3-27 所示界面。

图 3-27　买家查看"已买到宝贝"界面

2. 点击订单右侧的"查看物流"链接，进入"物流详情"界面，如图3-28所示。

图3-28 买家查看"物流详情"页面

步骤三 掌握网络安全交易知识

微课：网络
支付安全

作为一个网店客服人员，必须具备一定的网络安全交易知识。这种知识不仅是一种重要的职业技能，也可以防止网店资产流失。网络安全交易知识主要包括以下内容：

（一）交易安全

交易安全具体分为两部分，即账户安全和支付安全。在网店日常经营管理过程中，账户安全尤为重要，因为账户一旦被盗，不仅会严重影响店铺的正常经营，账户里的资金也随时可能被盗用，所以账户安全是首先要重点关注的一个方面。

1. 账户安全。如何保证账户的安全呢？设置安全性较强的密码是账户安全的有效保障，例如：淘宝网的账户密码要求由6～16个字符组成，并且最好是使用数字、大小写英文字母以及标点符号这三种元素来进行组合而成，标点符号则尽可能使用特殊符号，例如把密码设置为："Gold520＄"。设置这种密码就能保证安全度是最高的。但是密码并不是越复杂越好，密码设置的原则一是安全，二是好记，安全性再高的密码，如果连自己都经常记不住，就是自找麻烦了。另外，最好能定期更改密码，并且做好书面记录，以免因遗忘密码造成无法登录，给工作带来不便。为了方便客户进行登录，现在淘宝可以提供多种登录方式，防止密码忘记，比如短信验证码登录，扫二维码登录，支付宝登录和微博登录等方式，只需关联同一个手机号，登录的就是统一账户。如果实在是忘记密码了，可以在登录界面，点找回密码，一般是通过手机接收验证码的方式来找回，或者是通过设邮箱接收更改密码链接来设置新密码。

淘宝网找回登录密码有四个步骤：输入账户名→验证身份→重置密码→完成。

（1）如果忘记淘宝网的登录密码，可以点击"忘记密码"找回密码功能，如图 3–29 所示。

图 3–29　忘记登录密码的找回方式

（2）进入找回密码页面后，输入登录名（手机号/会员名/邮箱），进行安全校验，点击"确定"，如图 3–30 所示。

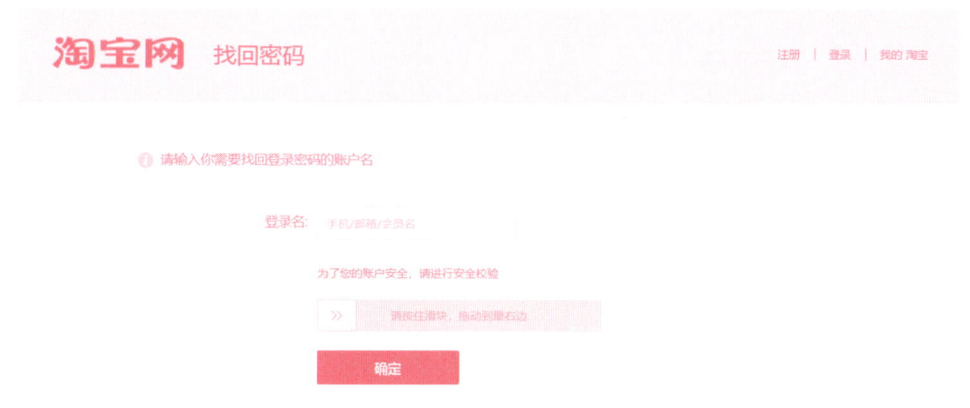

图 3–30　输入登录名

（3）进入"验证身份"界面，选择身份验证方式，可以通过证件＋手机验证码，银行卡＋手机验证码，脸部拍摄＋证件/手机验证码/银行卡等方式进行密码的找回，如图 3–31 所示。

图 3-31　选择找回密码的验证方式

（4）选择以上任意一种适合自己的密码找回方式后，进入"重置登录密码"页面，进行新密码的设置，输入新密码以后点"确定"，如图 3-32 所示。

图 3-32　重新设置密码

（5）做完以上步骤，完成密码设置。

2. 支付安全。淘宝支付宝是目前网上最大的支付平台，随着电子商务快速发展，支付宝已经成为一种通用的网络支付工具，绝大部分网购均可以使用支付宝进行支付，因此支付安全尤为重要。如图 3-33 所示，出于对支付安全的考虑，支付宝给每个账户均设置了多重保护。

（1）支付宝把密码分为登录密码和支付密码两种。为了保证支付安全，登录密码只能查看账户资金明细，只有拥有支付密码才能操作账户的资金往来。

（2）安装支付宝数字证书，使账户资金操作多一重保护，没有安装支付宝数字证书的电脑，即使知道登录密码和支付密码也无法进行付款、转账或退款操作。

（3）设置手机动态口令，获得更高的安全级别。其作用是：每当用户输入支付密码时，系统会向已跟账户绑定的手机发送一个动态口令（短信验证码），只有输入了正确的动态口令和支付密码后，付款、转账或退款行为才能生效。

（4）支付宝信使服务，账户发生的每一笔交易，支付宝系统都会通过短信将账户资金变化的通知发送给预先绑定的手机。

（5）安装硬证书（支付盾），将电子认证服务机构为用户提供的数字证书保存在 USBKey 中，合称为"硬证书"。支付盾是支付宝公司推出的安全解决方案。支付盾酷似一面盾牌，时刻保护着您在支付宝上操作的资金和账户安全。

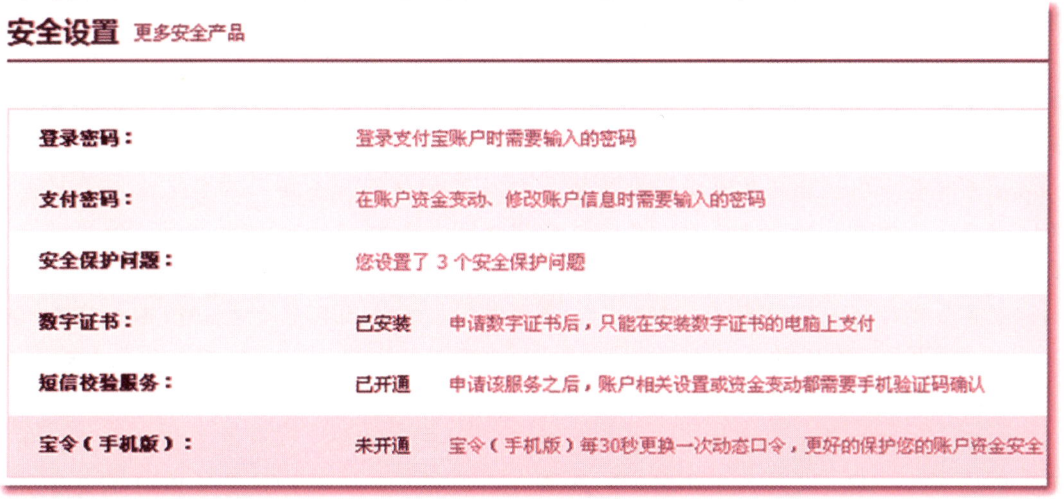

图 3-33 支付宝账户安全

（二）防范欺诈

网上骗术层出不穷，识别骗子重在预防。掌握一定的防骗知识，可以有效减少安全隐患。

首先，要妥善保管好自己账户密码、支付密码和手机验证码。不要在任何时候以任何方式向别人泄露自己的密码和手机验证码，淘宝支付宝绝对不会以任何名义、任何方式向用户索取密码和手机验证码，支付宝任何时候都不会使用手机联系用户，一律使用公司固定电话，对外电话显示区号为0571。

其次，仅在安全链接输入密码。要认真核实淘宝网和淘宝支付宝的网址，经常有人以中奖、购物的名义，使用阿里旺旺或者站内信发送钓鱼网站的网址，这些网址都有一个明显的特点，即与淘宝网的网址有非常高的相似度。淘宝的网址为http：//www.taobao.com，而那些钓鱼网站的网址往往会是http：//www.taobao.cn 或 http：//www.taob.vip.cn 等。因此，每次登录尽量直接输入正确网址，不要通过点击来历不明的超级链接去访问网站。例如，支付宝登录页面的网址开头为：http：//www.alipay.com，如果网址中第一个斜杠（/）前面没有立即出现 alipay.com，请千万不要输入你的支付宝用户名和密码，即使在当前网页的网址中包含有 alipay 一词，也有可能不是支付宝公司的网站。欺诈网站会试图模仿支付宝的样式风格设计网页，来获得你的密码以及对你账户的访问权限。如果网址中斜杠前包含其他字符，如横线、下划线等，那么该网站绝不是支付宝的网站。

思想点拨

大学生网络超前消费

在这个"全世界都想借钱给大学生的时代"，不少在校大学生都过上了超前消费的日子，只要动动手指，就可以"不花钱"圆了"明天的梦"。但是，随着超前消费的金额增加，许多大学生只好拆了东墙补西墙，越借越多、越贷越多，最后还没步入社会就已背负大笔债务。

花呗和京东白条的使用在大学生群体中非常普遍，经调查研究，在大学生群体中，使用花呗付款已是大学生的日常化行为了。月初收到家里的生活费，第一件事那就是拿去还花呗。

相比那些中小机构的暴力贷、校园贷，花呗更加安全、合法，可以无息或者低息借款，而且既能够直接付款时使用，又能够套现使用，花呗对于大学生来说，简直就是完美产品。

江西某高校的一位女大学生小可，已经在花呗、京东白条等平台，总共欠下了5000余元的"外债"。2021年9月，刚上大一的小可想买名牌化妆品，奈何生活费并不充裕。在同学的推荐下，小可开通了"花呗"，第一次享受到超前消费所带来的体验。

之后，小可就一发不可收拾，手机、裙子、鞋子、零食，只要看上的就买下，随着花呗额度不断升高，欠款也越积越多。虽然自己没有经济来源，但小可依旧享受着"边还边借"的生活，自从开通花呗后，就感觉"花的好像不是自己的钱"。当然，每个月偶尔还是要过几天泡面相伴的"吃土"日子。

当然，也存在一些大学生因为负债过多，一度也关闭了"花呗"，但停用后发现自己的消费惯性还在，不得不又重新开启。曾有人比喻，校园贷是"尖刀和匕首"，超前消费则是"慢性毒药"。还有网友评论说，现在有越来越多的大学生，正在被花呗、白条等网贷平台一步步毁掉。对于这样的说法，相当一部分的人都是不认可的，认为这说得太极端。

用花呗正在爽快的大学生们，绝大多数更认为这是无稽之谈。比如上文中提到的女大学生小可，就认为五千来块的债务，没什么了不起的，花呗的利息也没高得离谱，实在不行，家里给钱就能一次还掉了。

"花呗一时爽，还钱火葬场。"网上的这条段子，形象说明了不少大学生的消费状态，很多时候花钱那都是图一时开心，并没有真正的需求，尤其是"双十一"这样的消费节，学校里长龙般的取快递队伍可见一斑。

不管花呗欠下多少，不管是不是理性消费，希望大家在使用花呗前，最好不要回避一个现实问题——今天欠下的债，明天谁来还？如何怎么还？如果透支消费过度了，只会离美好明天越来越远。

大学阶段自己是没有收入的，一般是靠家庭支持的。从基本意义上来说，在能够正常完成学业的情况下，尽量减少家庭经济负担，这是一个大学生该有的心态。超前消费一定要理智，不要因为盲目攀比而进行不必要的消费。如果说超前消费是为了学业，那应该通过正当途径获取资金，如可以申请助学贷款、奖学金等。因此，当代大学生应该树立正确的消费观念，加强风险意识，理性消费，合理规划自己的生活费；多与家长和学校老师沟通，加强理财观念，可以考虑参加相关课程、讲座，学会科学消费。大学生是未来消费的中坚力量，树立正确的消费观念，有利于个人的良好发展。

思考： 你有没有使用花呗、京东白条等消费软件，你认为使用这些软件是良好的消费习惯吗？

（资料来源：腾讯网https：//new.qq.com/omn/20210318/20210318A0ERBY00.html）

实战强化

随堂测验

实训一 交易流程模拟训练

一、实训目的

通过本次实训，使学生对客服工作流程有进一步理解，能够熟练掌握商品的交易过程和标准订单的处理过程，通过跟淘宝卖家客服人员沟通，学习客服人员的应答过程和技巧，提高认识，掌握技能。

二、实训内容与要求

在注册淘宝账号、支付宝账号的基础上，下载并安装千牛卖家版，完成商品交易流程实际操作或者相关流程的资料整理工作。

1. 学生在老师指导下，各自到淘宝网或当当网等购物网站进行一次完整的网络购物，熟悉并掌握购物流程。

（1）登录淘宝网 www.taobao.com，各自搜索拟购买的商品。

（2）对所购买的商品进行对比（价格、用户评价、店铺信用等）。

（3）选择你认为性价比最高的一个商品，进行购买操作，利用支付宝进行付款。

（4）登录淘宝网后台查询已买到宝贝（未付款订单）。

（5）模拟完成交易流程并截图。

说明：下订单时无需真正购买（了解付款流程即可），最后可取消订单，也可进行退款操作。

2. 老师可以申请或指导学生申请一个淘宝店铺，以卖家的身份进行一次淘宝交易，熟悉并掌握交易流程。

（1）在注册淘宝账户的基础上，免费进行新手开店。

（2）简单模拟商品陈列。

（3）按表3-1所示流程进行交易管理模拟。

表3-1

买家拍下商品	（交易状态为：等待买家付款）
↓	
支付宝公司收到买家的付款后	（交易状态为：买家已付款，等待卖家发货）
↓	
卖家发货	（交易状态为：卖家已发货，等待买家确认）
↓	
买家确认收货并同意支付	（交易状态为：交易成功）
↓	
交易评价	（交易状态为：交易结束）

（4）模拟交易关闭、修改价格、交易删除的操作流程。

（5）了解淘宝网的交易规则、发货方式。

三、实训组织

1. 每个学生都进行上机操作。

2. 同学间可相互模拟客户，与客服人员通过千牛平台进行沟通交流，完成交易。

3. 把实训步骤中的问题进行截图，对模拟流程的资料进行整理和总结，上交教师。

4. 教师点评、总结。

实训二　在线接待流程模拟训练

一、实训目的

通过本次实训，使学生熟练掌握在线接待流程，并通过分组模拟训练做好客服的售前交流，以促成标准订单，同时能妥善处理售后服务中的退换货订单。

二、实训内容与要求

1. 教师指导学生分成客户和客服人员两组，一一对应，按照生成标准订单的交易流程，进行在线接待模拟。

（1）根据分组结果，买卖双方登录千牛平台进行交流，由买家根据实训一所选的商品进行咨询，售前客服按八步流程进行耐心解答和促成交易，再把聊天记录进行复制或截图。

（2）买卖双方进行角色互换，完成在线接待步骤，并把聊天记录进行复制或截图。

2. 教师把学生进行重新分组，进行退换货流程模拟，完成退换货订单的处理。设计各种退换货原因，随机分发给每一组。各组登录千牛平台，由买家A进行退换货原因阐述（退换货原因可由教师提前安排，不同组对应不同原因），售后客服人员进行解答（可参考任务二中"相关链接——网店客服退换货情况处理办法"），直到买家满意为止，并把聊天记录进行复制或截图。

三、实训组织

1. 每个学生都进行上机操作。
2. 完成实训步骤后，学生整理客服聊天记录，进行总结，提出问题，并上交给教师。
3. 教师进行点评、总结。

思考与练习

1. 网上交易的金额通过银行转账给卖家安全吗？为什么？
2. 网上购物是如何保证买卖双方交易安全的？
3. 京东商城、苏宁易购都是用什么网上支付平台进行交易的？
4. 支付宝可以通过哪些设置来提高安全等级？
5. 快捷支付不需要网银盾就可以支付，安全吗？为什么？
6. 什么是职业差评师？碰到职业差评师，客服人员怎么处理？
7. 千牛卖家版都有什么管理店铺的功能？
8. 哪种情况可以退款不退货？
9. 淘宝的一些信息辅助网站有什么作用？

任务实训

正式培训第三天，小李被要求熟知各项工作程序，养成遵照工作流程进行业务接待的工作习惯，明白一个标准客服上岗后应该做哪些准备、如何规范地应对问题。

一、淘宝客服培训、筛选计划（见表3-2）

表3-2

培训内容	培训任务	要求
理论培训	1. 日常工作流程介绍	了解日常工作标准化程序，以保证工作效率
	2. 淘宝商城交易规则介绍	熟记各种交易常识，养成良好的工作习惯，避免工作中不该有的问题产生
服务技能培训	1. 上机操作，了解淘宝购物流程	（略）
	2. 了解淘宝商城的交易流程	（略）
	3. 熟悉相关软件，继续背诵店铺产品知识	熟悉网店管家等管理工具，借助辅助工具提高工作效率

二、小李的培训内容

（一）日常工作流程介绍

1. 熟悉产品，了解产品相关信息。对于客服人员来说，熟悉自己店铺产品是最基本的工作，特别是对公司每一个上市新产品的特征、功能、注意事项等要做到了如指掌。

2. 查看商品数量。店铺页面上的库存跟实际库存是有出入的，所以客服人员需要核对商品的实际库存量，这样才不会出现缺货发不了订单的情况。

3. 接待客户。客服人员最好要热情，灵活，富于变化。一个优秀的客服人员懂得如何接待好客户，同时还能引导消费者进行附带消费。在接待客户这个环节，主要有两种途径实现，一是利用千牛、微信、QQ等即时通信工具和客户进行沟通；另外一种则是接听客户打进来的电话。对于电话沟通，要求客服人员更具灵活性，毕竟无法像在千牛上一样，拥有足够的时间进行思考。

4. 客户下单付款，与客户核对收件信息。客户付款之后，记得与你的客户核对一下收件信息，不仅可以降低不必要的麻烦，也可以让你的客户觉得你是很用心地做事情。

5. 修改备注。有时候客户订单信息或者是收件信息有变，客服人员就有义务将变动反馈出来，这样，制单的同事就知道这个订单信息有变动，一般情况下，默认用小红旗来备注，里面写上变动事由，修改人工号和修改时间，这样，变动情况可以一目了然。

6. 发货通知。货物发出去之后，用短信猫给客户发条信息，告诉包裹已经发出，也可以增加客户对你店铺的好感度。对于拍下商品未付款的客户，如果是千牛在线的客户，可以在下午的时候给客户发个信息说快到截单时间了，如果现在付款的话，今天就可以发货。这叫作"逼单"，对于客户来说，有些客户可能下单后忘记付款了，然后慢慢就忘记这回事了，你稍微提醒一下，让他想起这回事，这样的话，等于你多拉了一个客户。对于那些没打算购买、只是一时冲动拍下的客户，可以手动关闭订单，方便其他同事工作（虽然淘宝系统到时候会自动关闭），重复拍下的订单类似此法，关键要跟客户联系一下，问清楚购买意向。

7. 货到付款的订单处理。淘宝网开通货到付款功能，对于卖家来说是一个好事情，但是很多买家并不清楚货到付款的含义，直接选用货到付款，等收到货物的时候，一看价格比网站上贵一些，就会认为店铺欺骗他，拒收订单，如果只是拒收订单，你只是需要多支出一些快递费用，但是如果客户在心里认为你是在欺骗他的话，你失去的可能就是一群客户了。所以，对于客服人员来说，看到货到付款的订单，需要立即联系买家，告知货到付款的价格稍微要贵一点。如果买家同意货到付款，那就可以通知制单的同事打单发货了，否则需要重新下单。

根据公司以往的经验，货到付款刚出来的时候，发现货到付款的拒收率很高，于是后来公司就让客服人员给客户打电话确认，虽然电话费是多支出了一些，但是实施情况证明：正常情况下非快递因素的拒收率为零。

8. 客户评价。交易完成之后，记得给客户写个评价，这是免费给店铺做广告的机会。

9. 中、差评处理。中、差评不是魔鬼，中、差评不可怕，可怕的是不去处理。当发现有中、差评的时候，要抓紧与客户沟通，看看是什么情况导致的，先了解情况，再来解决问题，晓之以理，动之以情，一般客户都会给你修改评价的。对于一些利用恶意评价来获得不当利益的买家，客服人员要注意收集信息，以便为后面的投诉收集证据。

10. 相关软件的学习。比如，学习网店管家或者淘宝网店版这类店铺管理工具，借助辅助工具提高工作效率。

（二）了解淘宝的交易规则

1. 了解淘宝评价规则。

（1）买卖双方在支付宝交易成功后15天内可以进行评价，包括"信用评价"及"店铺评分"。

（2）在信用评价中，评价人若给予好评，则被评价人信用积分增加1分；若给予差评，则信用积分减少1分；若给予中评或15天内双方均未评价，则信用积分不变。如评价人给予好评而对方未在15天内给其评价，则评价人信用积分增加1分。

（3）相同买、卖家任意14天内就同款商品进行多笔支付宝交易，多个好评只加1分，多个差评只减1分。每个自然月，相同买家与非淘宝商城卖家之间交易，双方增加的信用积分均不得超过6分；相同买家与淘宝商城卖家之间交易，买家信用积分仅计取前三次。

（4）评价人可在做出中、差评后的30天内，对信用评价进行一次修改或删除。30天后评价不得修改。因骗取他人财物、发布违禁信息而产生的非正常交易，淘宝有权删除双方评价。

（5）店铺评分由买家对卖家做出，包括商品与描述相符、卖家服务态度、卖家发货速度、物流公司服务四项。每项店铺评分取连续6个月内所有买家给予评分的算术平均值。买家若完成对淘宝商城卖家店铺评分中商品与描述相符一项的评分，则其信用积分增加1分。

（6）每个自然月，相同买、卖家之间交易，卖家店铺评分仅计取前三次。店铺评分不得修改。

2. 了解淘宝超时规定规则。

（1）自买家拍下或卖家最后修改交易条件之时起3天内，买家未付款的，交易关闭。

（2）买家自付款之时起即可申请退款。自买家申请退款之时起两天内卖家仍未点击发货的，淘宝通知支付宝退款给买家。

（3）自卖家在淘宝网确认发货之时起，买家未在以下时限内确认收货且未申请退款的，淘宝通知支付宝打款给卖家：自动发货商品1天内；虚拟商品3天内；快递、EMS及不需要物流的商品10天内；平邮商品30天内。

（4）买家申请退款后，依以下情况分别处理：

第一，卖家拒绝退款的，买家有权修改退款协议、要求淘宝介入或确认收货。买家在卖家拒绝退款后7天内未操作的，退款流程关闭，交易正常进行。

第二，卖家同意退款或在5天内未操作的，且不要求买家退货的，淘宝通知支付宝退款给买家。

第三，卖家同意退款或在5天内未操作的，且要求买家退货的，则按以下情形处理：买家未在7天内点击退货的，退款流程关闭，交易正常进行；买家在7天内点击退货，且卖家确认收货的，淘宝退款给买家；买家在7天内点击退货，通过快递退货10天内、平邮退货30天内，卖家未确认收货的，淘宝通知支付宝退款给买家。

备注：淘宝规则很多，评价规则和超时规则是作为淘宝客服人员必知的两个规则，熟悉之后要了解其他淘宝规则，以丰富自己的淘宝知识。

3. 上机操作了解淘宝交易流程。

买家拍下商品（交易状态为：等待买家付款）

↓

支付宝公司收到买家的付款后（交易状态为：买家已付款，等待卖家发货）

↓

卖家发货（交易状态为：卖家已发货，等待买家确认）

↓

买家确认收货并同意支付（交易状态为：交易成功）

4. 继续背诵店铺产品知识（根据培训情况给新人制定需要背诵的产品知识）。

项目四 客户接待

华为只有用优良的服务去争取用户的信任,从而创造了资源,这种信任的力量是无穷的,是我们取之不尽、用之不完的源泉。

——任正非　华为技术有限公司董事CEO

▶ 知识目标:

了解网店客户接待的一般技巧;掌握电子商务客服特有的服务语言;能够熟练使用网络表情,掌握网络消费者的分类与应对方法,了解网店买家的购物心理,掌握处理客户异议的技巧。

▶ 技能目标:

能够有效地与网店消费者进行沟通,熟练地运用在线接待技巧,快速打动潜在消费者,提高呼入转化率并保持较高的好评率。

▶ 情感目标:

培养"客户意识",充分认识"服务意识决定服务品质",树立"细节决定成败"的服务意识,养成自觉主动地为客户服务的良好工作习惯。

任务一
掌握常见的客户接待与沟通技巧

任务要点

掌握与网络消费者交流的沟通技巧，深入理解微笑、有效倾听、语言表达、纠纷处理、及时服务等沟通要素；通过消费者心理分析，快速识别消费者需求、满足消费者需求、留住消费者。

任务情境

正式开始上岗实训了，小李被分派到公司的淘宝品牌专营旗舰店进行客服工作。过了一段时间后，小李发现付出了同样甚至更多的工作时间和劳动强度，自己的工作业绩总也比不上老员工。经过业务数据对比（见图4-1），小李看到自己的总订单数只有40，远远低于其他老员工，而且自己的销售业绩较低，退换货率较高，小李感到十分疑惑和不平。如何提高咨询客户的成交率与客户评价成为小李头痛的问题。

员工	销售任务	销售业绩	订单总数	均客单价	咨询转化	评价修改	退换货率
A	2W	4W	100	400	40%	2	10%
B	2W	4W	120	333	20%	3	25%
C	2W	1.5W	40	375	30%	0	40%

图4-1 业务数据图

任务分析

小李的困惑其实是很多新客服人员经常面临的问题。网络上的顾客总是会对价格、服务、承诺有各种各样的要求，而公司对于商品价格、后续服务等都有很多标准和规定，不可能完全按照买家的要求来满足的。经常是客服人员与顾客一番斗智斗勇后，顾客挥挥手转身而去，不带走一片云彩。所以，在与客户的沟通与接待中，我们可以利用一些小技巧达到目的。如何让买家在限定的条件内，最终能够愉快地接受我们的商品和服务呢？这就需要我们通过学习和实践提升沟通技巧。

项目四　客户接待

🔍 任务实施

商品发布到网上以后，顾客通过各种渠道看到了这件商品，但是可能会觉得商品介绍得还不够详细，因此希望通过直接咨询客服人员的方式来获取更细致和个性化的信息。网上的在线接待是客服日常工作中的一个重要内容，咨询过程中的沟通技巧非常重要，直接影响到交易是否能够达成。

步骤一　掌握标准的电商客服用语

（一）日常问答标准化

一个成熟的店铺及其客服人员除了有一套标准的接待流程，还会预先准备一些常见问答语，把一些顾客经常关注的问题以文档的形式作为操作手册下发到每个在线客服人员手中，使客服人员尽快进入工作状态，遇到问题的时候也不慌张，可以根据常见问答的内容来回复顾客，以保证店铺内所有在线接待人员对同一问题的答复保持口径一致，如图4-2所示。

1：顾客：这款有货吗？
客服：亲，能拍的基本都有的呢，如有特殊情况导致缺货会第一时间联系您的~

2：顾客：有色差吗？
客服：亲，我们都是专业人员专业相机实物拍摄的呢，色差很小的
当然不同显示器显示可能稍有不同，不过一般影响不大，您可以在同事电脑上也打开看下~

3：顾客：
我宝宝皮肤有点黑，不知道黄色还是粉色好
客服：亲，建议穿亮点的颜色会更好呢，黄色显得更精神，粉色更可爱，相信宝宝穿哪个颜色都好看的，我个人偏好粉色呢

4：顾客：
这个宝贝的价格好贵，掌柜的如果能便宜一点卖给我的话，用得好我一定还会再光顾，还会再带别的朋友来买。
客服：

亲，非常感谢您的友善呢，这个品牌的性价比很高呢，相信您的眼光吧，宝宝会喜欢的~现在的促销非常实惠了哦~相信您收到衣服会感受到它的价值的，到时候您宝宝穿上肯定惹人眼球的

第一次购买之后就是我们老顾客了，下次您带朋友来给您更多优惠哦~

5：顾客：
同样的一款宝贝，我看别人家卖的价格都比你家的便宜，你能不能也算便宜点给我好了？
客服：亲，虽然宝贝看起来很像，但是图片并不能代表真相，别家的品质我们不清楚哦，我们肯定是能保证质量的，亲可以货比三家哦~希望亲能理解哦~
第一次购买之后就是我们的老顾客了，下次来给您申请更多优惠哦~

图4-2　日常问答标准回复

一些专业性较强的商品相关问题，使用常见问答来提示不仅上手更快，而且不容易回答错误，以免导致顾客对店铺的专业性表示怀疑。同时，常见问答也是对新员工进行上岗培训最好的教材，这些问题和答案可以通过平时的工作来收集和整理，也可以通过互联网进行搜索，或者去相关的专业论坛寻找。甚至可以把这个工作做得更细致，整理一个常见问答200问或500问，也可以根据不同类型的问题来整理出关于商品质量的常见问答、关于商品价格的常见问答、关于支付和发货的常见问答、关于售后服务和维修的常见问答等。一旦遇到某个方面的问题，就可以用最短的时间找到答案，如图4-3所示。

如何做评价？	请点击"我的淘宝">>"查看我是买家">>"已经买到宝贝">>点击"评价">>填写评价内容(只有交易成功了才可以评价哦)，请支持我们给予好评哦！
如何查询付款金额？	登录您的支付宝，点"查看账户明细账"，就能查出您选择的日期内支付宝进出账的情况。如有疑问请直接拨打淘宝网客服咨询电话咨询，很高兴为您服务！
如何修改评价？	1)直接修改法：最新修改评价的方法：如果您需要修改评价，请您登录"我的淘宝"—"信用管理"—"评价管理"—"给他人的评价"，找到相应评价，点击"我要修改"按钮进行修改。 2)留言修改：您好，如果您需要修改评价，请您使用会员名登录淘宝后点击此链接：http://service.taobao.com/support/leave_word.htm?content_id=24 申请修改评价，在留言中说明双方的用户名和申请修改的内容，掌柜会在收到留言后24小时内作出及时处理的哦。感谢您的支持！
其他设置	"淘宝网">>"我的淘宝">>"基本设置">>添加和更新。**温馨提示**：如果您需要修改邮箱，需到新邮箱中接收确认邮件，确认后才能修改成功；收货地址更改>>"基本设置">>"收货地址"。或者，您及时将您的更改信息通知我们，我们在发货时帮您备注，OK。祝您购物愉快！

图4-3　大卖家日常问答400句

（二）常用客服术语系统化

语言是最容易动人心弦，也是最容易伤人于无形的。客服人员的语言是否热情、礼貌、准确、得体，直接影响到客户服务的质量，并影响到客户对企业的印象。在电商客服中，因为大部分沟通使用网络即时聊天软件，因此掌握标准的网络客服术语可以起到事半功倍的效果。下面列举部分电商企业设定的客服标准用语：

1. 欢迎语。当客户发出沟通信号的时候，在10秒内必须先有问候的反馈，及时的回复将得到客户良好的印象，过于简单生硬的用语将影响服务体验。一般性的开场白如下：

您好，我是×号客服。很高兴为您服务，有什么可以为您效劳的？

您好，我是×号客服。很高兴为您服务，您刚才说的商品有货。现在满100元包申通快递，满200元有其他优惠活动。

您好，我是×号客服。很高兴为您服务，请问有什么需要，我能为您效劳？

您好，我是×号客服。很高兴为您服务，我需要为您看下库存单，麻烦您稍等。

2. 对话用语。与客户进行交流的时候，常用到下面几句话：

亲爱的买家，您说的我的确无法办到。希望我下次能帮到您。

好吧，如果您相信我个人的意见，我推荐几款，纯粹是个人意见啊，呵呵……

呵呵，您的眼光真不错，我个人也喜欢您选的这款。

您好，我们家宝贝的价格是这样的，有些普通的可能会便宜一点，有些看着差不多的价格上要差很多，主要是材料和做工的不同，贵的成本很高、但质量是很过硬的。同时，高档商品的包装和低档的包装有很大感官区别。

3. 议价的对话。议价是最普通的对话内容，标准的对答降低了很多的沟通成本。

您好，我最大的折扣权利就是300元以上打九折，要不我给您打个九折吧，谢谢您的理解。

呵呵，您真的让我很为难，我请示下老板，看能不能给您多一些折扣，不过估计有点难，您稍等……

您说的情况需要请示我们经理了，您稍等下。

非常抱歉，您说的折扣真的很难申请到，要不您看××元可以吗？我可以再问下，否则我真的不好办。

我服了您了，呵呵，这是我进公司以来见到的最低的折扣。感谢您购买我们的商品。

好的，领导哭着点头同意了。

4. 支付的对话。客户付款以后的迅速回答，能够给客户专业的信赖感。

您好，已经为您修改好了价格，一共是××元，您方便时付款就可以，感谢您购买我们的商品。

您好，现在全场满95元包圆通、申通快递，不满95元还是需要支付快递费的。

亲爱的买家，很高兴看到您购买我们的商品，邮费已为您修改完毕，您可以在方便时支付，如需取消交易或其他需要，请随时招呼我们，我是××号客服，感谢您的惠顾。

您好，已经看到您支付成功了。我们会及时为您发货的，感谢您购买我们的商品，有需要请随时招呼我，我是××号客服。

不客气，期待能再次为您服务，祝您晚安好心情。

5. 物流的对话。大多数客户购买商品的时候纠结快递时间，统一回答就可以解决客户的重复提问。

我们公司包邮费的范围是申通快递（一般城市10元可以到达），如果是江浙沪的申通快递费用只要5元，感谢您的理解和支持。

您好，正常情况下，申通快递2~4天内到达，75%是2天左右，江浙沪地区基本是隔天就到。这个是快递公司的效率，我们不好控制的，希望您理解呦。

您好，EMS的收费标准是全国范围20元，超重也无需加钱。到达时间为2~5天。

您好，物流公司的发送效率我们没有办法控制，感谢您的理解。

您好，申通快递不可以到达的地区，我们一般改为EMS，但是需要您补一下邮费哦。

6. 售后的对话。

您好，是有什么问题让您不满意了吗？如果是我们或者快递公司的原因给您造成的不便，我们很抱歉给您添麻烦了。我们公司现在实行无条件退换商品，请您放心，我们一定会给您一个满意的答复。

7. 评价对话。

亲爱的买家，我是××号客服代表。感谢您购买我们的商品。我已为您办理发货并为这次愉快的合作做了好评。如您收到商品后不喜欢或不满意，我们会无条件为您退换商品。如有其他售后服务问题，请您在评价前与我们联系，您可以通过淘宝旺旺或拨打免费电话×××××，我会立刻为您解决。再次感谢您的惠顾，期待能成为您的朋友，祝您万事如意。

客服人员每天与买家的对话是有规律可循的，甚至大部分都是重复的。所以，尽可能将自己常用客服用语标准化,并且将这些用语制作成快捷按钮,那么本来要输入十几秒的长句,只要花不到一秒的时间输入快捷符就能完成,可以极大地提高客服人员的工作效率。

一个成熟客服通常能同时完成在线30人以上的对话,甚至更多。曾有很多卖家没准备好就参与促销活动,结果导致客服人员措手不及而千牛被挤爆,这样超过40%的交易都会因无人答复而流失。有了标准的客服对答体系,面对急剧增加的咨询人数,客服人员能够将大部分咨询转化成购买,活动的销量会有极大的提升,这就是标准化不可思议的力量。

(三)避免服务禁语

为顾客服务的过程中还要杜绝使用一些语言,即服务禁语。服务禁语会伤害顾客的感情,影响交易的达成和服务的实现。

1. 蔑视语。蔑视语体现了对客户的不尊重。这种语言是最需要杜绝的,因为它对顾客具有最大的杀伤力。常见的蔑视语有:

"我们的商品对你来说太贵了。"

"买不起就别浪费我的时间。"

"没见过像你这样讨价还价的。"

2. 烦躁语。烦躁语体现了对顾客缺乏耐心。常见的烦躁语有:

"不是告诉过你了吗,怎么还不明白,真是麻烦。"

3. 否定语。否定语体现了客户服务人员的自以为是。常见的有:

"不是这样子的。"

"你说的不对。"

"你这个样子我们就没法儿谈了。"

4. 斗气语。斗气语体现了客户服务人员对顾客的刁难。常见的斗气语有:

"您到底想怎么样?!"

"我就这态度,您能怎么样吧。"

微课:服务态度很重要

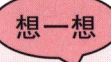

进行电子商务客服时,接待顾客的第一句话看似套路化,但其实也是非常重要的,良好的第一印象是成功沟通的基础。请看一段淘宝客服人员与客户的对话(见图4-4),你觉得客服人员的回答合适吗?如果是你的话,会做哪些改正?

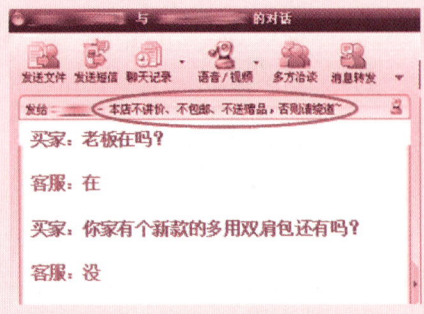

图4-4

步骤二　掌握即时交流的沟通原则

在网店经营的过程中，客服人员虽然不能面对面与客户沟通，但是与客户在网上沟通的过程中，必须同样注意与客户沟通的原则。

1. 理性沟通原则。

不管与何种类型的客户沟通，客服人员都要保持理性和冷静，不要与客户争辩。在网店运营的过程中会遇到各种各样的客户，例如，有的过于挑剔，问几天也问不完；有的对客服人员不太尊重，连提问都采用质问的方式，这些都有可能在沟通过程中让客服人员感到不满。如果客户的行为真的很让人生气，那么客服人员需要的就是理性与冷静。不理性只会产生争执，不会有结果，更不会有好结果。

客服人员需要记住，与客户沟通不是参加辩论会，与客户争辩解决不了任何问题，只会招致客户的反感。如果不同意客户的观点就刻意地反驳争论，即使客服人员的观点是正确的，在争论中占尽上风，最后还是会失去客户的。所以客服人员要允许客户发表不同的意见，而不要刻意地和客户发生激烈的争论。客服人员要耐心倾听客户的意见，以诚实、宽容的态度面对这些客户，这样的沟通才能获得良好的效果。

> **思想点拨**
>
> 在有情绪时也不要做出决定，因为在有情绪的沟通过程中常常无好话，既理不清，又讲不明，也很容易让人做出情绪化、冲动的决定，导致事情发展到不可挽回的地步，从而令人后悔，丢失客户。

2. 为客户着想原则。

在为客户服务时，客服人员应设身处地为客户着想，从客户的角度来看待商品的说明、种类以及各项服务等。客服人员首先要考虑如何为客户提供好的服务。事实上许多客服人员并不了解客户的需要和期望，不了解客户迫切需要的是什么，所以服务质量往往并不理想。

例如，如果不是客服人员的问题，而是客户自己出现失误的情况下，客户买到的商品不如期望的那么好或者不合适，此时客服人员应站在客户角度换位思考，买到一件不适合自己或不太喜欢的商品谁都高兴不起来，因此客服人员不应理直气壮地与客户争论，否则有可能导致客户情绪激烈，进而退款或给差评甚至投诉。如果客服人员此时能引导客户，让客户说出症结并给予其合理的建议，相信客户也能心平气和地接受现实。

3. 尊重客户原则。

只有信任和尊重客户，永远真诚地视客户为朋友，给客户以可靠的帮助和贴心的关怀，才是面对客户的唯一正确心态，才能让客户满意。得到别人的尊重在人的需求层次中属于较高层次，客户购买商品的过程是一个在消费中寻求尊重的过程。客户对于网络购物活动的参与程度和积极性，在很大程度上取决于客服人员对客户的尊重程度。

客服人员要想让客户满意，就不能只是被动地解决客户的问题，更要对客户的需要、期望和态度进行充分的了解，把对客户的关怀纳入自己的工作和生活，发挥主动性，为客户提供量身定做的服务，使客户得到自我价值感，不仅要让客户满意，还要让客户超乎预期地满意。

> **思想点拨**
>
> 客服人员用耐心、真心、诚心打动客户，同时认真热情、细心周到地服务客户，可以让客户感到温暖愉悦，从而再次光顾店铺，这是客服人员必备的职业素养。

4. 信任原则。

客服人员在与客户沟通时，最重要的是取得客户的信任。社会心理学家认为，信任是人际沟通的"过滤器"。只有对方信任你，才会理解你的动机；否则，即使你说服他的动机是友好的，也会经过"不信任"的"过滤器"而变成其他东西。因此，在说服客户时取得客户的信任，对客服人员来说是非常重要的。

信任是客服人员说服客户的关键，只要取得了客户的信任，说服工作就会事半功倍；相反，如果没有取得客户的信任，说服就是无效的。

步骤三　处理客户咨询的流程

客服人员在日常工作中遇到最多的就是客户的咨询。尽管客户在咨询时不会像投诉时情绪那么激烈，但客服人员仍要小心应对，不仅要用专业的业务知识熟练地解答客户的疑问，而且要注意遵守工作程序和善用沟通技巧，为客户提供高效的服务，否则也会引起客户的不满。

1. 记录问题。

客户提出问题时，客服人员一般需要对问题进行记录，原因在于两个方面：一方面，不一定马上就能解答出这些问题，需要先记录下来研究后再回复客户；另一方面，记录下来的问题的答案还可以丰富快捷回复用语，为以后解答类似问题奠定基础。

下面是客服人员在面对客户提问，但不确定答案时采用的先将问题记录下来，然后回复客户的方式的案例。

客户：您好，这件"现代套装组合皮布沙发"商品怎么样？

客服人员：您好，这件商品卖得很好，您可以放心购买。

客户：那就好。我想问一下，这件商品有多高、多宽？怎么安装？运输过程中会不会出问题？快递能否送货上门？

客户连续问了好几个问题，客服人员因为对其中一些问题的答案不是十分确定，于是马上答复：非常抱歉，我是新来的，不是太了解具体情况，我3分钟后回复您，可以吗？

3分钟后，客服人员：您好，您问的几个问题的答案是这样的……客服人员一次性回答完客户的所有问题。

客户：谢谢你。

在跟客户沟通交流的过程中，养成及时记录的习惯很有必要。因为客服人员不可能做到过目不忘，如果忘了，再次求证可能会引起客户的不满意，所以及时记录客户的问题，客服人员就不会有所遗漏，从而能够有效避免再次求证让客户感到不满意的情况发生。在记录的过程中，对不理解的地方要及时向客户询问和确认。

2. 分析问题。

客服人员可能会遇到客户提出的各种各样的问题，因此必须具备一定的问题分析能力。客服人员只有准确把握问题的实质，才能给出客户想要的答案。

客服人员准确分析客户的问题，对症下药，将会对提高客户满意度起到非常重要的作用。分析问题首先要准确理解客户的语义，客户经常会表达不清或者说的并不是问题的实质，客服人员要仔细分析。

下面是客服人员在回答客户问题时，分析客户问题的案例。

客服人员：您好，请问有什么可以帮助您的吗？

客户：你好，我从你们店里买的电热咖啡壶怎么不保温，而且煮出来的咖啡也不香呢？

客服人员心想：我们的电热咖啡壶的质量很好，一般不会出现不保温的情况，可能是客户操作不当引起的，于是开始询问客户。

客服人员：这样啊，请问您把水放入电热咖啡壶后，有没有持续通电呢？

客户：哦，这时候还要通电呀，那我明白了，可我煮的咖啡怎么不香呢？

客服人员心想：导致咖啡不香的原因比较复杂，可能是所用原材料的问题，也可能是客户煮咖啡的技巧不好，还可能是客户的口味独特，但和我们的电热咖啡壶一般不会有太大的关系，这是一个客户期望过高的问题，我不能给他提供可行的解决方法，只能让他高兴一点，以免给他留下不好的印象。

客服人员：哦，请问您用的是什么咖啡豆？

客户：我用的是从牙买加进口的蓝山咖啡豆，很好的呀！

客服人员：嗯，看来您确实很喜欢咖啡，建议您将咖啡豆磨得更细一些，味道可能会好点，您有没有尝试过速溶咖啡？

客户：嗯，煮出来的速溶咖啡的味道倒是挺好的。

客服人员：哦，速溶咖啡固然好喝，但是用自己磨出来的咖啡豆煮的咖啡喝起来可能更有成就感，您有时间可以在网上查找一些相关资料以获得更好的煮咖啡的技巧，因为我对煮咖啡也不是特别在行，这里也不能给您提供更多的建议了，不好意思。

客户：哈哈，没关系，已经很感谢你了。

3. 立即回答。

如果客户咨询的问题是立即就能够回答的，这时客服人员就不要含糊其辞，应尽快告诉客户他所需要的信息。

在下面的案例中，客户咨询的是一个比较简单的关于商品的问题，客服人员立即回答了，且达到了客户的预期。能够当场回答的问题，客服人员应热情、高效地回答客户。客服人员回答问题时应注意自己的表达方式，要尽量将答案说清楚，让客户听明白。

客服人员：您好，这里是××店，请问您有什么需要帮助的吗？

客户：你好，我有个问题想要请教一下。

客服人员：请教不敢当，您有什么问题就直说吧，很高兴为您服务。

客户：我买了一套你们的家电，现在安装完成了，我想问一下这种电器需要磨合吗？

客服人员：需要的。

客户：那磨合期是怎么算的呢？

客服人员：我们这种电器对磨合的要求不是那么严格，您只需要在前期的使用过程中适当注意就可以了，磨合期大概在一星期以内，磨合期不要高功率运行，也不要突然关机，尽量保持平稳匀速运转。

客户：哦，我明白了，这种电器的前期磨合对后期使用的影响不大吧？

客服人员：不会特别大，但也有一定影响，我建议您还是尽量按照说明书来操作。

客户：好的，我明白了，谢谢！

客服人员：不客气，您还需要其他帮助吗？

4. 配合处理。

在某些情况下，客户咨询的问题是客服人员一个人无法答复或客服人员的回答是无法让客户满意的，可能需要同事或者上级的帮助，这时客服人员就应向同事或上级积极求助，共同解答客户的问题。

有时候客户因为不信任客服人员，执意要与此客服人员的领导沟通，客服人员应极力劝说客户相信自己，如果实在无能为力再寻求上级的帮助。

下面是客服人员配合处理客户问题的案例。

客服人员：您好，我们是×××家居店，请问有什么需要帮助的吗？

客户：你好，我想咨询一下，购买你们家具的程序是我们先下订单，然后你们生产吗？

客服人员：是的，我们将根据客户的订单生产、加工家具。

客户：那要是按我们设计好的样式呢，也能生产吗？

客服人员：这正是我们店的最大特色之一，我们可以生产出客户想要的家具。

客户：这样挺好，那你们是不是也会承接来料加工的业务呢？

客服人员：对不起，这个我需要问一下领导才能给您答复，请您耐心等待一下好吗？

客服人员向领导咨询完后再给客户答复。客服工作是以使客户满意为标准开展的，咨询服务更不例外，因此客服人员在服务即将结束时不能忘记询问客户的感受。

步骤四　掌握在线接待的操作技巧

为了更好地进行在线接待，我们还要做一些工具方面的准备。比如，以淘宝的千牛平台为例，学习掌握千牛的更多的操作功能，非常有利于我们在日常沟通当中提高接待效率。

延伸阅读：
通过人工智能
与客户沟通

（一）买家信息查询

打开千牛对话框，在左上角搜索买家的旺旺 ID 或用户名，点击用户的头像，再点击"查看名片"，可以知道买家的级别和好评率。点击用户的头像，再点击"查看联系人信息"，可以看到买家的地址、年龄、性别等信息，以判断物流是否到达，并提前告知用户。

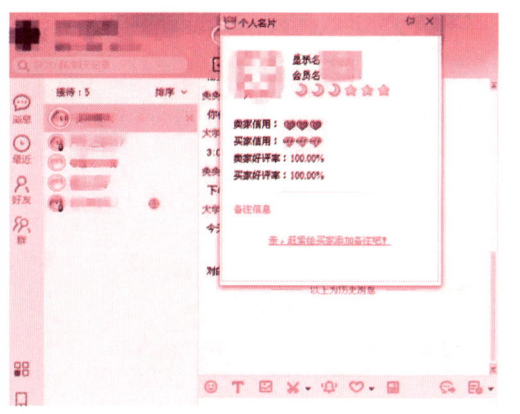

图4-5（a） 买家信息查询

图4-5（b） 买家信息查询

（二）个性签名

个性签名的设置方式有两种：第一种方式下，点击工作台左上角的"点此输入个性签名"，输入个性签名即可，如图4-6（a）所示；第二种方式下，点击右上角的"设置"按钮，进入后直接点击"个性设置"的"个性签名"按钮，点击"修改"或者"增加"，可输入个性签名，如图4-6（b）所示。

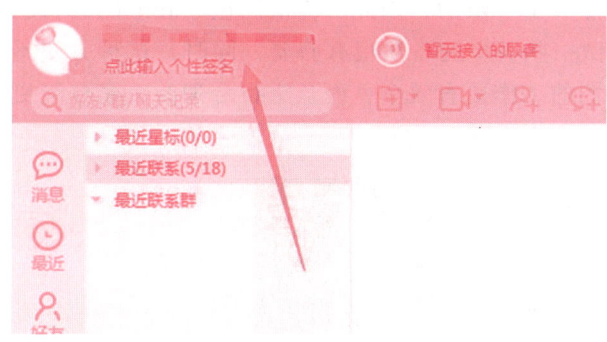

图4-6（a） 设置个性签名

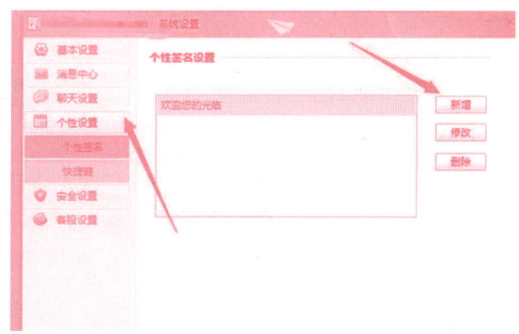

图4-6（b） 设置个性签名

（三）快捷短语

如图4-7所示，根据自身情况将一些常见问答设置成快捷短语，使我们在繁忙的时候也能够游刃有余地接待多位顾客，节约宝贵的时间，大大提高了工作效率。比如，一些热销商品询问的人比较多，而且很多问题是相同的，那么就可以把这个问题的答案设置为快捷短语，有人询问时只要轻轻一点就可以直接发过去，省事又省时，不仅能体现出认真的工作态度，还能在一定程度上体现出规范化和专业化的商家形象。但是需要注意的是，作为客服人员，不能只依赖快捷回复，需要在快捷回复后及时解答顾客的问题，以便更好地保证服务质量。

图 4-7 快捷短语

（四）联系人信息

交流的效果很大程度取决于对交流对象的了解，了解程度越深，进入有效沟通的前奏越短，越容易切中对方的沟通目的。但人的记忆力是有限的，因此，借助阿里旺旺上的编辑联系人消息的功能（见图 4-8），为交流对象做一些简单的备注很有必要，同时，这种方式不仅有利于养成良好的工作习惯，还能够使我们的工作更有效率，而且进行合理的买家分组更便于我们快速找到顾客。

图 4-8 联系人的信息

（五）即时文字交流

直接发送即时消息，就能立刻得到对方回答，了解买卖交易细节。如果再适当的添加一些旺旺表情，会使回复内容更加生动，避免陷于程式化，如图4-9所示。

图4-9 即时文字交流

（六）群发消息

不管创建群还是加入群，都是扩大我们交际圈的一种有效方法，可以通过创建客户群来增加店铺的凝聚力，利用群公告及时推广新品和优惠促销信息；也可以通过加入兴趣群或朋友来加强互动，联络感情，大家在群里互相学习，一起聊经营诀窍、聊生活感悟，交流工作经验，不仅可以借此了解更多优秀店铺的成功经验，还能通过一些商业信息淘到物美价廉的宝贝，如图4-10所示。

图4-10 群发消息

（七）小工具

如图4-11所示，对话框的上方都是常用功能，下面都是一些便利小工具。熟练地使用这些常用功能和小工具，不仅可以提高我们的工作效率，还可以减少交流障碍，使沟通变得更为顺畅。

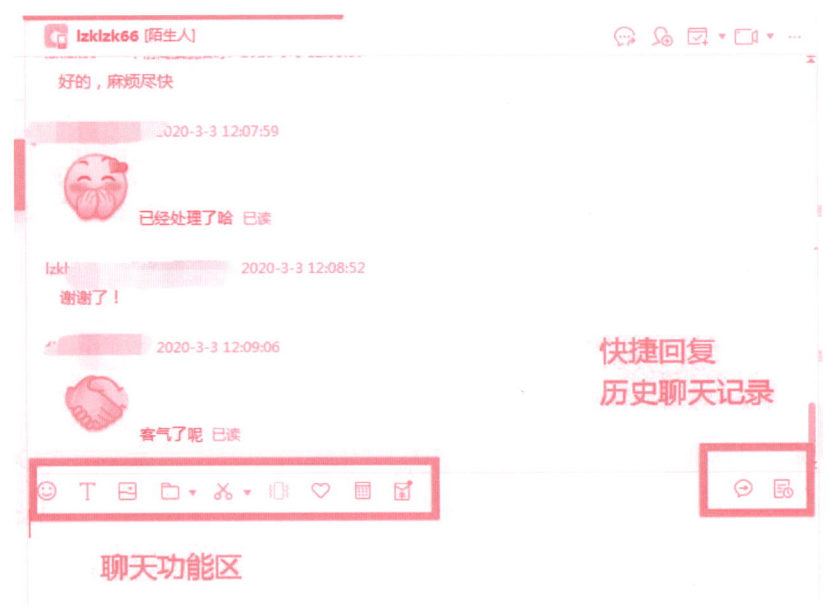

图4-11 常用功能

步骤五 掌握即时交流的沟通技巧

不同的人有不同的脾气，买家也一样。不同性格的买家类型也不同，作为一个金牌客服人员，要对不同卖家做好各自应对，学会与不同类型的客户进行有效沟通。不管什么样性格脾气的顾客，客服人员都要用始终如一的态度对待，因为他们才能给我们带来销售业绩。每个客服人员接待的买家都有很多种，日常遇到的大概可以分成以下四种类型：

（一）干脆型

这类顾客性格都比较急切干脆，不喜欢浪费很多时间在交流中。和这种类型顾客交流时，对于产品推荐和介绍也要简明，不要过多地说些与产品无关的言语，否则会使顾客莫名地产生厌倦，甚至怀疑。尽量使顾客感受到客服人员专业性强的一面，这样才有信赖感。

对策：遇到这样的顾客，需要客服人员尽力展现最专业的一面，不要让顾客对客服人员的专业素质怀疑，回答要简短快捷，不要有拖泥带水的语句，对于专业的回答要干脆利落，最好不要含糊其辞。

（二）冷漠型

这类顾客会在开始的交流中摆出一副高高在上的冷漠姿态，或者会有一丝对客服人员的无礼轻视，这会影响客服人员的情绪。需要注意的是，这种情绪无论怎样都不要影响到与顾客的交流，即使最后没有达成交易，也还是会有潜在的希望。语言中不需要过多的热情，要适当做到一种温馨的感觉，有可能感化冷漠的顾客。

对策：这样的顾客在回复时会很慢，甚至无视你的回答，这个时候尽量不要抱怨，而要静心、耐心地等待对方的回复。

（三）活泼型

这部分顾客年纪年轻些，充满活力，也属于经常网购的一类人群，他们比较会与客服沟通交流，会让人感觉像朋友一样亲切自然，沟通起来会格外的愉快。这样更容易建立感情，为下次交流做好铺垫。

对策：这样的顾客喜欢和你有些除了购物之外的闲聊，也是增进与顾客之间感情的机会，但是在客流量多的情况下会增添很多麻烦。不管顾客多或少，还是尽量不要过于闲聊，保持热情的态度就可以，要能巧妙地让这样的顾客觉得不该打扰你了，因为正是工作繁忙时。

（四）麻烦型

这类顾客在前期与客服人员交流时会比较挑剔，对产品的信任度不是很高，这就需要客服耐心地为其解答各种各样的问题，包括价格、质量、快递等方面都要向其说明，怎样婉转地与这样的顾客周旋需要一定的技巧。如果很生硬地回绝，那么成交的概率会很小，所以要耐心、细致、专业、热情地为其服务。特别是面对感性的女性顾客，客服人员要尽量发挥自己的特长来博得她的理解。

对策：这类顾客会因为价钱、礼品、物流等问题要求过多。客服人员首先要耐心，然后需要灵活地应对。比如，遇到礼品问题，按照公司规定300元可以赠送一件礼品，如果顾客要求赠送两件，就要耐心、真实地说出苦衷，给顾客安慰的同时，也会让客服人员博得同情。对于斤斤计较的顾客，在交流过程中就要谨慎细致地记录对方的要求。

与顾客交流的时候一定要用心，每次跟顾客进行交流后加入好友，最好是做个归类，比如"成交顾客""未成交顾客"，适时地分析一下未成交的原因，是因为价格还是产品的欠缺等。对待这些顾客，要定期向他们传达我们的活动内容，新品上市推荐以及节假日里适当传达一些祝福等，这样顾客会感到无时无刻不被我们关心体贴，对我们会更加信赖。开发一个新顾客是维护一个老顾客成本的6倍，所以对老顾客的定期维护和激活非常重要。要做到定期回复和交流，把每个顾客都变成我们的朋友。

最后，要注意在与顾客交流中保持始终如一的态度，如果遇到委屈或抱怨，要控制好自己的情绪，可以在工作之余做好自我调整，不能将负面情绪传递给客户，在服务客户时一定要做到专业。我们的目标是与顾客成交，创立我们自己的口碑及影响，让顾客记住接待他的客服人员是最优秀的。

知识窗

淘宝客服技巧之旺旺的使用技巧

1. 旺旺沟通的语气和旺旺表情的活用。

在旺旺上和顾客对话，应该尽量使用活泼生动的语气，不要让顾客感觉到你在怠慢他。虽然很多顾客会想"哦，她很忙，所以不理我"，但是顾客心里还是觉得被疏忽了。这个时候如果实在很忙，不妨客气地告诉顾客，如"对不起，我现在比较忙，我可能会回复慢一点，请理解"，这样，顾客才能理解你并且体谅你。尽量使用完整客气的语句来与顾客沟通交流，比如说告诉顾客不讲价，应该尽量避免直截了当地说"不讲价"，而是礼貌而客气地表达这个意思，如"对不起，我们店商品不讲价哦"，如果可以的话，还可以稍微解释一下原因。如果我们遇到没有合适语言来回复顾客留言的情况，与其用"呵呵""哈哈"等语气词，不妨使用一下旺旺的表情，一个生动的表情往往能让顾客直接了解到你的心情。

2. 旺旺使用技巧。

我们可以通过设置快速回复来提前把常用的句子保存起来，这样在忙乱的时候可以快速地回复顾客，如欢迎词、不讲价的解释、"请稍等"等，这些都可以帮助我们节约大量的时间。在日常回复中，对于那些顾客问得比较多的问题，也可以把回答内容保存起来，达到事半功倍的效果。另外，通过旺旺的状态设置，可以给店铺做宣传，比如在状态设置中写一些优惠措施、节假日提醒、推荐商品等。

（资料来源：https://www.mmker.cn/article/2432.html）

步骤六　学会提问的技巧

进行客服工作一定要用最快的速度了解客户的需求，如果客户本身思维很清晰，我们也许不需要通过其他技巧就能够很快地了解他的需求，但是如果客户思维混乱，服务人员就必须通过一定的技巧迅速地把客户的需求找出来。由于大部分情况下客服人员时间有限，所以客服人员必须学会根据具体情况有效提问。比如有一些很犹豫的客户，买东西的时候自己心里没底，喜欢这个，又觉得那个也不错，你就需要不停地给他介绍，而后面的客户又需要你服务，这个时候就要运用提问的技巧。

一般而言，我们向客户提出的问题分为开放式问题和封闭式问题两种，如图 4-12 所示。

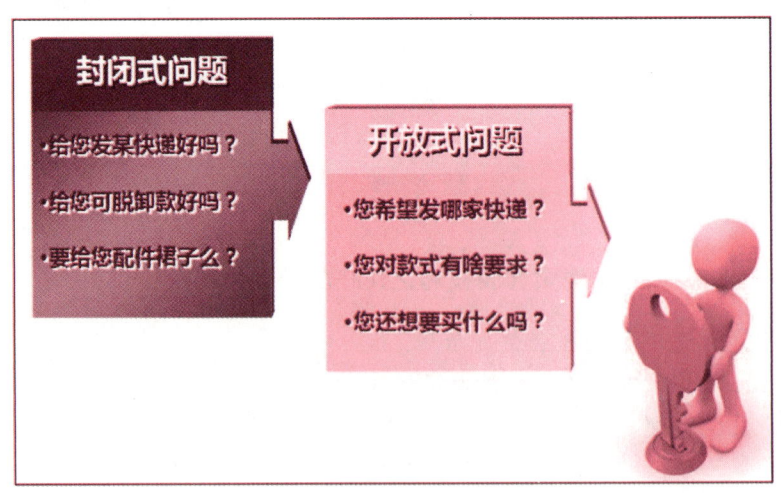

图 4-12　封闭式问题和开放式问题

（一）开放式问题的提问技巧

所谓开放式问题，就是不限制客户回答问题的答案，完全让客户根据自己的喜好，围绕谈话主题自由发挥。开放式提问既可以令客户感到自然并畅所欲言，又有助于客服人员根据客户的谈话了解更多的客户信息。客户不受约束时，他们通常会感到放松和愉快，有助于双方进一步沟通与合作。

一般而言，服务人员在被动服务的时候，他的第一个问题一般都是"亲，有什么我能帮您的？"这就是一个典型的开放式问题。一般来说，沟通一开始的时候，服务人员使用的都是开放式问题。虽然开放式问题可以让顾客更主观地表达自己的想法，但是这种问题如果连续不断的使用比较浪费时间，因为顾客的回答缺乏可控性，这个时候就需要第二个技巧，即封闭式问题的使用。

（二）封闭式问题的提问技巧

封闭式问题限定了客户的答案，客户只能在有限的答案中进行选择，比如"给您发快递好吗？""您能不能留下您的联系方式，到货后我们马上通知您？"对于这种问题，客户的回答相对而言具有可控性，只能在有限的答案中进行选择。封闭性问题的使用完全是为了帮助客户进行判断，如果一个客服人员能够正确、大量地使用封闭式问题进行提问，说明这个客服代表的职业素质很高。

善于提问能够引导客户，同时提问引导时要注意：

1. 要体察客户的意图，所以要七分听三分问；
2. 提问应是一种引导，并且语气忌简单生硬；
3. 要做到用提问激发客户的潜在需求；
4. 提问中如能穿插推荐，更容易促进销售；
5. 好的提问应该为下一步分析客户做准备。

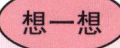

请阅读图4-13中的聊天记录，思考客服人员的提问方式合适吗？如果不合适，问题出在哪里？

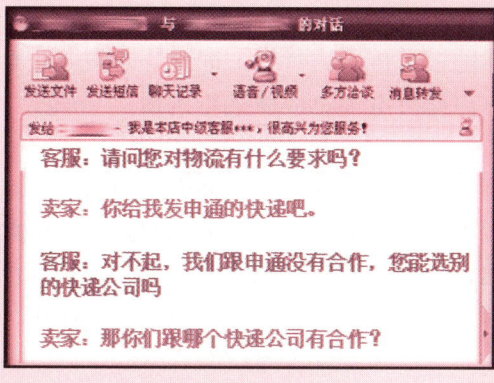

图4-13

步骤七　掌握电话沟通技巧

即时聊天工具是电子商务客服中最常见的沟通方式，但是这种沟通方式有一定的局限性，如要求参与沟通的双方必须同时在线，满足不了这个条件时，客户可能会选择其他方式与我们交流，如电话沟通。

客服电话的接听和拨打与我们日常生活中接打电话不一样，需要掌握一定的技巧才能让电话另一端的客户仅仅通过声音就能感受到尊重与重视。

（一）电话机旁应配备记事本和铅笔

即使是人们用心去记住的事，经过 9 小时，遗忘率也会高达 70%，日常琐事遗忘得更快。所以，重要事项可采取做记录的办法予以弥补。若在电话机旁放置好记录本、铅笔，当他人打来电话时，就可立刻记录主要事项。如果没有预先备妥纸笔，到时候措手不及、东抓西找，不仅耽误时间，而且会搞得自己狼狈不堪。

（二）先整理电话内容，后拨电话

给别人打电话时，如果想到什么就讲什么，往往会丢三落四，忘却了主要事项还毫无觉察，等对方挂断了电话才恍然大悟。因此，应事先把想讲的事逐条逐项地整理记录下来，然后再拨电话，边讲边看记录，随时检查是否有遗漏。另外，通话还要尽可能在 3 分钟之内结束。实际上，3 分钟可讲 1000 个字，相当于两页半稿纸上的内容，按理是完全能行的。如果一次电话用了 5 分钟甚至 10 分钟，那么一定是措辞不当，未抓住纲领、突出重点。

> **知识窗**
>
> 女性在对着镜子说话时，会很自然地微笑，人在微笑时的声音会更加悦耳、亲切。根据这一原理，在一些大公司的总机或者前台，管理者有意在接线员的桌上放置一面镜子，促使她们接听电话时自然地微笑，然后通过语言把这一友好的讯息传递出去。

（三）态度友好

有人认为，电波只是传播声音，打电话时完全可以不注意姿势、表情，这种认识是错误的。双方的诚实恳切都饱含于话音中。若声调不准就不易听清楚，甚至还会听错。因此，讲话时必须抬头挺胸，伸直脊背。"言为心声"，态度的好坏都会表现在语言之中。如果道歉时不低下头，歉意便不能伴随言语传达给对方。同理，表情亦包含在声音中，打电话表情麻木时，其声音也会冷冰冰，因此打电话也应微笑着讲话。

（四）注意自己的语速和语调

急性子的人听慢话，会觉得断断续续、有气无力，颇为难受；慢吞吞的人听快语，会感到焦躁心烦；年龄高的长者听快言快语，难以充分理解其意。因此，讲话速度并无定论，应视对方情况，灵活掌握语速，随机应变。打电话时，适当地提高声调显得富有朝气、明快清脆。人们在看不到对方的情况下，大多凭第一听觉形成初步印象。因此，讲话时有意识地提高声调，会格外悦耳优美，就像乐谱中 5（梭）的音域。

（五）不要使用简略语、专用语

将"行销三科"简称"三科"这是企业内部习惯用语，第三者往往无法理解。同样，

专用语也仅限于行业内使用,普通顾客不一定知道。有的人不以为意,得意洋洋地乱用简称、术语,给对方留下不友善的印象。有的人认为西洋学及外来语高雅、体面,往往自作聪明地乱用一通,可是意义不明的英语并不能正确表达自己的思想,不但毫无意义,有时甚至会发生误会。

(六) 养成复述习惯

为了防止听错电话内容,一定要当场复述。特别是同音不同义的词语及日期、时间、电话号码等数字内容,务必养成听后立刻复述、予以确认的良好习惯。文字不同,一看便知,但读音相同或极其相近的词语,通电话时却常常容易搞错,因此,对容易混淆、难于分辨的词语要加倍注意,放慢速度,逐字清晰地发音。如 1 和 7、11 和 17 等,为了避免发生音同字不同或义不同的错误,听到与数字有关的内容后,请务必马上复述,予以确认。当说到日期时,不妨加上星期几,以保证准确无误。

(七) 电话铃响两次后,取下听筒

电话铃声响 1 秒,停 2 秒。如果过了 10 秒仍无人接电话,一般情况下人们就会感到急躁:"糟糕!人不在。"因此,铃响 3 次之内应接听电话。那么,是否铃声一响就应立刻接听,而且越快越好呢?也不是,那样反而会让对方感到惊慌,较理想的是电话铃响完第二次时取下听筒。

知识窗

与客户对话的七不问

一般来讲,客户的年龄、婚姻以及收入、地址等是隐私的,客服人员最好不要问。

1. 不问年龄。不当面问客户年龄,尤其是对女性,也不要绕着弯从别处打听她的年龄。
2. 不问婚姻。婚姻纯属个人隐私,向别人打听这方面的信息是不礼貌的。若是打听异性的婚姻状况,更不恰当。
3. 不问收入。收入在某种程度上与个人能力和地位有关,是一个人的"脸"。与收入有关的住宅、财产等也不宜谈论。
4. 不问地址。除非你想到客户家做客(那也得看别人是否邀请你),一般不要问客户的住址。
5. 不问经历。个人经历是一个人的底牌,甚至会有隐私,所以不要问客户的经历。
6. 不问信仰。宗教信仰和政治见解是非常严肃的事,不能信口开河。
7. 不问身体。不要问客户的体重,不能随便说他比别人胖。不能问别人是否做过整容手术,是否戴假牙或假发。

步骤八 掌握 E-mail 沟通技巧

与客户通电话或打销售电话一样,发送电子邮件时保持良好礼仪同样重要。电子邮件与电话交流及面对面交流不同,当收件人阅读你的邮件时,你无法猜测他的反应。你单击

"发送"按钮之后,就无法调整你的意见了。因此你需要在第一时间保证其正确,否则可能会流失客户或损失业务。收发电子邮件时应注意以下基本注意事项:

1. 当与你不认识或不熟悉的人通信时,使用正式的语言,包括尽可能使用适当的称呼和敬语。

2. 使用简单易懂的主题行,以准确传达你的电子邮件的要点。

3. 说你要说的话,但要简明扼要。

4. 使用易于辨认的字体和字体大小(有些研究表明,磅值为10的Verdana或Arial字体最便于网上阅读)。在商务通信中避免使用过度华丽的风格,同时为降低传播病毒的风险,要发送纯文本电子邮件,并且事先未经许可,不要发送电子邮件附件,还要保持你的防病毒软件及时更新。

5. 使用显示完整联系人信息的电子邮件签名或电子名片,包括电话号码和公司名称。在发送之前,一定要使用拼写检查并通读邮件,以检查是否有语法错误或其他问题。

6. 避免使用幽默、随意或俚语等易被人误解的语言表达。

7. 收到合法发件人(而非垃圾邮件发送者)的电子邮件时,即使无法立即提供一个完整的答复,也务必在24小时内向发件人确认收到邮件。

8. 如果你要外出24个小时以上,请使用自动回复功能。

9. 良好的电子邮件礼仪是基本常识。你知道如何在面对面会议上或通过电话与客户打交道,稍加注意就可以写出得体的商务电子邮件。这样做会使你的企业赢得尊重。

任务二
进行客户分析

🔍 任务要点

> 能够快速识别消费者类型并找到正确的应对方法,能够高效、敏捷地解决消费者的疑问,有针对性地选择消费者感兴趣的商品进行推介。

🔍 任务情境

经过一段时间的学习与实践,小李的客服技巧越来越熟练,成交率也开始上升,但是客户的满意度依然没有起色,每次交易完成后,顾客会根据客服人员的服务态度打一个分数,小李的得分虽不至于太低,但和老员工相比却相去甚远。如何提高客户满意度成为小李在解决成交率之后需要解决的另一个重要问题。

任务分析

客户对于服务的感知,即感觉服务好或是不好,很大程度上取决于一开始接待服务的质量与终止服务时客户的需求有没有完全被满足。不同的顾客,其需求是不一样的,因此,要提高客户的满意度,在接待客户的时候,客服人员应该关注他们的不同需求,充分了解客户的购物心理与购物目的,提供个性化的服务,这是客户服务的最高境界。

任务实施

分析客户是为了知己知彼,判断局势,同时通过各方面的信息搜集,了解客户的需求。我们对客户的了解不一定要让他清楚,但是一定要根据分析的结果去引导客户。根据顾客的询问,运用行业知识、商品知识、生活经验等做出客观、专业的回答。

步骤一 充分理解客户的需求

(一)客户对服务的要求

要提高客户满意度,提供优质的服务,必须首先了解客户如何评价服务,了解客户对服务的要求。一般而言,客户对服务的评价好坏取决于以下几点:

1. 可靠度。可靠度衡量企业或者客服人员可靠地、准确地履行服务承诺的能力。可靠性往往是客户最看重的一个方面。

2. 有形度。有形度就是指设施、设备、人员等外在呈现出来的东西,而在电子商务客服中,有形度指的就是网店装修展示出来的专业、大气感,商品分类的合理性,商品介绍的吸引力,客服人员的专业素质等。

3. 响应度。响应度就是服务效率和服务速度问题。时间就是金钱,浪费客户的时间会影响客户的情绪,客户在这方面的期待值比较高。客户进店咨询时,尽量在 30 秒内做出响应,客户购买的商品一定要及时发货。

4. 同理度。同理度就是同理心,是指服务人员能够在多大程度上理解客户的需求,理解客户的想法,设身处地为客户着想,给予客户特别的关注。同理度要求服务人员在客户需要帮助的时候,一方面需理解客户的心情,另一方面需理解客户的要求。

(二)客户的其他需求

客户进店以后,除了对具体某个(或某些)商品的需求以外,还有其他一些常被我们忽视的需求,而且满足客户具体商品以外的那些需求,往往并不需要我们付出更多的成本,但却在促成成交上发挥着巨大的作用。除了具体商品外,客户还有哪些需求呢?通常包括:①安全及隐私的需求;②有序服务的需求;③及时服务的需求;④被识别或记住的需求;⑤受欢迎的需求;⑥感觉舒适的需求;⑦被理解的需求;⑧被帮助的需求;⑨受重视的需求;⑩被称赞的需求;⑪受尊重的需求;⑫被信任的需求。

知识窗

如何提高网店客服的可靠度

党的二十大报告中指出，弘扬诚信文化，健全诚信建设长效机制。

一、坚守诚信

网络购物虽然方便快捷，但唯一的缺陷就是看不到、摸不着。顾客面对网上商品难免会有疑虑和戒心，所以对顾客必须要用一颗诚挚的心，像对待朋友一样对待顾客，包括诚实地解答顾客的疑问、诚实地告诉顾客商品的优缺点、诚实地向顾客推荐适合的商品。

坚守诚信还表现在一旦答应顾客的要求，就应该切实地履行自己的承诺，哪怕自己吃点亏，也不能出尔反尔。

二、凡事留有余地

与顾客交流中，不要用"肯定""保证""绝对"等字样，这不等于你售出的产品是次品，也不表示你对买家不负责任，而是不让顾客有失望的感觉。因为每个人在购买商品的时候都会有一种期望，如果你保证不了顾客的期望，最后就会变成顾客的失望。比如卖化妆品的，每个人的肤质不同，无法百分之百保证你售出的商品在几天或几个月内一定达到顾客想要的效果。还有售出去的货品在路程上，我们能保证快递公司不误期吗？不会被丢失吗？不会被损坏吗？为了不让顾客失望，最好不要轻易说保证，最好用"尽量""争取""努力"等词语，效果会更好。多给顾客一点真诚，也给自己留有一点余地。

三、做个专业卖家，给顾客准确推介

不是所有的顾客对你的产品都是了解和熟悉的。当有的顾客对你的产品不了解的时候，在咨询过程中，就需要为顾客解答，帮助顾客找到合适他们的产品。不能顾客一问三不知，这样会让顾客没有信任感，谁也不会在这样的店里买东西。

四、坦诚介绍商品的优点与缺点

在介绍商品的时候，必须说明产品本身的缺点。虽然商品缺点本来是应该尽量避免触及，但如果因此而造成事后客户抱怨，反而会失去信用，得到差评也就在所难免。在淘宝里也有看到其他卖家因为商品质量问题得到差评，有些是特价商品造成的。所以，在卖这类商品时首先要坦诚地让顾客了解到商品的缺点，努力让顾客知道商品的其他优点，先说缺点再说优点，这样会更容易被客户接受。

介绍商品时，切莫夸大其词地介绍自己的商品，介绍与事实不符，最后失去信用，也失去顾客。其实介绍自己产品时，就像媒婆一样把产品"嫁"出去。如果你介绍"这个女孩脾气不错，就是长相差了些"和"这个女孩虽然长相差了些，但是脾气好，善良温柔"，虽然表达的意思一样，但听起来感受可就不相同！所以，介绍自己产品时，可以强调一下："东西虽然是次了些，但是东西功能俱全，或者说，这件商品拥有其他产品没有的特色"等，这样介绍收到的效果是完全不相同的。此方法用在特价商品上比较好。

步骤二 了解网络客户的不同类型

了解网店客户的特点，了解网店客户的基本类型，对于提高网店客服的质量和效率具有极其重大的作用。

PPT：客户来源分析

（一）按客户性格特征分类及应采取的相应对策

1. 友善型客户。

特质：性格随和，对自己以外的人和事没有过高的要求，具备理解、宽容、真诚、信任等美德，通常是企业的忠诚客户。

策略：提供最好的服务，不因为对方的宽容和理解而放松对自己的要求。

2. 独断型客户。

特质：异常自信，有很强的决断力，感情强烈，不善于理解别人；对自己的任何付出一定要求回报；不能容忍欺骗、被怀疑、慢待、不被尊重等行为；对自己的想法和要求一定需要被认可，不容易接受意见和建议；通常是投诉较多的客户。

策略：小心应对，尽可能满足其要求，让其有被尊重的感觉。

3. 分析型客户。

特质：情感细腻，容易被伤害，有很强的逻辑思维能力；懂道理，也讲道理；对公正的处理和合理的解释可以接受，但不愿意接受任何不公正的待遇；善于运用法律手段保护自己，但从不轻易威胁对方。

策略：真诚对待，做出合理解释，争取对方的理解。

4. 自我型客户。

特质：以自我为中心，缺乏同情心，从不习惯站在他人的立场上考虑问题；绝对不能容忍自己的利益受到任何伤害；有较强的报复心理；性格敏感多疑；时常"以小人之心度君子之腹"。

策略：学会控制自己的情绪，以礼相待，对自己的过失真诚道歉。

（二）按消费者购买行为分类及应采取的相应对策

1. 交际型。有的客户很喜欢聊天，先和你聊了很久，聊得愉快了就到你的店里购买商品，成交了也成了朋友，至少很熟悉了。对于这种类型的客户，我们要热情如火，并把工作的重点放在这种客户上。

2. 购买型。有的顾客直接买下你的货物，很快付款，收到货物后也不和你联系，直接给你好评，对你的热情很冷淡。对于这种类型的客户，不要浪费太多的精力，如果执着地和他（她）保持联系，他（她）可能会认为是一种骚扰。

3. 礼貌型。本来因为一件拍卖的东西和你发生了联系，如果你热情如火，在聊天过程中运用恰当的技巧，她会直接到你的店里再购买一些商品，售后服务做好了，她或许因为不好意思还会到你的店里来。对于这种客户，我们尽量要做到热情，能多热情就做到多热情。

4. 讲价型。讲了还讲，永不知足。对于这种客户，要咬紧牙关，坚持始终如一，保持您的微笑。

5. 拍下不买型。对于这种类型的客户，可以投诉、警告，也可以权当什么都没发生。

（三）按网络购物者常规类型分类及应采取的相应对策

1. 初次上网购物者。这类购物者在试着领会电子商务的概念，他们的体验可能会从在网上购买小宗的安全种类的物品开始。这类购物者要求界面简单、过程容易，产品照片对说服这类购买者完成交易有很大帮助。

2. 勉强购物者。这类购物者对安全和隐私问题感到紧张。因为有恐惧感，他们开始时只想通过网站做购物研究，而非购买。对这类购物者，只有说明安全和隐私保护政策才能够使其消除疑虑，轻松面对网上购物。

3. 便宜货购物者。这类购物者广泛使用"比较"这种购物工具。这类购物者不玩什么品牌忠诚，只要最低的价格。网站上提供的廉价商品对这类购物者最具吸引力。

4. "手术"购物者。这类购物者在上网前已经很清楚自己需要什么，并且只购买他们想要的东西。他们的特点是知道自己做购买决定的标准，然后寻找符合这些标准的信息，当他们很自信地找到了正好合适的产品时就开始购买。快速告知其他购物者的体验和对有丰富知识的操作者提供实时客户服务会吸引这类购物者。

5. 狂热购物者。这类购物者把购物当作一种消遣。他们购物频率高，也最富于冒险精神。对这类购物者，迎合其好玩的性格十分重要。为了增强娱乐性，网站应为他们多提供观看产品的工具、个人化的产品建议，以及像电子公告板和客户意见反馈页之类的社区服务。

6. 动力购物者。这类购物者因需求而购物，而不是把购物当作消遣。他们有自己的一套高超的购物策略来找到所需要的东西，不愿意把时间浪费在东走西逛上。优秀的导航工具和丰富的产品信息能够吸引此类购物者。

步骤三　了解网络买家的购物心理

必须弄清买家的心理，知道他（她）在想什么，然后才能根据情况进行有针对性的有效沟通，进而加以引导。洞悉买家的购物心理极其重要。

（一）买家常见的五种担心心理

1. 卖家信用是不是可靠。

策略：对于这一担心，我们可以用交易记录等来对其进行说服。

2. 价格低是不是产品有问题

策略：针对这一担心，我们要给买家说明价格的由来，为什么会低，低并非质量有问题。

3. 同类商品那么多，到底该选哪一个。

策略：可尽量以地域优势（如快递便宜）、服务优势说服买家。

4. 交易安全：交易方式——支付宝？私下转账？当面付款？

策略：可以用支付宝安全交易的说明来打消买家的顾虑。

5. 收不到货怎么办？货物损坏怎么办？退货邮费谁负担？造成买家迟迟不付款，犹豫。

策略：可以以售后服务、消费者保障服务等进行保证，给予买家信心。

（二）买家网上消费心理分析及应采取的相应策略

1. 求实心理。

策略：在商品描述中要突出产品实惠、耐用等字眼。

2. 求新心理。

策略：只要稍加劝诱，突出"时髦""奇特"之类字眼，并在图片处理时尽量鲜艳即可。

3. 求美心理。

策略：卖化妆品、服装的卖家，文字描述中要写明"包装""造型"等字眼。

4. 求名心理。顾客消费动机的核心是"显示"和"炫耀"，对名牌有一种安全感和信赖感。

策略：采取投其所好的策略即可。

5. 求廉心理。"少花钱多办事"的顾客心理动机，其核心是"廉价"和"低档"。

策略：只要价格低廉就行。

6. 偏好心理。

策略：只要了解她们的喜好，在产品文字描述之中可以加一些"值得收藏"之类的字语。

7. 猎奇心理。

策略：对于这类顾客，只需要强调商品的新奇独特，并赞美他们"有远见""识货"。

8. 从众心理。

策略：可以根据这种心理描述商品，再加上价格的优势，很容易聚拢人气，后来者就源源不断。

9. 隐秘性心理。有些顾客不愿意别人知道自己购买的东西，如某用品之类。

策略：我们可以强调隐秘性。

10. 疑虑心理。

策略：对顾客强调说明自己确实存在，产品的质量经得起考验。

11. 安全心理。买家担心食品、卫生用品、电器等的安全性。

策略：给予解说，并且用上"安全""环保"等字眼，效果往往比较好。

文本：用千牛给客户分组

步骤四 适度推荐商品

客服人员回答一个商品咨询的同时要有意识地推荐顾客购买更多的商品，如推荐其他商品给顾客以搭配建议、推荐促销活动商品、推荐最新款式或店铺的购物优惠政策等，如图4-14所示。

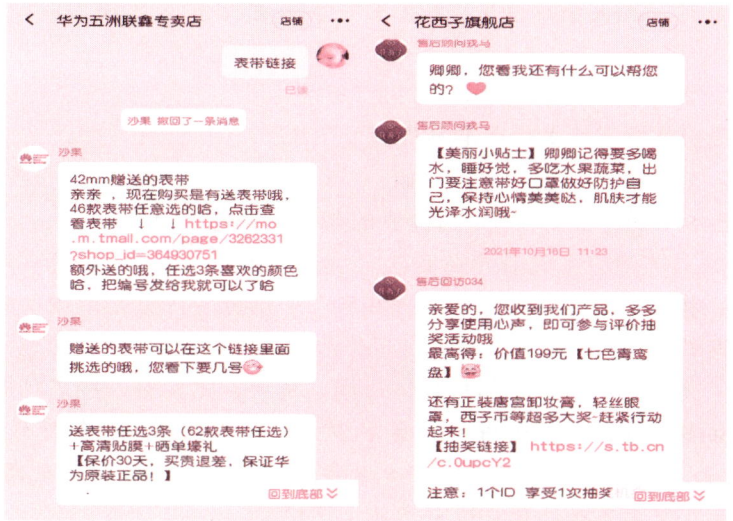

图4-14 适度推荐

选择网络购物的顾客，有一部分是目的明确的。客服人员向顾客推荐商品，一定要学会根据顾客的需要去推荐，很多客服人员会因为业绩、提成等因素对顾客展开全方位劝购轰炸，完全不考虑顾客的实际需求，很容易引起客户反感；另外有一部分客服人员对客户问一句答一句，沟通环节十分被动，往往错失良机。

产品的推荐应充分把握顾客的购物心理，比如说一位消费者在一家网店订购了一包辣味的牛肉干，客服人员马上技巧性地建议他购买另一款川辣味的猪肉脯，并告知购买两包商品即可享受包邮的优惠。当消费者担心买太多吃不完时，客服又以自己为例，说自己也喜欢吃辣的，每次吃这款产品都觉得根本停不下来，一次吃一包才过瘾，随后又技巧性地劝说省下来的邮费足够买半包猪肉脯的。根据顾客的爱好，站在顾客立场上的适度推荐很容易获得成功，这比一味地、没有技术含量地硬性推荐要好得多。

步骤五　技巧性地处理顾客异议

"排疑"在电子商务客服工作中有重要的作用。在与客户沟通过程中，遇到问题时应该先安抚客户，明确问题并做好问题分析。要先摸清客户的购物习惯，再分析产生问题的可能原因。只有迅速抓住问题的关键，才能既快又准地找到方法。只有把客户的所有疑义都排除了，客户才有可能把订单下给你。其具体操作方法举例如下：

1. 顾客提出：我要考虑一下。

对策：时间就是金钱。机不可失，失不再来。

（1）询问法：在这种情况下，顾客对产品感兴趣，但可能还没有明白你的介绍，如某一细节；或者有难言之隐，如没有钱，不拍板；再就是推脱之词。所以要用询问法将原因弄清楚，再对症下药。如："先生，您说您要考虑一下，是我刚才哪里没有解释清楚吗？"

（2）假设法：假设马上成交，顾客可以得到什么好处或快乐，假如不马上成交，有可能会失去一些即将到手的利益，强调迫切地利用人的消费心理迅速促成交易。如："先生，您一定对我们的产品很感兴趣。如果您现在购买，可以获得××（外加礼品）。我们一个月才进行一次（或才有一次促销活动），现在有许多人都想购买这种产品，假如您不及时决定，会……"

2. 顾客提出：太贵了。

对策：一分钱一分货，其实一点也不贵。

（1）比较法：与同类产品进行比较，如："××牌子的××钱，这个产品比××牌子便宜多啦，质量还比××牌子的好。"与同价值的其他物品进行比较，如："××钱现在可以买a、b、c、d等几样东西，而这种产品是您目前最需要的，现在买一点儿都不贵。"

（2）拆散法：将产品的几个组成部件拆开来，一部分一部分来解说，每一部分都不贵，合起来就更加便宜了。

（3）平均法：将产品价格分摊到每月、每周、每天，尤其对一些高档服装销售最有效。买一般服装只能穿多少天，而买名牌可以穿多少天，平均到每一天的比较，买名牌显然划算。如："这个产品你可以用多少年呢？按××年计算，有××月××星期，实际每天的投资是多少，你每天花××钱就可获得这个产品，值！"

（4）赞美法：通过赞美让顾客不得不为面子而掏腰包。如："先生，一看您，就知道平时很注重××（如仪表、生活品位等），不会舍不得买这种产品或服务的。"

3. 顾客提出：**市场不景气。**

对策：不景气时买入，景气时卖出。

（1）化小法：景气是一个大的宏观环境变化，是单个人无法改变的，对每个人来说，短时期内还是按部就班，一切"照旧"。这样将大事化小来处理，就会减少宏观环境对交易的影响。如："这些日子来有很多人谈到市场不景气，但对我们个人来说，还没有什么大的影响，所以说不会影响您购买××产品的。"

（2）例证法：举前人的例子、举成功者的例子、举身边的例子、举一类人的群体共同行为例子、举流行的例子、举名人的例子，让顾客向往，产生冲动，马上购买。如："××先生，××人××时间购买了这种产品，用后感觉怎么样（有什么评价，对他有什么改变）。今天，你有相同的机会，做出相同的决定，你愿意吗？"

4. 顾客提出：**能不能便宜一些。**

对策：价格是价值的体现，便宜无好货。

（1）得失法：交易就是一种投资，有得必有失。单纯以价格来进行购买决策是不全面的，光看价格，会忽略品质、服务、产品附加值等，这对购买者本身是个遗憾。如："您认为这项产品投资过多吗？但是投资过少也有它的问题所在，投资太少，所付出的就更多了，因为您购买的产品无法达到预期的满足（无法享受产品的一些附加功能）。"

（2）底牌法：通过亮出底牌，让顾客觉得这种价格在情理之中，买得不亏。如："这个价位是我们店铺的最低价了，之前从来没有这么优惠过呢，您想再低一些，我们实在办不到。"

（3）老实法：在这个世界上很少有机会花很少钱买到高品质的产品，这是一个真理，告诉顾客不要存有这种侥幸心理。如："假如您确实需要低价格的，我们这里没有，据我们了解其他地方也没有，但有稍贵一些的××产品，您可以看一下。"

5. 顾客提出：**别的地方更便宜。**

对策：给出理由，客观分析。

（1）分析法：大部分的人做购买决策的时候通常会了解三个方面的事情，第一个是产品的品质；第二个是产品的价格；第三个是产品的售后服务。在这三个方面轮换着进行分析，打消顾客心中的顾虑与疑问，让它"单恋一枝花"。如："××先生，那可能是真的，毕竟每个人都想以最少的钱买最高品质的商品。但我们这里的服务好，可以帮忙进行××，可以提供××，您在别的地方购买，没有这么多服务项目，您还得自己花钱请人来做××，这样又耽误您的时间，又没有节省钱，还是我们这里比较恰当。"

（2）提醒法：提醒顾客一分价钱一分货，更多关注商品的品质，而不要只顾价格忽略了质量。如："品质和价格您更看重哪一个呢？您愿意牺牲产品的品质，只求价格便宜吗？如果买到了次品怎么办？相信您更信赖我们的品质和服务。××先生，有时候我们多投资一点，来获得我们真正需要的产品，这也是蛮值得的，您说呢？"

> **知识窗**
>
> 销售要做的就是尽力争取客户，要保证不放过任何一个机会。那么，当客户说"别的地方更便宜"时，可以用以下3种方法回复他。
>
> 1. 找到客户需要产品的理由。
>
> 这种情况在现实中并不少见，有些客户在看到喜欢的商品时，不会表露出想要购买的冲动，而是会带着一丝嫌弃的眼神，在那里挑挑拣拣，像是在跟销售人员说这里商品都不行。出现这种情况之后，往往就会迎来客户的问价，也就能听到"别的地方更便宜"这几个字。可以说，这是很多客户惯用的方法，目的就是让销售人员给出最低的折扣，以更便宜的价格购买商品。而同时也能够从这句话中看出，客户心中存在购买该产品的想法。所以在听到这种话的时候，就可以从客户的需求上入手，也就是找到客户需要产品的理由。正常逻辑下，购买商品的时候总会有某些理由，如：天气冷了要买棉衣；天气热了要买防晒霜等。只要能够找到这种理由，自然就能够说服客户成功买下商品。
>
> 2. 突出产品本身的不可替代性。
>
> 作为销售，在售卖产品之前肯定会进行了解，不会出现一问三不知的情况。而要想解决客户的问题，也可以从产品本身出发，对客户进行回复。市面上，相似的产品并不少，但偏偏有些人就喜欢买这个牌子的产品，对于其他牌子连看都不会去看。这就是产品的不可替代性，即使两者之间从外表来看没有什么差别，但对于已经使用过的人来说，却能够很准确地将两者区分开来。所以，销售人员可以从这个方面回答问题，突出产品本身的特点，多讲一些跟产品有关的信息，如：某些方面进行了升级，某些配方进行了修改等。只要能够讲到客户的需求点上，自然就能够使顾客产生购买欲。
>
> 3. 与同类型的商品进行比较。
>
> 当客户提出"别的地方更便宜"时，就可能说明客户已经在其他地方见到了相似的商品，要是你不能说明本店商品贵的原因，就很难让客户做出购买决定。所以，在回复客户的时候，可以将两种产品放在一起对比。虽然很多产品看上去是一样的，但依旧有很多方面不一样。就拿鞋子来说，市面上款式一样的鞋子实在是太多了，但是厂家不同，注定在质量上、脚感上都有着很大的区别。只要能够精准说出鞋子的好处，就有希望说服客户购买本店商品。毕竟，贵有贵的理由，总会有一些地方是不一样的。所以，从这个角度出发进行回复，也是很有效的一种销售方法。
>
> （资料来源：https://www.laakan.com/ganhuo/68209.html）

6. 顾客提出：它真的值那么多钱吗？

对策：怀疑的背后就是肯定。

（1）投资法：做购买决策就是一种投资决策，普通人很难对投资预期效果做出正确评估，都是在使用或运用过程中逐渐体会、感受到产品或服务给自己带来的利益，如："既然是投资，就要多看看以后会怎样，现在也许只有一小部分作用，但对未来的作用很大，所以它值！"

（2）反驳法：利用反驳，让顾客坚信自己的购买决策是正确的。如："您是位眼光独到的人，您现在难道怀疑自己了？您的决定是英明的，您不信任我没有关系，您也不相信自己吗？"

（3）肯定法：值！再次分析给顾客听，以打消顾客的顾虑。可以对比分析，可以拆开分析，还可以举例佐证。

步骤六　积极促成交易

电商客服人员的业绩有很大一部分是看交易量。想要提高客服人员水平，其中一个重要环节就是要学会促成交易，说服客户下单。促成交易的技巧有很多，以下几点是客服人员经常用到的：

1. 利用"怕买不到"的心理。人们经常是对得不到、买不到的东西，越想得到它、买到它。你可利用这种"怕买不到"的心理来促成订单。当对方已经有比较明显的购买意向、但还在最后犹豫中的时候，可以用以下说法来促成交易。

"这款是我们最畅销的了，经常脱销，现在这批又只剩两个了，估计不要一两天又会没了，喜欢的话别错过了哦！"

"今天是优惠价的截止日，请把握良机，明天你就买不到这种折扣价了。"

2. 利用顾客希望快点拿到商品的心理。大多数顾客希望在付款后越快寄出商品越好，所以在顾客已有购买意向、但还在最后犹豫中的时候可以说："如果真的喜欢的话就赶紧拍下吧，如果现在支付成功的话，马上就能为你寄出了。"

3. 当顾客一再出现购买信号、却又犹豫不决拿不定主意时，可采用"二选其一"的技巧来促成交易。比如，你可以对他说："请问您需要第14款还是第6款？"或是说："请问是平邮给您还是快递给您？"这种"二选其一"的问话技巧，只要准顾客选中一个，其实就是你帮他拿主意，下决心购买了。

4. 帮助准顾客挑选，促成交易。许多准顾客即使有意购买，也不喜欢迅速签下订单，总要东挑西拣，在产品颜色、规格、式样上不停地打转。这时候你就要改变策略，暂时不谈订单的问题，转而热情地帮对方挑选颜色、规格、式样等，一旦上述问题解决，你的订单也就落实了。

5. 巧妙反问，促成订单。当顾客问到某种产品正好没有时，就得运用反问来促成订单。举例来说，顾客问："这款有金色的吗？"这时，你不可回答没有，而应该反问道："不好意思，我们没有进货，不过我们有黑色、紫色、蓝色的，在这几种颜色里，您比较喜欢哪一种呢？"

6. 积极推荐，促成交易。当顾客拿不定主意、需要你推荐的时候，你可以尽可能多地推荐符合他的要求的款式，在每个链接后附上推荐的理由，而不要找到一个推荐一个。"这款是刚到的新款，目前市面上还很少见""这款是我们最受欢迎的款式之一""这款是我们最畅销的了，经常脱销"等等，以此尽量促成交易。

实训一　网络沟通技巧模拟训练

随堂测验

一、实训目的

通过本次实训，使学生能够掌握并熟练运用在线接待、电话沟通、E-mail 的沟通技巧，再次梳理和学习在线客服的工作流程和工具使用，提高沟通能力，提高在线销售的呼入转化率。

二、实训内容及要求

1. 学生在教师的指导下，模拟网店客服人员，有效利用淘宝客服沟通工具千牛的功能设置，帮助店铺传达更多正面的、积极的信息。

（1）充分理解并熟练运用千牛签名设置技巧，通过 3~5 条轮播信息，将店铺的文化和品牌、优惠活动、新品到货、真品质量保证等信息充分表达出来，明白好的签名效果有如店铺首页的广告轮播图。

（2）认真研究千牛聊天设置中的功能，如何设置才能帮助我们在日常沟通中提高效率。

（3）充分理解并正确选择千牛客服工作台设置，提高我们回复咨询的效率。

（4）根据所模拟的店铺设计出专业的自动回复、快捷回复话术，以有效优化沟通效果。

2. 教师指导学生分成客户和客服人员两组，一一对应，按照在线接待流程，充分利用表情进行客服接待模拟。

（1）由教师指定商品或学生自由选择某一熟悉商品，买卖双方登录千牛，客服人员充分运用表情技巧和语气词运用技巧进行耐心解答和商品推介。

（2）买卖双方角色互换，并把聊天记录进行复制或截图。

3. 教师指导学生分成客户和客服人员两组，一一对应，进行电话客服模拟训练。

（1）加强标准专业术语的运用，注意避免负面语言。

（2）熟练掌握商品推介时关联销售的技巧运用。

4. 教师布置商业场景，要求以 WORD 文档或 PPT 形式提交至教师，进行一个新品推介或客户维护活动。

三、实训组织

1. 每个学生都进行上机操作，并将设置情况截图或设计术语整理后上交教师。
2. 完成实训步骤后，学生整理客服聊天记录，总结经验和提出问题，并上交给教师。

3. 教师进行点评、总结。

实训二　网络消费者潜在需求沟通探寻及网络消费者类型调查

一、实训目的

通过本次实训，使学生能够将掌握的网络沟通技巧运用到实际中，通过有目的性的网络沟通，找到顾客的潜在需求，针对网络消费者的消费习惯，正确对网络消费者进行分类，并能掌握各类消费者的应对之策。

二、实训内容及要求

1. 网络消费者潜在需求探寻：教师指导学生分成客户和客服人员两组，一一对应，通过网络匿名聊天的方式进行沟通交流，客服人员要了解消费者的性格、爱好、消费习惯等，然后从指定的网店中选择出消费者可能喜欢的商品。

2. 网络消费者类型调查：将学生分成5人一组的调查小组，设计调查问卷，对全校进行过网购的同学的消费特征及消费倾向进行汇总和分类。

三、实训组织

网络消费者类型调查。
（1）全班同学分组，确定队长及队名。
（2）小组讨论后设计出小组调查问卷，问卷内容及目的是对全校有网购习惯的同学进行消费特征和消费倾向调查，并进行分类。
（3）发放调查问卷并汇总结果。
（4）每个小组写出一份调查报告交给老师。
（5）每个小组派出一名代表将调查结果以PPT的方式向全班同学展示。
（6）教师进行点评、总结。

思考与练习

1. 网络消费者包括哪几种类型？
2. 什么是即时服务？
3. 客户对服务的评价体现在哪几个方面？
4. 分析一下作为一个网络消费者，你自己属于哪种类型？你的购买动机一般是什么？你在购物的时候最关注的地方在哪里？

任务实训

正式培训第四天,小李被安排上岗实训。这时候客户服务部刘经理给新人们讲了一个故事,同时告诉小李他们,一家网店的引流方式可以有很多种,但是成交转化的因素无外乎三个:第一个是店铺的营销手段是否有吸引力;第二个是店铺的视觉设计能否让买家浏览起来更舒服;第三个就是销售客服的沟通技巧是否到位,是否可以促使客户来了的就能下单购买,买了的则能买更多。

一、淘宝客服培训、筛选计划(见表4-1)

表4-1

培训内容	培训任务	要求
理论培训	1. 网店客服沟通技巧训练	要始终认识到,企业的目的是赢得客户
	2. 淘宝客服语言规范——客服用语规范化管理	只有服务的不够,没有差的客户
服务技能培训	1. 上机操作,教授简单的店铺推广方式	简单了解,方便进行促销活动
	2. 模拟买家与淘宝店铺卖家聊天	学习总结好的经验
	3. 正式上岗实训	按要求认真完成岗前培训

二、小李的实训内容

1. 客户服务部刘经理的故事:曾经在一个菜市场有两个相邻的肉铺,李阿姨的肉铺总是生意兴隆,而一线之隔的王阿姨的肉铺却门可罗雀。王阿姨觉得自己的商品质量一点儿都不比李阿姨家的差,可自己的回头客却很少。经过长时间的观察,王阿姨发现原来问题出在切肉的第一刀上,李阿姨总是习惯第一刀切得偏少一点,然后再往上加一点,而王阿姨总是习惯第一刀切多一点,然后再往下去一点,虽然最后肉的斤数是一样的,但是顾客会觉得李阿姨比较大方,生怕给的肉斤数不够,王阿姨比较小气,生怕给的肉多了。

这个故事告诉我们,与客户沟通与接待中,我们可以利用一些小技巧去达到目的,而且我们要明白无论是平台也好、店铺也好、管理者也好,给客服人员制定的标准是死的,当在实际工作中有很多东西不可能完全按照买家的要求来满足时,如何让买家在限定的条件内最终能够愉快地接受我们的商品和服务,这需要我们通过学习和实践,提升我们的沟通技巧。

2. 客户服务技巧。在客户服务的语言表达中,应尽量避免使用负面语言,这一点非常关键(如不能、不会、不愿意、不可)。

(1)在客户服务语言中,没有"我不能",当你说"我不能"的时候,客户的注意力就不会集中在你所能给予的事情上,他会集中在"为什么不能""凭什么不能"上。正确方法:"看看我能帮你做些什么?"

(2)在客户服务语言中,没有"我不会做",当你说"我不会做"的时候,客户会对整个企业产生负面感觉,会怀疑企业的能力,认为你在抵抗;我们需要客服人员树立企业形象,而不是来摧毁企业形象。正确方法:"我们能为你做的是……"

（3）在客户服务语言中，没有"这不是我应该做的"，客户会认为客服人员对客户有成见，甚至看不起他，从而怀疑公司的服务可靠性。正确方法："我很愿意为您做。"

（4）在客户服务语言中，没有"我想我做不了"，和前几点一样，都有个"不"字，当你说"不"的时候，与客户的沟通马上会处于一种消极的气氛中，从而让客户怀疑公司的能力。正确方法：告诉客户你能做什么，并且表明非常愿意帮助他们。

3. 淘宝客服语言规范——客服用语规范化管理。

最高标准：微笑服务（从电脑中能看到）、有效解决。

最高原则：让顾客舒心、满意而归。

客服不可用的词语：不能、不会、不愿意、不可等直接否定的词语，如果真的不知道或者不会，要委婉回答，或者问身边同事，切忌直接正面否定，给客户的感受不好。

4. 上机操作，教授一些简单的店铺推广方式。

（1）聊天工具。

①QQ：加人、加群，进行点对点、点对面推广。

②千牛：加人、加群，进行点对点、点对面推广。

（备注：加参与收藏的群，提升店铺的收藏量以及单品的收藏量。）

（2）淘宝帮派。

①在人气旺的帮派中发帖，发帖的内容有针对性地对店铺进行引流。

②人气旺的帖子里面进行跟帖，跟帖内容首先是与发帖者互动，其次是推广自己帖子的地址，或者发布店铺的促销信息。

（3）外网论坛。

①利用百度、谷歌、新浪等大型论坛进行发帖，发帖的内容有针对性地对店铺进行引流，以及在人气旺的帖子里面进行跟帖，跟帖内容首先是与发帖者互动，其次是推广自己帖子的地址，或者发布店铺的促销信息。

②通过新浪微博前期宣传店铺的产品文化，等有一定关注度时，再开始有针对性地对店铺进行引流。

5. 模拟买家与淘宝店铺卖家聊天。小李寻找到金牌客服人员，然后模拟买家与其聊天，也想办法提出一些刁钻问题，学习他如何与买家沟通，取其精华，增强自己的客服沟通能力，从中总结出了很多有用的经验和技巧。

6. 第五天，小李开始上岗实训。

项目五 处理有效订单

如果客户服务的质量不好,所有人的利益都将受到损失。服务质量差会造成无法挽回的损失,服务一般化造成的结果也一样。服务优良意味着将获得更多的利润、更多的乐趣和更大的发展,可以创造更美好的未来。

——利奥纳多·L. 伯利

▶ 知识目标:

掌握订单处理的具体流程,熟悉拣货发货常用工具,掌握高效订单处理的技巧。

▶ 技能目标:

能够独立填制快递发货单,掌握网店管理软件的使用技巧,掌握聊天软件中的分组功能和聊天记录导入导出功能。

▶ 情感目标:

在规范化服务的基础上进一步加强亲情化、超值的服务意识,做到对客户的了解胜于对自己的了解;要在对客户细分的基础上,对不同文化、富裕程度的人提供适合的商品,促进产生有效订单。

任务一
掌握有效订单的处理流程

🔍 任务要点

能够独立完成从订单确认到物流发货的所有流程；掌握订单确认、审核、修改、物流管理、拣货、发货、包装等基本技能，做好沟通时聊天记录的保存。

🔍 任务情境

经过积极努力，小李有了一个比较稳定的客户群，有一天，小李突然发现一个老顾客给了自己一个中评，并且留言说以后再也不会来这里买东西了，小李发了很多短信询问原因。原来这名顾客是一名在校学生，暑假期间在家居住，因为怕父母知道她购买的化妆品价格太贵，这次购物时特别跟小李交代快递产品时里面不要有任何价格信息，但是发货的时候价格信息还是出现在商品包装里，并引发了一场家庭战争，小李也因此损失了一位老客户。经过这次事件，小李期待找到更加有效的方法来处理客户订单。

🔍 任务分析

有效订单的处理是电商企业经营发展到一定阶段后面临的非常重要的课题。在起步阶段，订单量较少，店铺SKU较少，订单核对、修改等事宜不多，发货流程就相对简单。当订单量增大，业务量增大时，店铺SKU增多，商品库存变大，消费者需求多样化，每天修改订单商品颜色、数量、配送地址等问题将大量出现。如果遇到"6·18""双11"等大型促销活动，网店订单量大幅增加，若不能高效地处理订单，导致商品错发、多发、漏发、不及时发等问题大量产生，不但会造成库存商品数量错乱，更会影响到客户体验和店铺信誉，给店铺造成巨大的损失。

🔍 任务实施

步骤一　掌握有效订单处理流程

订单处理，是指企业或个人从接到店铺有效订单开始到发货完成之间的作业阶段。一般而言，订单处理主要包括订单确认、订单审核、订单修改、存货查询、单据处理乃至出货配发等。在电子商务活动中，很少有钱货两讫的面对面交易，大部分交易形式都是客户先下单，企业后配货，因此如何对订单进行及时高效的处理是电子商务需要解决的问题之一。

有效订单是指经过客户二次确认的订单。从法律角度来讲，订单与定单含义不同，定单是指买卖双方对订货数量达成一致协议后，确定供应方应向采购方提供实际应交货数量的一种书面的文件，一般而言具有法律效力，不能随意更改；订单指的是客户的一种购买意向，有可能会出现变化，因此在收到订单之后，发货之前，卖方需要对订单信息进行再次确认，确认过的订单被称为有效订单（一般而言，淘宝或京东店铺的有效订单指的是客户付过款的订单）。

有效订单处理流程（见图5-1）是指订单接受与处理的全过程，也是物流配送的重要流程。在提高客服水平的同时，改善订单处理过程，缩短订单处理周期，提高订单满足率与供货正确率，可以大大降低物流总成本，以确保企业竞争优势。

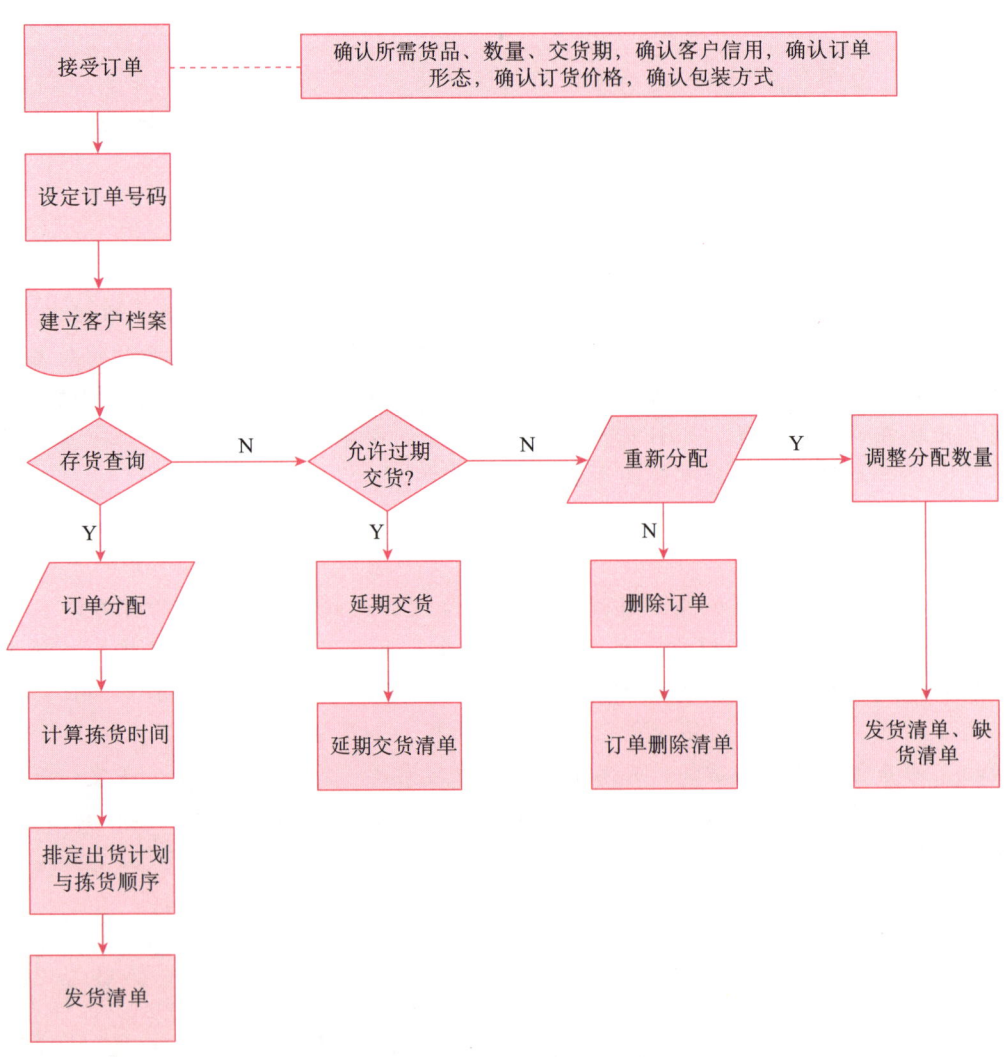

图5-1 有效订单处理流程

（一）订单确认

订单确认是在订单处理乃至整个客户服务中非常重要的流程，但是往往又容易被客服人员忽略，很多客服人员在经历了一系列费尽口舌的商品推荐、斗智斗勇的讨价还价后，容易沉浸在客户终于下单的喜悦中，忘记跟客户进行订单的最终确认，导致产生很多不必要的退换货和差评。

订单确认主要内容有：

1. 确认商品信息，包括颜色、数量等。
2. 确认商品配送信息，包括收件人、联系方式和收件地址。
3. 确认订单价格。
4. 确认包装方式（客户所订货品是否有特殊的包装、分包装、贴标签要求，或有无易腐、或易湿物品在其中）和快递（客户可能有特殊的快递公司选择）。

订单确认可以极大降低订单处理时的出错率，降低店铺经营成本，提高客户消费体验。有客户待支付订单时，订单确认既可起到提醒客户作用，又可起到订单催付的作用。在客户支付完订单时，可通过订单确认，与客户进行交流互动，提升客户消费体验的同时，拉近与客户的距离，方便进行商品、活动的推荐。

在确认订单的时候，要注意一个"KISS"原则（Keep It Short and Simple），也即要保证最终记录的客户信息是简明扼要的（见图5-2）。

图5-2 交易达成前要最后确认（核实）

在为顾客服务的过程中还要杜绝使用一些语言，即服务禁语。服务禁语会伤害顾客的感情，影响交易的达成和服务的实现。

订单确认后，收件人信息、收件地址信息等可直接修改，商品颜色更换等信息可以在卖家备注栏里记录。

> **思想点拨**
>
> 　　对电子商务客服来讲，及时认真的确认订单信息既是品质电商中"爱岗""敬业"精神的体现，也是为客户创造良好消费体验的重要工作。在消费升级的大潮中，重视客户体验，提供优质的客户服务是在消费领域开展"品质革命"的主要途径。

（二）订单登记与订单分配

客户最终确认的订单应登记整理，打印出来方便发货与确认。在网店刚刚起步时，订单登记与分配工作是比较简单的，但是当网店的交易量比较大时，订单登记和订单分配工作就会非常烦琐，此时，很有必要借助网店ERP管理软件协助进行订单登记和订单分配工作，目前常用的 ERP 管理软件有管家婆网店 ERP、网店管家、金蝶管易云 C-ERP 等。

使用 ERP 管理系统可实现商品管理、会员管理、订单管理、库存管理、财务管理等，在订单管理环节，一个 ERP 系统可以同时管理多个网店，实现订单信息修改、审核、合并订单、分拆订单，还可以实现商品库存查询、库存调拨、订单查询、自动发货、销量统计等多种功能。

使用 ERP 管理系统可以实现一些订单异常情况处理（如库存不足）、标注备注内容突出显示、物流公司自动匹配的功能，如图 5-3、图 5-4 所示。在系统中输入客户所购买商品的名称、代码后，系统就查对存货的资料，查看此商品有无缺货，如有缺货就提供商品资料有无替代品，是否已采购但未入库等信息。

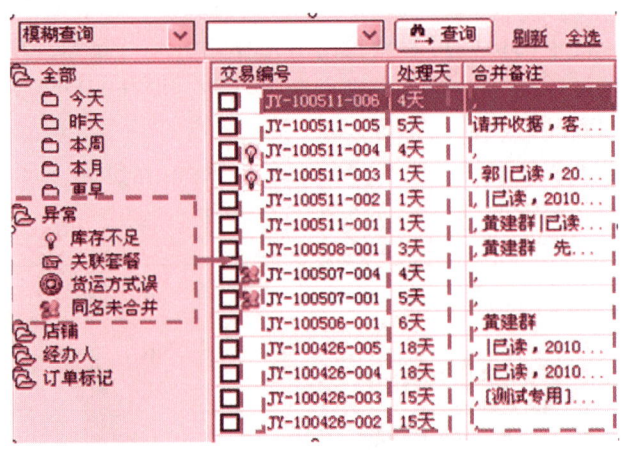

图 5-3 软件中右边是所有的客户订单（出现异常的订单都会用相应的图标被标注出来）

图 5-4 对各地区设置默认优先的快递方式（订单抓取后根据收货人地址来自动匹配相应的物流方式）

做订单登记的时候一定要注意以下几点：
1. 核实货品库存是否足够。

2. 核实物流是否可达。
3. 是否有可合并订单。
4. 根据备注修改订单。
5. 对特殊订单做颜色标记。

订单输入确认无误后，最主要的就是将订单汇总、分类、调拨库存，订单分配方式可以单一订单分配或批次分配。

（三）下单发货

对于使用 ERP 管理系统的情况，一般来讲，客服在与客户交流后会对客户的特殊要求做信息更改或卖家备注，信息更改或卖家备注会自动显示到 ERP 管理系统。仓库管理人员通过 ERP 订单管理系统做订单的审核、更改，然后就可以做配货、打印发货单和快递单，对已经确认登记过的、无异常的订单就可以给客户发货。

对于无 ERP 管理系统的情况，在下单发货前，我们还需要对录入到系统里的相关订单进行审核，一般订单记录的买家 ID 后有一个小图标，可以帮我们再次做订单内容的确认。同时，还可以起到合并订单的作用，有很多客户购物未使用购物车，而是分次拍下来购买或相隔很短时间又进行购买，如果不及时合并订单，就有可能造成分订单发货，导致重复劳动和快递费的浪费。

如图 5-5 所示，同一个买家在同一网店连续拍了两笔订单，所以通过这样确认后就可以保证能够合并订单了。

图 5-5　合并订单

审核无误及合并后的订单就可以进入发货流程。发货流程主要包括货物的分拣、包装、快递单据的填写等，如图 5-6 所示。

1. 货物分拣。货物分拣，是指物流配送中心依据顾客的订单要求或配送计划，迅速、准确地将商品从其储位或其他区位拣取出来，并按一定的方式进行分类、集中的作业过程。有按照订单分拣和批量拣取两种工作方式。

（1）按照订单分拣：目标明确，作业时间短，但在货物品种较多的情况下，拣取路径较长，效率不高。

（2）批量拣取：这种多张订单集中拣取的方式，在固定客户、固定订单的客户分类情况下，有利于提高拣取效率。但需要多张订单累积，所以停滞时间较长。

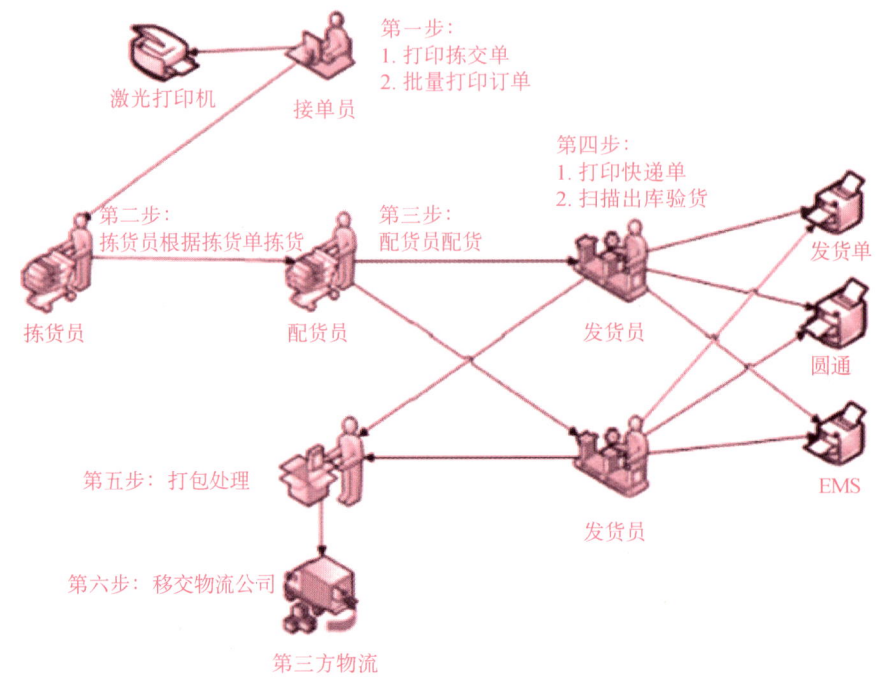

图 5-6 中小型电商企业下单发货流程

包含有机果蔬、肉禽与绿色食品几个大类货品时，更需注意分拣的时效性。可采用订单分拣与批量分拣的综合——复合分拣。根据订单的品种、数量及出库频率，确定哪些订单适应于按照订单分拣，哪些适应于批量拣取，分别采取不同的拣货方式。这就对配送中心的订单处理提出了新的要求，从源头开始进行有效的订单分类（种类、重量），有效地缩短分拣时间。

> **知识窗**
>
> ### 计算订单拣取时间
>
> 订单处理人员要事先计算每个订单或每批订单的可能拣取时间，以便有计划地安排出货先后顺序。
>
> 1. 计算拣取每一个单元（一个栈板、一个纸箱、一公斤或一件货物）的标准时间，且将它设计于电脑记录标准拣取时间档，将此个别单元的标准时间记录下来，就能方便地推算出整个的货物拣取时间。
> 2. 有了单元的拣取标准时间后，可依每品项的订购数量（多少个单元）再配品项的寻找时间，就可计算出每品项的拣取时间。
> 3. 根据每一订单或每批订单的品项并考虑该批订单的标准拣取时间，算出订单的拣取时间。
> 4. 依订单排定出货时间与拣货顺序。

2. 货物包装。在货物分拣与包装过程中，必须注意与客户订单相对照，避免发错货物种类、颜色、码数的情况。分拣包装时可以选择一些对提高效率有帮助的辅助工具，主要包括以下几种，如图5-7所示。

图5-7 常用的分拣工具

图5-7中的三种工具可以通过条形码识别货物的种类、颜色、款项等，避免了打包分拣人员需要拆开包装寻找货物的烦琐工作。

货物打包时一定要注意外包装能够保证货物在物流运输过程中的安全，如果是易压易碎物品，一定要在包装里放入尽可能多地填充材料（如报纸、塑料泡沫等），如图5-8所示。

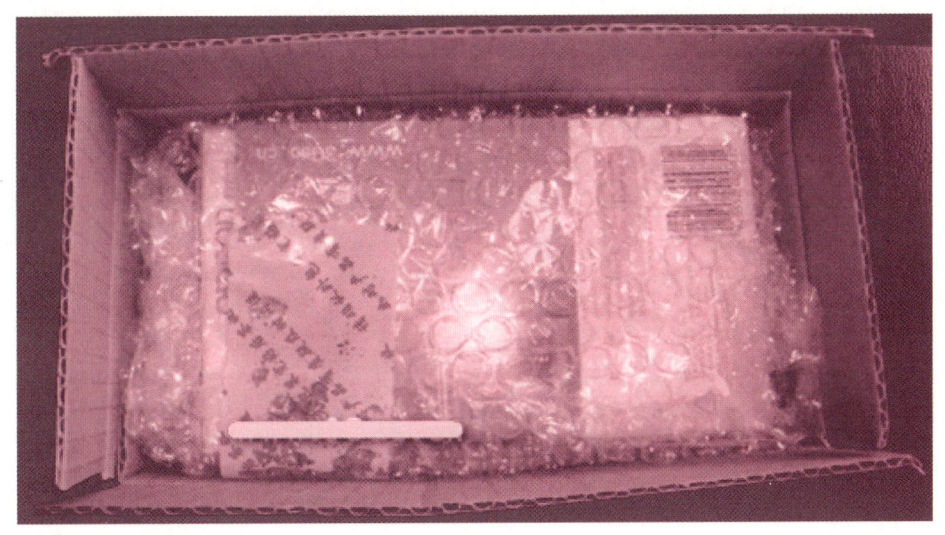

图5-8 装有填充物的包装

3. 订单资料输出。需要打印出的资料包括：拣货单（或拣货单条码）、缺货资料、快递单据。货物打包完成后，要在包装上贴上填写好的快递单据，如果业务量较小，单据可以采取手工填写，如果业务量较大，可以在电脑上设定好快递单据的格式（见图5-9），与订单管理系统链接后进行批量打印（见图5-10至图5-12）。

图 5-9　先在电脑中设置好快递单据的电子格式

图 5-10　在卖家管理页面可选择多个应发货订单（a）

项目五 处理有效订单 149

图 5-10 在卖家管理页面可选择多个应发货订单（b）

图 5-11 选择相应的物流公司

图 5-12 点击"确认"后打印机可自动连打快递单据

以上为订单处理涉及的方方面面。物流在订单执行过程中扮演及时、安全、足额配送的关键角色，并直面门店和终端客户，也是了解客户需求与服务反馈的一个重要信息源。

> **思想点拨**
>
> 客服是最了解客户特殊需求的岗位，比如礼品网店的客户想在商品中放一张贺卡。有些时候客户的特殊需求，客服并不能有效、准确地传达给仓库管理员，这时客服就要辅助仓库管理员，甚至亲自参与到发货过程中来，提升发货效率。突破固有的"岗位限制"，提升客户消费体验，是电子商务客服"工匠精神"的体现。

微课：有效订单的处理

步骤二　了解缺货订单处理流程

（一）B2B 电子商务缺货订单处理流程

缺货订单判别：当企业用户购买的商品数量大于货场存货数量时，将生成缺货订单。

一般确认缺货订单流程为（见图 5-13）：①判别缺货订单；②缺货订单已被受理；③显示缺货订单列表；④向供应商发送缺货信息；⑤缺货订单已被受理。

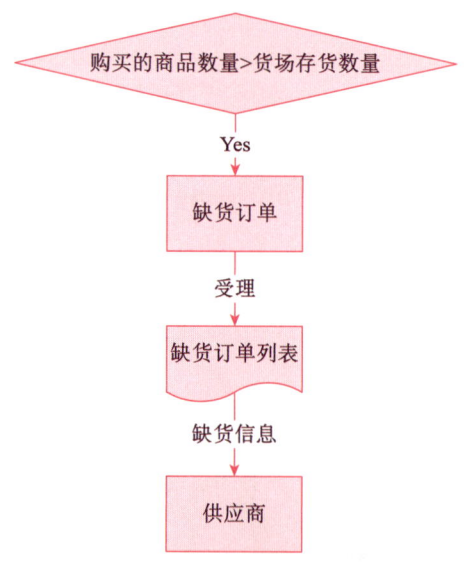

图 5-13　一般确认缺货订单流程

确认订单时，先检查库存是否满足需要，当库存不能满足时，检查在途库存是否能够满足，应考虑动用安全库存，并通知供应商增加商品库存以补足库存。在途库存数量能够满足、但时间不能满足要求时，应通知客户可以满足的最早时间和可靠时间，建议客户分批订货，客户同意先部分交货时，分拆订单处理。当客户需求紧急无法延时时，应作为缺货订单处理（见图 5-14）。

缺货订单处理流程为：①与客户沟通协调交货期、交货数量、交货批次；②给客户重要性排序，分配可以交货的数量，并与客户沟通，维持客户满意度；③对客户急需的产品，通过通知供应商紧急调货、紧急采购、当地采购三种方法处理。

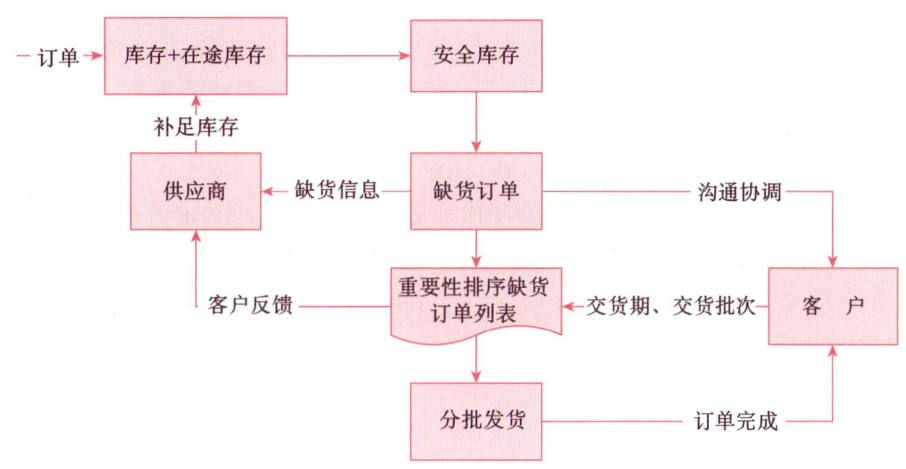

图 5－14　缺货订单处理流程

（二）B2C 电子商务下订单分配后存货不足处理

若存货不足不能满足客户需求时，客户又不接受替代品，则按照客户的要求和电商公司的相应规定，有以下几种处理方法：

1. 重新调拨。若客户不允许过期交货、电商公司不愿失去订单时，有必要重新调拨分配订单。

2. 补送。若客户允许不足部分可以等有货时再交货时，电商公司的政策也允许，则采用补送处理；若客户允许不足订单额的部分或整张订单留待下一次订货时配送的，也采用补送处理。

3. 删除不足额订单。若客户不接受部分出货，或电商公司相关政策不允许分批出货时，则删除订单；若客户不接受过期出货，电商公司也无法再重新调拨时，则删除订单。

4. 延迟交货。延迟交货分两种：一种有时限延迟交货，客户允许在一段时间内过期交货，且希望所有订单一起送达；另一种无限延迟交货，客户允许不论延迟多久交货，希望所有订单一起送达，则等所有订货到达后一起配送。对延迟订单需要有记录存档或单独列项。

5. 取消订单。若客户希望所有订单一起到达，且不允许延期交货，电商公司也无法再重新调拨，则取消订单。

> **思想点拨**
>
> 　　因为库存不准确问题，在网店运营过程中经常出现客户下了订单但商家却无货的现象。出现此情况时，有些客户的心情可能比较失落，甚至会愤怒，这时就需要客服人员能正确地处理此类事件。一方面，客服要有良好的职业素养，耐心倾听、理解客户，另一方面，也需要运用正确的技巧或方法处理、解决问题，比如答应到货后多送客户一个小礼物。

步骤三　了解分销订单处理流程

分销代销有代销采购流程（供应商一件代发）和经销交易流程（分销商囤货销售）两种模式。前者分销商无需囤货，需要供应商一件件发，后者分销商需囤货。对于初创企业或者刚开店铺的个人来讲，一般采用代销采购流程（供应商一件代发）的模式，不用囤货，无库存压力，最大程度地降低了前期的经营风险。

以淘宝代销平台为例，代销采购流程（供应商一件代发）的基本流程如下：

1. 申请成为分销商。申请成为分销商的流程如图 5-15 所示。登录淘宝，进入"卖家中心"，点击"货源中心"下的"淘分销"，然后申请成为某一家供应商的"分销商"，成功后即可把分销商的商品铺货到自己店铺。

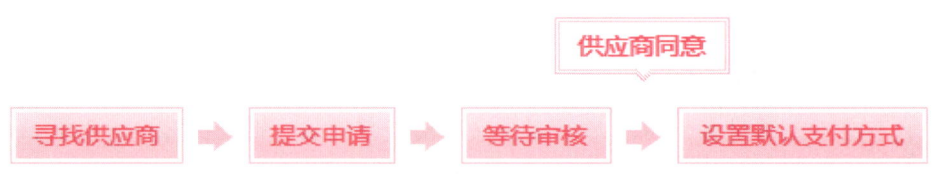

图 5-15　申请成为分销商的流程

2. 订单的处理发货。成为分销商后，交流流程如图 5-16 所示。当有买家在分销商的店铺拍下付款时，系统会自动创建分销商对供应商的采购单，这时分销商需支付货款，供应商负责处理买家的订单，并及时向买家发货。当买家确认收货后，分销商再确认收货，此时分销商的采购流程结束，分销商的订单销售过程也结束。

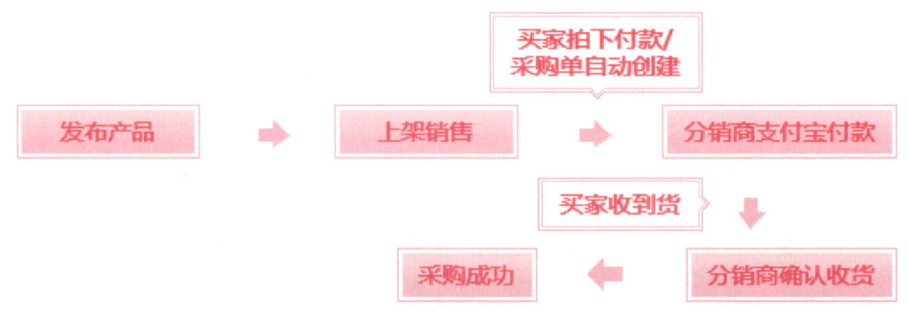

图 5-16　分销商的交易流程

想一想

一般在与买家确认订单时,尤其是一些存在疑问的订单,我们应该遵循一个什么样的基本话术?

任务二
礼貌结束服务

任务要点

能够礼貌地结束交易,做好客户信息整理。

任务情境

小李很积极地向老员工学习各种客服技巧,客户成交量与日俱增。喜悦的同时,小李注意到一个问题:虽然成交量在增加,但是他的回头客却一直没有老员工的多。开发新客户要比留住老客户困难得多,小李一直在开发新的战场,老客户却在一直流失。经分析后小李发现,出现这个问题的原因是跟老员工相比,他没有注意到客户服务中"收"的技巧。

任务分析

在客户服务中,"收"是跟客户接触的最后一步,也是至关重要的一步。如果没有"收"好,很容易让客户产生这个客服人员只是为了销售商品,并不是真心为自己服务的反感情绪。因此,进行电商客服时,一定要注重最后一步的处理技巧,不能虎头蛇尾。

我们要坚持马克思主义在意识形态领域指导地位的根本制度,坚持为人民服务、为社会主义服务,坚持百花齐放、百家争鸣,坚持创造性转化、创新性发展,以社会主义核心价值观为引领,发展社会主义先进文化,弘扬革命文化,传承中华优秀传统文化,满足人民日益增长的精神文化需求。

——引自党的二十大报告

任务实施

步骤一 礼貌告别

礼貌告别,也蕴含着一个重要的技巧,就是"收"。"收"就是在沟通过程中适时地、恰当地对问题进行收尾,暗示客户结束一个话题。无论是否成功,我们都需要用一个完美的

"收"来向客户礼貌告别。

礼貌告别，对于已经购物的顾客，可以预祝合作愉快，请他耐心等待收货，如有问题可以随时联系；对于没有立即成交的顾客，可以祝愿对方购物愉快，并诚恳地表达为他提供服务很高兴的心情，如有必要，可以加对方为旺旺好友，以便将来进行客户管理和跟进。

如果买家表示"再考虑一下"，那么我们应该有礼貌地给买家留出考虑的空间，再加以适当"有更多优惠活动"的心理暗示（见图5-17）。如果需要再次跟进客户，可以停顿10分钟以后，再次联系客户，如果此时客户还是表示"我想想看"，那么这个客户就不要再跟进了，因为可能会导致反感。

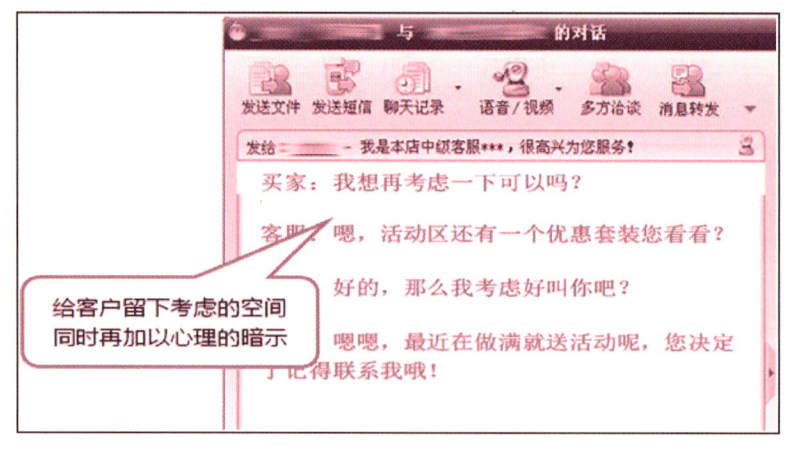

图5-17 未成交的告别

在已经成功交易的情况下，除了与客户确认一些收货信息以外，还可以加上礼貌的告别语言，给买家留下良好的购物体验。"天天在线，随时联系"，这样的词语代表了我们随时愿意为客户提供售后服务的态度，所以礼貌的、优秀的告别可以增加客户感情黏度并降低投诉率。

交流的效果很大程度上取决于对交流对象的了解，了解的程度越深，进入有效沟通的前奏越短，越容易切中对方的沟通目的。但人的记忆力是非常有限的，因此借助阿里旺旺的编辑联系人消息的功能，为交流对象做一些简单的备注是很有必要的。

思想点拨

无论最后成交与否，尤其是对于那些问了很多问题但迟迟不下订单的客户，客服应一视同仁，表现出热情大方，礼貌告别。这既能体现出电子商务客服的职业素养，更能体现出企业文化、品牌形象和优质的服务，给消费者留下美好印象，为以后成交做准备。

> **知识窗**
>
> **礼貌告别时应注意的几点**
>
> 1. 用语礼貌、亲切大度，会给客户留下好的印象。
> 2. 有意向的客户先加为好友，以备跟进。
> 3. 学会将不同的客户进行分组和重要级别的设置。
> 4. 给客户留出考虑的空间，紧迫盯人会适得其反。
> 5. 告别前适度努力，为下次交易留机会。

步骤二　做好客户归类

（一）加买家为好友

一些卖家可能只顾卖商品，没有留意这点，有些买家会主动加卖家为好友，但是有些就直接问卖家一些问题，而没有加卖家为好友。这时我们应主动加买家为好友（只要有买家来询问，都可以加他们为好友），还有一些买家没和客服人员在线沟通就直接拍下了，也应该加他们为好友。这样做的好处是为后续营销铺垫，不管是建立会员群还是活动宣传等，都会有帮助。

（二）对好友分类并建立买家群

可依据与买家沟通的内容，划分为已购买（含金额）买家、未购买买家、询问买家三种类型，为不同的好友做分类，在后续营销中就可以根据不同买家划分的受众群体，采用不同的策略和方式。

也可以根据分类建立会员群、买家群，促销信息、上新等信息可在群内公布，并且学会如何调动群内气氛，一方面为自己的顾客建立了一个交流平台，提高黏性和忠诚度；另一方面也为建立会员制度等后续活动做好了铺垫。

步骤三　做好客户资料整理

（一）聊天记录存档

查看聊天记录是进行有效沟通的基础，将来为顾客提供优质的售后服务也会有回查聊天记录的需要。网上店铺每天在线接待量很大，当我们更换电脑或者 ID 上线的时候，之前在其他电脑或者 ID 上的聊天记录就无影无踪了。如果顾客是不定期、分次来咨询，可能还会因中间一段聊天记录的缺失而影响沟通的效果，因此，不要过于依赖大脑记忆，养成定期保存聊天记录的习惯，会为后续工作提供很大的便利。

另外，网店经营不可避免会遇到各种售后纠纷，比如客户投诉发错货、发错码、发错颜色等。为了准确地划定责任、避免损失，我们需要把与客户的聊天信息进行存档和整理，以便纠纷出现时作为证据。

如图 5-18 所示，聊天记录的存档十分简单，只需在聊天软件窗口点击查看聊天记录，然后点击右上角的导出，将聊天记录存入本地电脑硬盘中。聊天记录最好保存在系统盘以外

微课：如何做好客户归类？

的硬盘中，以免丢失。

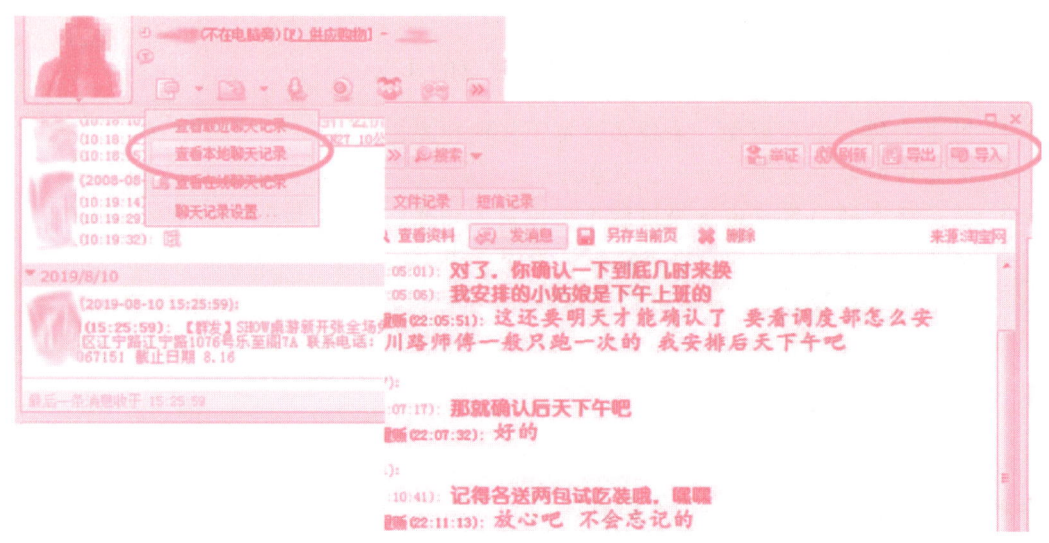

图 5-18 聊天记录的存档

（二）聊天记录的交接

因为网店客服人员大多采用轮岗制度，换班后一定要注意客户聊天信息的记录与交接。如图 5-19 所示，将客户的具体要求与客服人员账号整理成表格，方便发货时进行核对。

日期	店铺	用户名	接待客服	具体问题	处理意见
12月10日	smilewater	sxy_yzl	水水	申通快递到不了客户处，东西滞留在南平，客户明天先自行联系同事帮忙看是否可以自取	如果客户最后还是无法自取，请联系申通尽快退回，看是用的达还是用快邮重新发出
12月10日	smilewater	ananjingji	水水	东西已经收到，要联系售后客服，估计是想讨论赔偿事宜	明天请服务05直接联系她，建议把邮费全部退还给她，并扣除发错货的责任人相应金额
12月10日	smilewater	羽毛知堂	水水	有一个包包有瑕疵，明天拍照片发送过来确认	确认问题后按特价品处理退0.8元差价给客户
12月12日	smilewater	wjbaby5877	susan	【冬季恋歌】其中一张粉色的，有几是有点脏 其余张都有很多线头，MM都不是很满意，可不可以退呢？	等待客户平邮退回
12月14日	smilewater	hen7777		你好，围巾已经收到，基本上没有问题，但是黑色的有2个很大很明显的钩花，就是钩起来	
12月14日	smilewater	风静霭	小月	换颜色，自付邮费，需补发过去的邮费	
12月17日	smilewater	静子9191	susan	围领收到了，颜色不喜欢。是上海的，我寄快递给你，里面放六块钱，然后你再帮我寄回来	客户自付来回运费

图 5-19 聊天记录的交接

不论网店客服是一个人担任在线接待工作还是由多人轮班值守，都要养成定期导出聊天记录的习惯，并将这些聊天记录文件共享给工作伙伴，只要他们在其他电脑上登录沟通工具并导入合并这些聊天记录，就可以随时查到以前的聊天记录，查看以前对此问题是如何回复的、如何承诺的，再次回复或者换岗轮班时就不会产生偏差。

（三）建立客户档案

卖家们应该认真建立客户档案（买家的资料库），及时记录每个成交交易的买家的各种联系方式，并好好地总结自己买家群体的特征，对不同买家进行不同备注。因为只有全面了解到买家情况，才能确保进货方向是买家喜欢的物品，更好地发展市场。

总结买家的背景至关重要，在和买家交易过程中了解买家的职业或者城市等其他的背景，能够总结出不同的人群所适合的物品。购买能力很强的买家更要作为总结的重点，发展这批群体成为忠实买家是我们的最终目标。

建立客户档案应包括：

（1）客户名称、编号、等级；客户信用额度。
（2）客户付款及折扣率条件。
（3）负责开发此客户的客服人员资料。
（4）客户的配送区域。
（5）客户的收货地址。
（6）客户配送路径的顺序。
（7）客户所在地区适合的运输方式、车辆形态。
（8）客户点卸货特点。
（9）客户配送要求。
（10）延迟订单处理方式。

> **思想点拨**
>
> 客服在搜集、整理客户信息时，要特别注意我国电子商务相关法律法规的规定，应当遵守有关法律、行政法规规定的个人信息保护规则，不得违法搜集客户信息，不得将客户信息透露给第三方，以获取非法收益，侵害客户的合法权益。

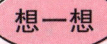

哪些客户信息是需要整理在 Excel 表格中与下一班客服人员进行交接的？

实训一　订单处理实战演练

一、实训目的

通过本次实训，学生能够正确处理网站订单，体验订单确认、拣货包装、快递单填制、物流发货、客户资料整理的具体流程。

随堂测验

二、实训内容与要求

1. 通过教师申请的淘宝店铺或学生自己申请的淘宝店铺，进行一次订单处理模拟。

（1）将学生分为3~5人的小组，熟悉并掌握订单流程，注意对客户的特殊需求进行标注。

（2）体验货物的包装处理。

2. 联系小型电商企业，参观或参与企业真实的订单处理，至少体验一笔订单从确认到发货的流程。

由教师或小组长在淘宝店铺中搜索寻找在本地经营电商企业或个体经营者，通过旺旺与对方负责人联系，参观与体验网店的后台操作流程、发货流程。

三、实训组织

1. 学生以小组为单位，上机模拟购物下单、订单处理。
2. 小组推选代表在课堂上以文字和PPT形式展示成果，评论自己所选择的网店订单处理流程值得称赞的地方与需要改进的地方。
3. 教师点评、总结。

实训二 客户资料整理实训

一、实训目的

通过本次实训，学生能够独立整理网店一天的交易数据，做好存档、记录与分类工作。

二、实训内容与要求

由任课老师提供某网店一天之内客服与消费者的聊天记录，学生查询这些记录后将所有的客户信息、交易信息等整理成Excel表格后交给老师。

三、实训组织

每位学生都要参与，任课老师根据结果给学生打分，并对比点评。

思考与练习

1. 客户明确表示购买意向后，哪些信息是需要向客户询问和确认的？
2. 客户下单后到网店出货前，客服人员需要做哪些工作？

拓展阅读

第五天，小李正式上岗，客户服务部刘经理专门给新人安排了老员工进行帮带。小李的帮带老师热情地给他讲解了一些实际工作技巧，并罗列了一些平时遇到的接单问题及解决方法，特别强调了客服结束时"收"的注意事项。

一、淘宝客服培训、筛选计划（见表5-1）

表 5-1

培训内容	培训任务	要求
理论培训	1. 讲解与客户不发生冲突的技巧	专心对待客户，用心聆听
	2. 结束服务时的事务处理准则及高效处理店铺投诉问题	客户满意度是衡量公司服务水平的标尺
服务技能培训	1. 模拟买家与淘宝同行卖家聊天	（略）
	2. 背诵店铺产品知识	（略）

二、小李的收获

（一）与客户不发生冲突的技巧

1. 不争论、不恶言、不动怒；
2. 不轻易承诺、不食言；
3. 不推卸责任；
4. 不提高说话声调；
5. 不怀疑客户的诚实品格。

注意：尊重客户的人格，从顾客角度出发分析顾客的实际问题，给顾客一定的自主权。请顾客参与共同选择最佳解决途径，让顾客感觉到他的意见得到尊重，尽量用补偿性方法调节与顾客的关系。

（二）罗列平时遇到的接单问题及解决方法（问答）

1. 价格问题。

买家：（1）你们的产品怎么比其他店铺的高出这么多啊？可不是几块钱啊，是几十啊！（亲，一分价钱一分货，我们是厂家直销，品质绝对值得放心哦。您可以看下我们的评价哦。）

（2）你们价格怎么这么便宜呢？是不是正品啊？（是吗？您以前都是在专卖店买的吧？网络销售省去了传统企业需承担的渠道和门店费用，商品价格一般都要比线下优惠，所以现在有越来越多的人热衷网络购物，也挺时尚的哦。我家商品齐全，价格方面也很实惠哦，您可以从容挑选哦。）

（3）下次来会不会优惠点？（我们针对老客户是有会员制度的哦，多买多优惠哦，下次您可要多买两件呀，我家店在整个××行业口碑还是不错的哦。亲，记得多多关注哦。）

2. 运费问题。

买家：(1) 给我包邮嘛，以后还在你家买呢？（亲，我很能理解您的想法，我们的价格都是由直接成本、运营费用、营销费用、合理的利润综合得到的，而且价格是公司统一制定的哦，作为客服我是无权修改价格的，不过您要是拍两组的话是可以免邮的哦！）

(2) 要是不包邮我就去别家看看/你们不优惠点我就再去别家看看？（亲，我们全场××元包邮的哦，您可以看下××产品哦，和您现在看到这款产品搭配起来是黄金搭配的哦，而且正好也可以给您免邮的哦，一箭双雕的哦。）

3. 厂家问题（真假问题）。

买家：(1) 为什么你们一个产品却有两种包装呢？（亲，我们的产品自生产之日起从未更新过产品包装哦，想必亲看的不是我们公司生产的产品哦，您可以放心我们的产品是经过权威机构鉴定的，而且我们是以公司名义开设的旗舰店，我们在工商部门都是有备案的哦，品质值得您信任哦。）

(2) 你们有授权书吗？（亲，有的哦，我们都是厂家直接开设的哦，很多店铺的授权书都是我们给的呢，所以您尽管放心哦。要给客户授权书的截屏或者是链接。）

(3) 你们是厂家价格还那么高，你们的授权店都比你们的价格低多了，这是怎么回事？（亲，您的心情我们可以理解的哦，每个买家都希望用最少的钱淘到最好的产品，这是每一个买家的淘心声。我们作为厂家，首先是产品的品质您可以绝对放心，其次我们的售前售后服务绝对让您满意，再次我们是商城店铺的品质保障及档次，您购买产品时候不能仅看价格，要看其综合的价值哦。）

(4) 为什么我在百度上看到很多有关你们产品是假的信息呢？（亲，我们产品销售这么好，难免有同行恶意竞争，估计诋毁我们呢，这个也正常，我相信您不仅仅只看到了我们的坏吧，应该也有人说我们产品好吧，这个从竞争角度考虑是正常的，我们店都是以公司名誉开设的呢，在工商部门都是有备案的哦，淘宝入驻也经过多重审核通过的，产品的品质您可以绝对放心的哦。）

4. 快递问题。

买家：(1) 你们发什么快递呢？（亲，因为申通的站点最多，我们一般都是发申通，您这边可以到的吧？）

(2) 我今天下单什么时候可以到呢？（亲，您在16：30之前付款我们会在当天发货，快递公司承诺一般是3~4个工作日可以到的哦，亲要耐心等待哦。）

(3) 今天给我发货我就拍，不发货我就再看看，我急着要。（已经过了16：30了，我要和仓库那边核实下看看的，您稍等给您答复哦。备注：一定要和仓库那边核实可以发货后，再和买家说。）

5. 其他问题。

买家：(1) 你们只是网上销售吗？有实体店吗？实体店在哪里呢？（我们在全国各地都有实体店。但是我只负责网上这一块，在您那里线下的实体店我还真不敢确定是在哪里，一般大型××超市都是有的哦。）

（2）好的，我再看下？（给客户介绍了产品知识后客户表示再看看，或者是突然客户就没有信息了，客服可以：亲，是我哪里给您解释得不清楚还是……（您还要再看下呢？／亲，还有什么可以帮助您的吗？）

（三）客服结束事务处理准则及高效处理店铺投诉问题

1. 与客户之间的退换货事宜依"淘宝退换货规则"办理。

2. 决定服务品质的关键在于员工所作所为、言行举止给客户的印象。客户满意度是衡量公司服务水平的标尺。

3. 客户言语犀利、态度强硬者，采取以下方案：

（1）判断并安抚客户情绪；

（2）聆听客户倾诉；

（3）判断是否为我方原因；

（4）表示理解并进行说明；

（5）详细记录整理好并发邮件。

（四）模拟买家与淘宝店铺卖家聊天

用小号与淘宝的同行卖家聊天，温习之前所了解的产品知识，并发挥自己的想象与其同行聊天，掌握更多的产品知识，提高自己的沟通能力，引导自己学习如何与买家沟通。

（五）背诵店铺产品知识

经常背诵和更新店铺商品知识，加强店铺商品熟知度。

项目六 做好售后服务

服务或产品的质量不是你投入了什么，而是从客户中得到了什么。

——彼得·德鲁克

▶ 知识目标：

理解售后服务的重要性，掌握售后服务操作细则，了解客户评价解释的技巧和做好客户回访的方法；熟悉交易纠纷的类型，能够正确规避与处理交易纠纷。

▶ 技能目标：

熟悉日常售后服务工作内容，掌握售后服务的方法和技巧，能够做好老客户的维系；了解常见纠纷类型的特点分析，掌握预防纠纷的方法和发生纠纷的正确处理方式。

▶ 情感目标：

售后服务是一个与人沟通交流的过程，通过频繁的人际沟通，提高自身素质，实现自我价值；提升个人沟通技巧；提升心理承受能力和个人修养。

任务一
进行售后服务及客户维护

任务要点

> 了解售后服务原则,熟悉售后服务的类型和内容,掌握售后服务技巧,能够熟练进行售后服务工作。

任务情境

小李做客服工作有一段时间了,通过努力,也有了一些自己的固定客户。但是他发现,他每月的业绩并不稳定,忽高忽低,而老员工的业绩则比较稳定,在完成每月公司定下的任务后还有所增长。经过仔细观察,他了解到老员工在开发新客户的同时,对老客户的维护工作也没有放松,他觉得这就是他跟老员工之间的差距。但是怎样缩小这个差距呢?

任务分析

售后服务在电子商务中占据重要的地位,售后服务做得好会大大增加返单率,维护一个老客户的成本要远远低于开发一个新客户的成本。优质的售后服务围绕的宗旨是:不能忽略任何一个顾客!只有让顾客感觉受到重视,找到购物的"上帝"感觉,才能使新顾客顺利转化为老顾客。

任务实施

一个完美的销售过程,不仅包括售前服务、售中服务,还包括售后服务,而且售后服务在一定程度上对消费者更为重要。售后服务,就是在商品出售以后所提供的各种服务活动。从销售工作来看,售后服务也是一种促销手段。在追踪跟进阶段,客服人员要采取各种方式的配合步骤,通过售后服务来提高企业信誉,扩大产品的市场占有率,提高销售工作的效率及效益。

步骤一 明确做好售后服务的重要意义

售后服务是整个交易过程的重点之一。售后服务和商品的质量、信誉同等重要,有时售后服务的重要性或许会超过信誉,因为有时信誉不见得是真实的,但是适时的售后服务却是无法作假的。贴心周到的售后服务会给买家带来愉悦的心情,从而成为忠实客户,以后会经常来购买你的商品。

（一）做好售后服务有助于减少客户抱怨

因为对售后服务感到不满而导致的客户抱怨时有发生，造成这种现象的原因，一方面是企业目光短浅，只关心眼前的成交额而对成交之后客户遇到的问题经常不闻不问或不予解决；另一方面则是售后人员没有成交之后的客户服务意识，不能积极主动地在成交之后对客户进行关心造成的。客户抱怨一旦形成，企业就需要花费很多时间予以消除。但是，如果客服人员能够积极主动地为客户提供优质的服务，那么这些对企业极为不利的客户抱怨就能从根本上得到遏制，从而降低客户的投诉和纠纷发生的概率。为了切实有效地减少客户抱怨，客服人员有必要在成交结束之后，继续关注客户的需求，为客户提供更加满意的服务。

> **知识窗**
>
> 研究表明，一个不满意的客户至少会向11个人讲述自己不愉快的购物经历，而这11个人中，平均每个人又会告诉其他5个人。也就是说，一个不满意的顾客有可能带来67个顾客的流失。客户服务方面的研究指出，开发一个客户的费用（广告费和产品推销费）是留住一个现有客户费用的4~6倍。美国营销学家认为，一个公司若能使其顾客流失率降低5%，其利润率就能增加25%~85%。所以，培养顾客的忠诚度，降低顾客的流失率，是企业重点关注的重要问题。

（二）做好售后服务有助于巩固与客户的友好关系

培养客户忠诚度，积极主动地为客户提供良好的售后服务，也是增强和巩固友好客户关系的重要方式，很多企业的优秀客服人员都是通过这种方式获得越来越多忠诚客户的。大多数客服人员都知道，要想长期保持良好的业绩，很大程度上需要一大批忠诚客户的支持，大量的忠诚客户是一个企业利润的重要来源。要想获得大量忠诚客户的长期支持，客服人员就必须不断加强和巩固与这些老客户的友好联系，努力培养客户对企业的忠诚度。这就需要客服人员尽可能主动地为客户提供超出其期望值的优质服务。事实上，很多企业之所以不能与客户保持长期的友好合作关系，其中，客户对于售后服务工作的不满意常常在各项原因中居于主要地位，如果客户在成交之后不能享受到令其满意的售后服务，将大大影响他们今后的购买决定。

（三）做好售后服务有助于增加新的潜在客户

企业在工作过程中为客户提供良好的售后服务，不仅可以获得更多老客户的长期支持，还可以增加新的潜在客户。这些新的潜在客户一方面来自于老客户的介绍，一方面来自于新的潜在客户之前对你进行的各项考察。如果你在成交任务完成之后仍然积极主动询问客户的需求，并且尽最大努力为他们提供帮助，那么老客户就会对你心存信赖和感激，如果他们周围有人需要同类产品，这些老客户会非常主动地将这些潜在客户介绍给你。另外，很多客户在购买之前会对多家厂商在各方面进行综合比较，如果他们发现你与老客户接触时始终能够提供良好的服务品质，那么他们也可能会主动与你联系。所以，积极主动地做好售后服务工作不仅是维持老客户的需要，也有助于增加新的潜在客户，增加你的销售业绩。因此，客服人员必须尽自己最大努力认真做好客户服务工作，而不要把这些必要的工作当作是额外的负担。

（四）做好售后服务有助于公司品牌形象传播

当越来越多的广告宣传充斥在人们周围的时候，消费者似乎并不买商家的账，商家用于广告宣传的良苦用心一律被认为是"王婆卖瓜"——无一能幸免自卖自夸的嫌疑。然而，商家却为此付出了巨大的资源，其中既包括高居不下且呈直线上升的宣传成本，还包括大量的人力和物力。面对广告宣传过程中的高付出、低回报，现代企业不妨利用"口碑传播"的途径在客户之间进行宣传。这样不但可以结合广告宣传进一步增强公司的品牌影响力，而且还可以降低营销成本。更重要的是，良好的口碑形象对于新客户的吸引力大大超过广告宣传的作用。

老客户的口碑是公司品牌形象的最好传播渠道，当客服人员积极主动地为老客户提供优质服务时，这些感到满意的老客户会将他们的感受通过各种途径主动对外宣传，来自老客户的口碑宣传对公司品牌形象的传播可以发挥十分重要的作用。因此，无论从短期效益来看，还是从长远发展来看，企业都应该积极提高整体售后服务质量。

知识窗

为什么要做售后服务？

为什么要做售后服务？就是不要让客户找麻烦，不要让他们给我们差评吗？其实这些是最浅层次的理解，真正的原因是"口碑营销"对电商企业的重要性。现在与一个新客户成交的成本越来越高，我们要做的是对同一个客户进行深度开发，使其能与我们成交多次。好的口碑可以让顾客对我们产生信任，这才是售后服务最关键的因素。提升客户的满意度是我们售后工作很重要的一项工作内容。

"口碑营销"的四个法则：

第一，要有趣。

第二，让人开心。

第三，赢得信任和尊敬。

第四，要简单。

口碑很懒惰，要发挥它的作用，必须帮它一把，要做两件事：找个超级简单的信息，并协助大家分享这个信息（见图6-1）。

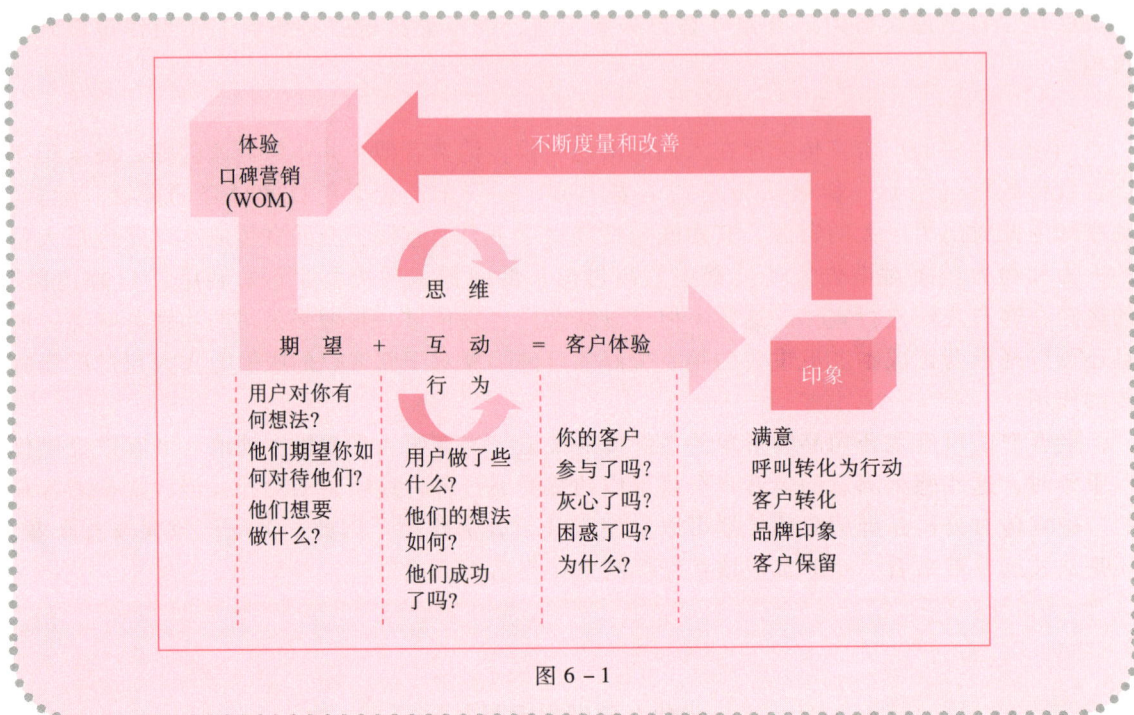

图 6-1

步骤二 把握做好售后服务的原则

无论是售中服务还是售后服务，都强调站在客户的角度考虑问题，将心比心才能更好地为客户服务。要站在客户的角度考虑，就一定要抱着"同理心"去处理问题，在进行售后服务时牢牢地把握住以下原则：

微课：客户投诉的心理

（一）礼尚往来的原则

当我们到水果摊买水果时，这时卖水果的老板会剥一个橘子或者是切一片苹果让你尝一尝。你因为尝了他的水果，可能就会买一斤或是两斤。你到百货公司购物时，有些促销员会请你尝一瓶牛奶，你觉得很不错时，就会买上一大瓶。这就是礼尚往来原则。别人对我们做了事情，使我们也很想替对方做点事。这是一种社会与文化的规范，当别人给我们帮助的时候，我们就希望也能够为别人做点什么来予以回报。同样，我们和顾客达成交易关系时，也别忘了在适当的时机送一些有纪念性的用品或一些小礼品给顾客，顾客会觉得你重视他。当你需要一些信息时，我相信这个顾客也会告诉你，买了你的产品以后，用得怎么样，他也会把一些信息告诉你，同时他也会把你的竞争对手的一些信息告诉给你。所以每次当你帮顾客的忙，那位顾客就会感觉到自己也应该替你做些什么，每当你对顾客要求做个什么让步，顾客内心就会感到对你好像有种亏欠，从而增进你们的关系，就有了做成下一次生意的可能。这叫作"礼尚往来"原则。

（二）承诺与惯性原则

在心理学上，影响人们动机与说服力的一个最重要的因素叫作"承诺与惯性"原则。它是指人们对过去做过的事情有一种连贯性的需求，希望维持一切旧有的形式，使用承诺来扩充观念。顾客有一种什么样的习惯或有什么样的做事方法或处理事务的态度，你就要掌握其习惯、态度，使我们知道怎样更进一步地与顾客相处，以及找到顾客内心需求层次的提升。

（三）社会认同原则

威力无穷的潜意识影响称之为"社会认同"原则。购买某个产品和服务的人数深刻地影响着客户的购买决策。如果你与顾客关系处理得很好，这时公司又开发了一个新的产品，当你告知顾客时，也可以用这种方法告诉顾客："你看我们的产品还没有上市就已经有很多顾客向我们下订单了，你看，这是××报纸对我们这个商品的报道，社会对我们的评价都不错……"当他看到这种商品或者一个信息时，他会觉得"嗯，不错，人家都买了，我也应该买"，这叫作"社会认同"原则，也就是购买某产品或者服务的人数严重地影响客户的购买决策。

（四）同类认同

假如你的顾客是位医生，在使用你的产品或接受服务，如果你给护士推销，护士也可能接受。假如律师使用这种产品，当你向其他的律师再推销这种产品时，其他律师也会接受，这就叫"同类认同"。

（五）使用者的证言

使用者的证言也是促使顾客购买产品的一种因素，将曾经买过我们产品的人或使用我们产品的人的见证告诉顾客，这也是影响顾客购买决定的一种方法。当然，你必须取得一份现有顾客的名单，并询问他们使用我们的产品以后的感受。

（六）喜爱原则

比如某种化妆品，某某明星使用，所以我也想用它。因为我喜欢那个明星，那个明星穿什么样的衣服，我也想买什么样的衣服。目前很多促销广告都找一些名人代言，也就是在运用这种喜爱原则去激发顾客采取购买行动。

（七）友谊原则

客户介绍的潜在客户比全新的顾客更为有利，因为其成功概率是全新顾客的15倍。一个优秀的销售人员知道如何培养他的老顾客，同时也不断地开发新顾客，而开发新顾客，最好的方法就是由老顾客介绍。这种老顾客的介绍，就是人们在运用友谊的原则。

今天的售后服务并不是顾客已经买了你的东西，你去给他做服务，而是在建立一种和谐的人际关系。顾客还没有买你的东西之前，你运用这些原则，是促进顾客更相信你的产品，更相信你；买过产品的人，你也要让他更进一步地与你维持一种相互信赖的关系。

> **想一想**
>
> 售后服务的作用是什么？售后服务的工作包括哪些内容？

步骤三 掌握做好售后服务的方法和技巧

（一）做好物流跟踪

1. 随时跟踪包裹去向。买家付款后要尽快发货并通知买家，货物寄出后要随时跟踪包裹去向，如有运输意外要尽快查明原因，并向买家解释说明。如因客户自身或快递原因，在交易成功前仍无法派送到客户手中的件，处理人员一定要"延长收货时间"，如图 6-2 所示。

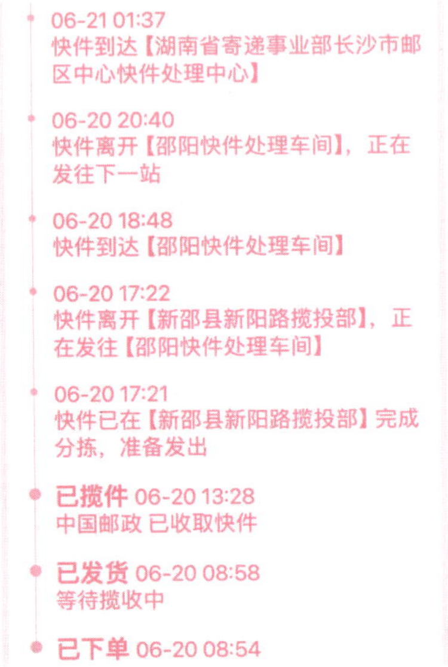

```
• 06-21 01:37
  快件到达【湖南省寄递事业部长沙市邮区中心快件处理中心】
• 06-20 20:40
  快件离开【邵阳快件处理车间】，正在发往下一站
• 06-20 18:48
  快件到达【邵阳快件处理车间】
• 06-20 17:22
  快件离开【新邵县新阳路揽投部】，正在发往【邵阳快件处理车间】
• 06-20 17:21
  快件已在【新邵县新阳路揽投部】完成分拣，准备发出
• 已揽件 06-20 13:28
  中国邮政 已收取快件
• 已发货 06-20 08:58
  等待揽收中
• 已下单 06-20 08:54
```

图 6-2 物流跟踪

2. 及时处理各类快递问题。

（1）疑难件的处理。货品发出后，经常因为这样那样的原因导致无法及时到达客户手中，这被称为"疑难件"，一般会出现客户、快递两方面的原因。

客户原因疑难件，是指因客户信息登记不正确或暂时联系不上客户（如电话无法联系、地址不正确等）导致无法送达的件；快递原因疑难件，是指因快递发错地址、件爆仓、件留仓、客户签收非本人等原因导致无法及时送达客户手中的件。

客户原因疑难件处理：利用一切可以联系上客户的方式与客户联络，如电话联系、短信或旺旺留言等；如果4天内仍无法联系到客户，通知当地快递一周内将货件退回，等客户主动与客服人员联系，确认正确的联系方式及发货地址后重新安排发送。

快递原因疑难件处理：查明原因后，向客户表示歉意，以"不影响客户体验"为前提，协助客户主动进行催件并及时告知客户跟进情况，并跟进至货送到客户手中。若快递长时无法安排送货，及时安排重发，并跟踪原件退回。

（2）破损件的处理。因快递派送途中导致产品破损或破碎无法正常使用的情况，为破损件。处理流程如下：

核实：包裹是否完好、破损程度、破损件数等。

取证：需让客户拍下破损产品细节图（至少2~3张）。

致歉：就因此带给客户的麻烦，向客户表示歉意。

补发：马上安排补发，不影响公司服务。

跟进及记录：跟进至客户顺利收到，并及时录入破损件信息。

（3）丢件的处理。因快递派送途中无法得知快件的去向，且与快递公司核实后确认该快件为在某时间段内无法找回的件，称为"丢件"。处理流程如下：

核实：与快递公司核实确认。

通知客户：第一时间通知客户快件情况。

致歉：就因此带给客户的麻烦，向客户表示歉意。

补发：马上安排补发，不影响公司信誉。

跟进及记录：跟进至客户顺利收到相关商品，并及时录入丢失件信息。

（4）超区件的处理。因仓库发货安排不当或快递送货区域变更导致无法安排送达的快递件，为超区件。处理方案为：安排重发，原件追回；转其他能到达客户手中的快递公司发货；请客户自提。

（二）认真对待退换货

发生退换货时，首先要查明原因，然后根据不同原因区别处理。退换货原因及处理方式如下：

1. 产品质量问题。客户因产品质量要求退换货，要立即核实情况。请客户拍照留证，通过照片判断是否属于质量问题。经确认质量问题属实，要立即退换并对客户致歉，由此产生的邮费由卖家负担。

仅凭照片无法证实是否属质量问题的货品，需对比产生问题产品及同款其他产品。例如，售卖的护肤品出现过敏问题，需了解使用的产品、时间、用量及过敏症状（常规来说，过敏不属于退换货范围）。

2. 快递原因。因物流运输导致破损的货品，经客户拍照证实后，与客户协商退换及邮费承担问题。因快递丢件、服务态度差或者派送不及时导致客户未收到货品而要求退货，应尽量与客户协商避免退货。经协商客户仍要求退货的，如货品已发出，立即跟踪快递退回货品；货品未发出的，指导客户进行退款操作。因快递原因导致退货，由快递承担邮费。

3. 客户原因。为了更好地服务客户，很多电商企业都为客户提供7天无理由退换货服务。由此产生的退换货，需确认退换产品必须不影响二次销售方可退换，并由客户承担产生的邮费。

4. 卖方原因。因客服人员或仓储工作人员造成的货品漏发、错发或缺货，需及时联系客户，告知详细原因，协调处理是否需要退换，经过协调处理仍需退货的，如货品已发出，应立即跟踪快递退回货品；货品未发出的，指导客户进行退款操作。

货品进入退换流程，就要求客服人员在包裹中附张纸条，写明购买客户的注册ID及联系方式等信息，并写明退回原因。不影响二次销售产品返回仓库，产品及时上架并录入库存处理。

（三）掌握退款流程

1. 客户未收到货的申请退款注意事项。若交易还在进行中，因买家或卖家原因需要申请退款，请先查看当前交易状态：

（1）如果交易状态为"买家已付款"，需要在"买家已付款"的24小时后（此时间精确到秒）申请退款。若在申请退款的2天后退款人员未对退款申请进行响应，系统默认买卖双方已按买方的退款申请达成退款协议，按退款申请退款给买家。

（2）如果交易状态为"卖家已发货"，可以立即点击"申请退款"。若申请退款 7 天后，退款人员未对退款申请进行响应，系统默认买卖双方已按买方的退款申请达成退款协议，按退款申请退款给买家。

说明：买家未收到货的退款申请，以订单为单位，每一订单不允许出现部分退款，如退邮费、折扣、抵价券等。

2. 点击发货后，处理申请退款操作流程。以淘宝店铺为例，操作步骤分以下几种情况：

（1）未收到货的退款申请操作流程。

第一步，查看退款申请，路径有以下三种。

路径一：进入"卖家中心"→"已卖出的宝贝"页面找到对应交易，点击"退款处理中"，查看退款详情。

路径二：进入"卖家中心"→"客户服务"→"退款管理"→"我收到的退款申请"页面，找到对应交易点击"查看"。

路径三：登录支付宝网站，进入"我的支付宝"→"最近交易记录"→"退款记录"页面，找到对应交易点击"退款详情"查看，如图 6-3 所示。卖家可以选择同意退款申请或者拒绝退款申请。

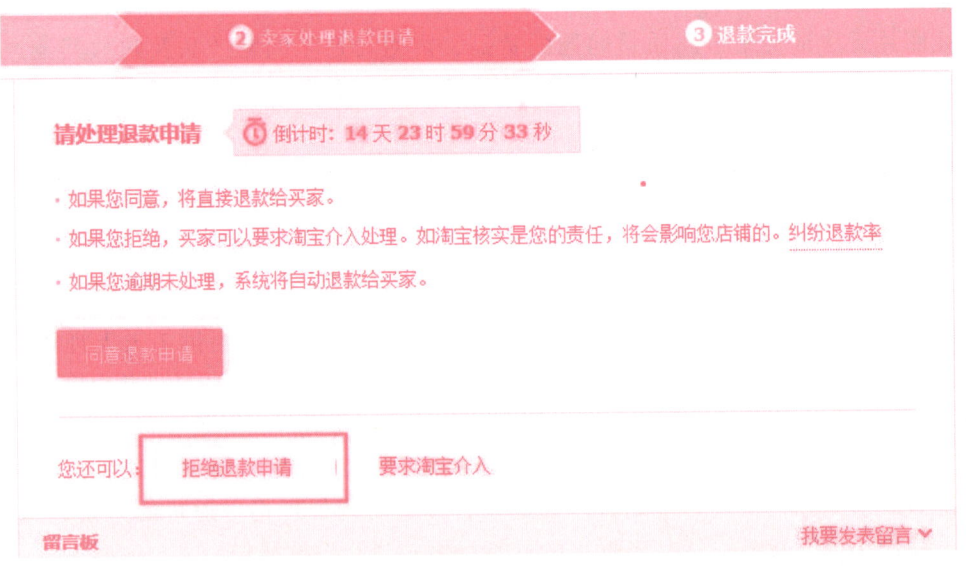

图 6-3　退款管理

第二步，关注退款状态和退款超时，经沟通后买家确定要退款，在退款未超时内，追回快递件后，售后人员审核退款申请无误后，将客户反馈信息记入" ▶ "中，"同意退款申请"，输入支付宝账户支付密码，即退款成功，如图 6-4 所示。

若退款超时内无法追回快递件，先拒绝退款申请，具体操作如下：点击"退款申请"→"拒绝退款申请"，并写明"拒绝说明"及"上传凭证"，点击"拒绝退款协议"，即退款申请拒绝成功；经沟通后，买家不需要退款，售后人员直接"拒绝退款申请"即可，如图 6-5 所示。

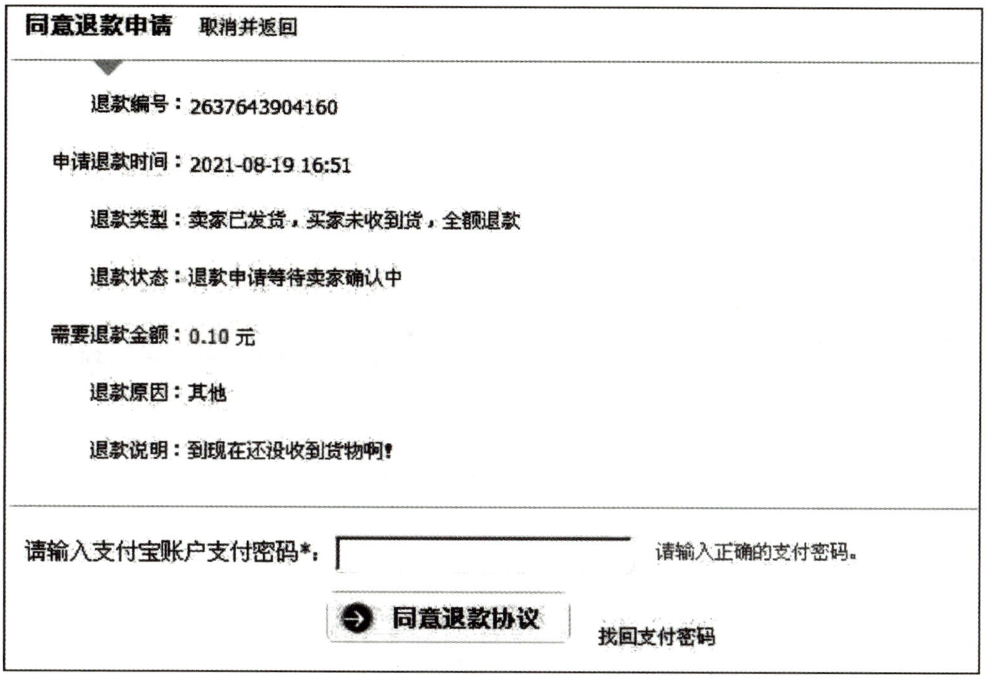

项目六 做好售后服务

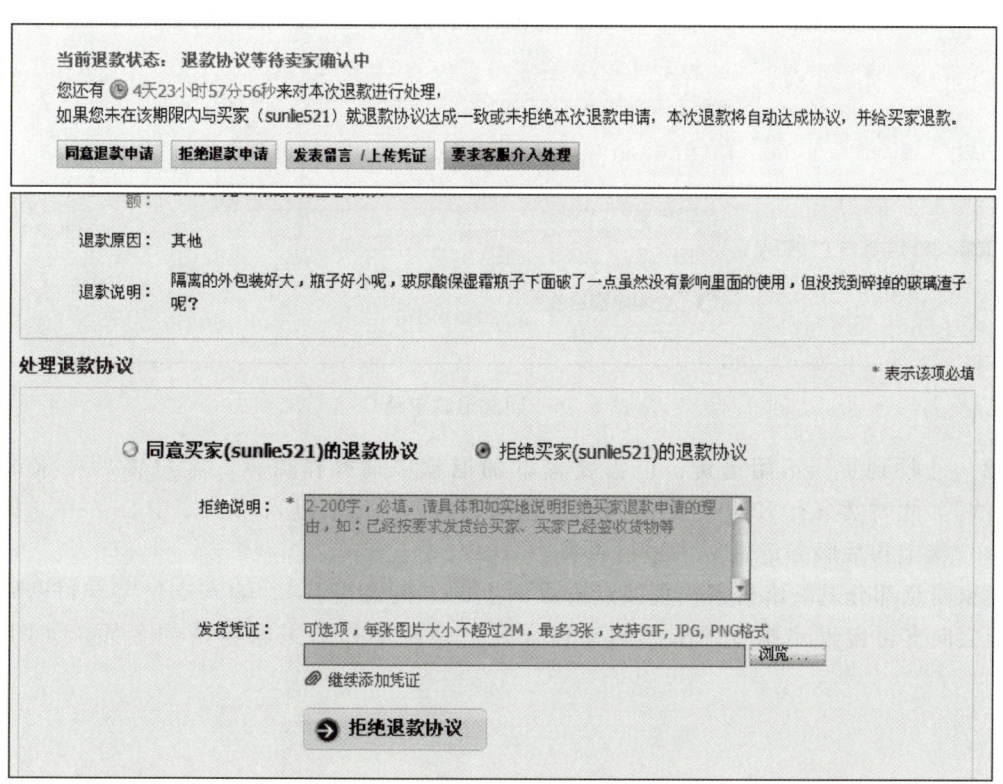

图6-4 同意退款申请

图6-5 拒绝退款申请/处理退款协议

第三步,售后人员确认件完好退回后,在退款未超时内,直接进行退款操作,即退款成功;在退款未超时外,通知客户"修改退款协议",重新递交,点击"立即申请退款",售后人员审核退款申请无误后,将客户反馈信息记入"▶"中,"同意退款申请",输入支付宝账户支付密码,即退款成功,如图6-6所示。

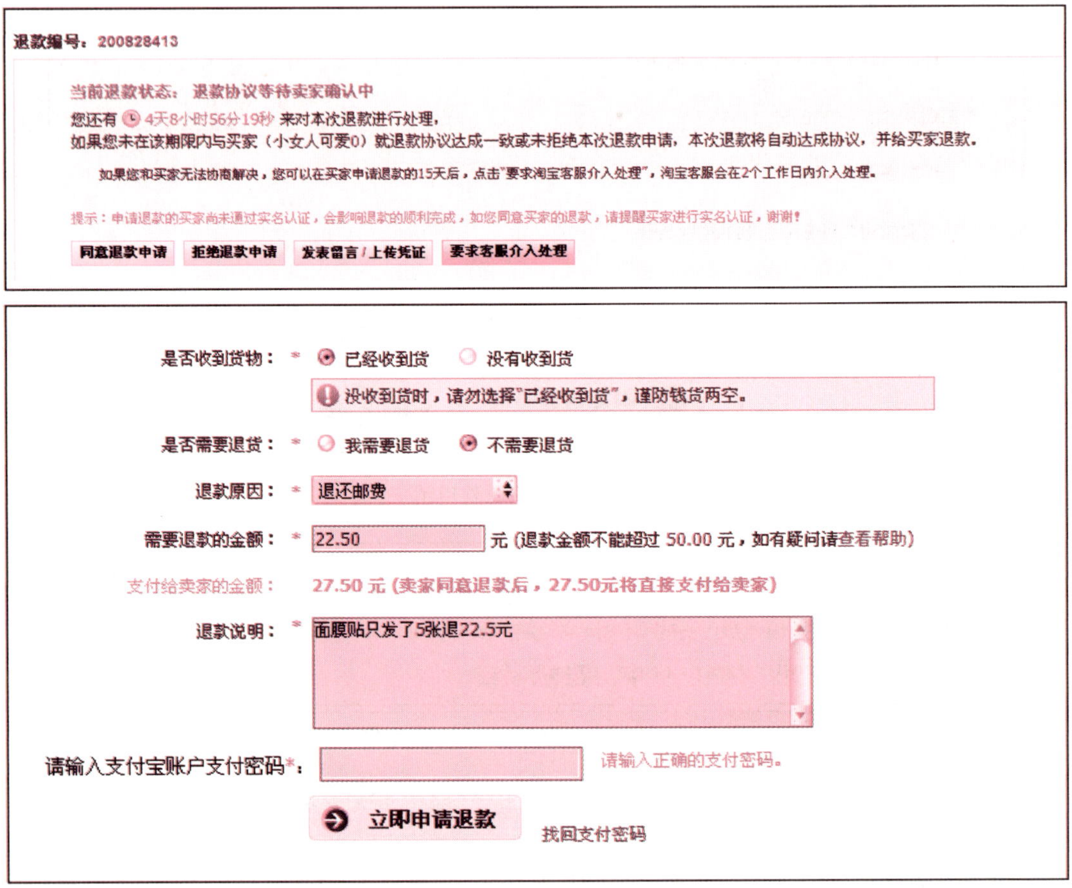

图6-6 同意退款申请

（2）已收到货,不用退货,但需要退款的退款申请操作流程。客户售后要求选择了"仅退款"。此时卖家有72小时的时间和买家沟通协商。可以进入"卖家中心"→"售后管理"→"淘宝售后服务记录"中进行查看。

卖家同意部分退款给买家,直接点击页面上的"同意退款",输入支付宝支付密码,后续系统会向支付宝发出指令,从您的支付宝账户余额中扣除买家申请的金额,如图6-7所示。

项目六 做好售后服务

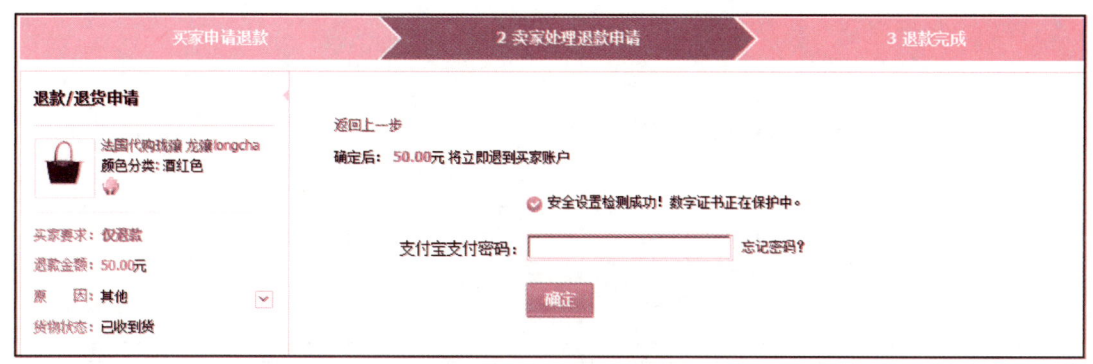

图6-7 同意退款

如卖家对退款申请有异议,点击"拒绝退款申请",输入拒绝理由,来完成拒绝退款申请操作,拒绝退款申请后退款状态变更为卖家不同意协议,等待买家修改,买卖家可以再进行友好协商,如果最终无法达成一致,淘宝小二将会介入进行处理,如图6-8所示。

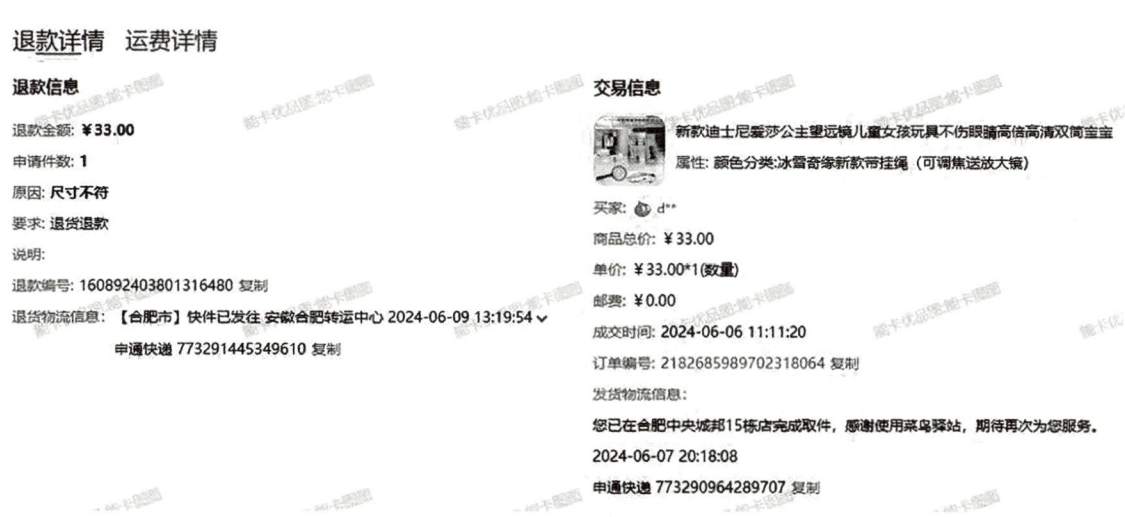

图6-8 等待买家处理

(3)已收到货,需要退货退款的退款申请操作流程。

第一步,收到客户退货退款申请后,进入退款管理页面,找到对应的退款交易并查看退款详情,在退款详情页面点击"同意退货申请",确认退货地址,如图6-9所示。注意:提醒买家必须要在15天内完成退货操作,否则退款将自动关闭。

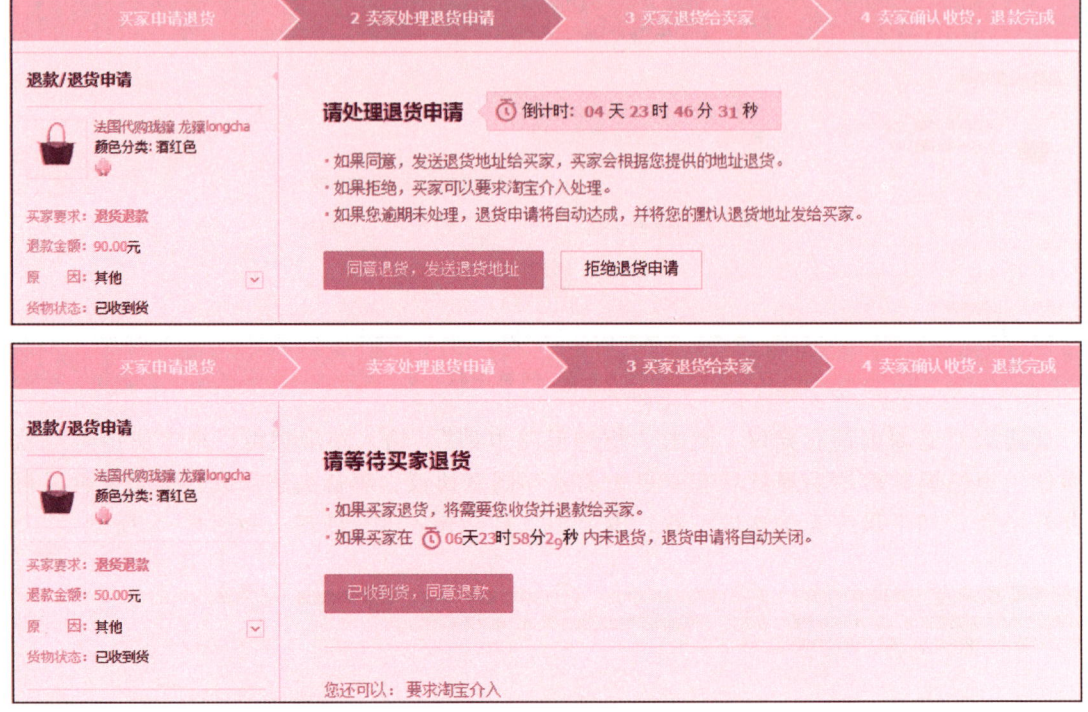

图 6-9 同意退货申请

第二步，收到买家的退货后无异议，可以选择"确认退款申请"，同意协议后，系统会向支付宝发起申请，从您的支付宝账户余额中转移相应的钱款到买家账户，通常需要 5 分钟左右的时间，如图 6-10 所示。

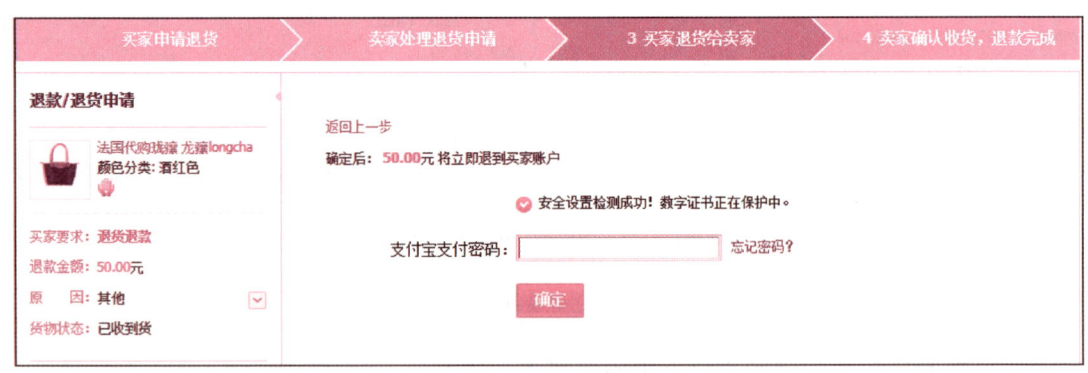

图 6-10 确认退款

如卖家长时间没有收到退货或者收到退货但对退货有异议，建议先联系买家协商处理，未能达成一致，可以选择"拒绝退款"，输入拒绝理由，并完成拒绝退款申请操作，拒绝退款申请后，退款状态变更为卖家不同意退款协议，等待买家修改申请，如图 6-11 所示。

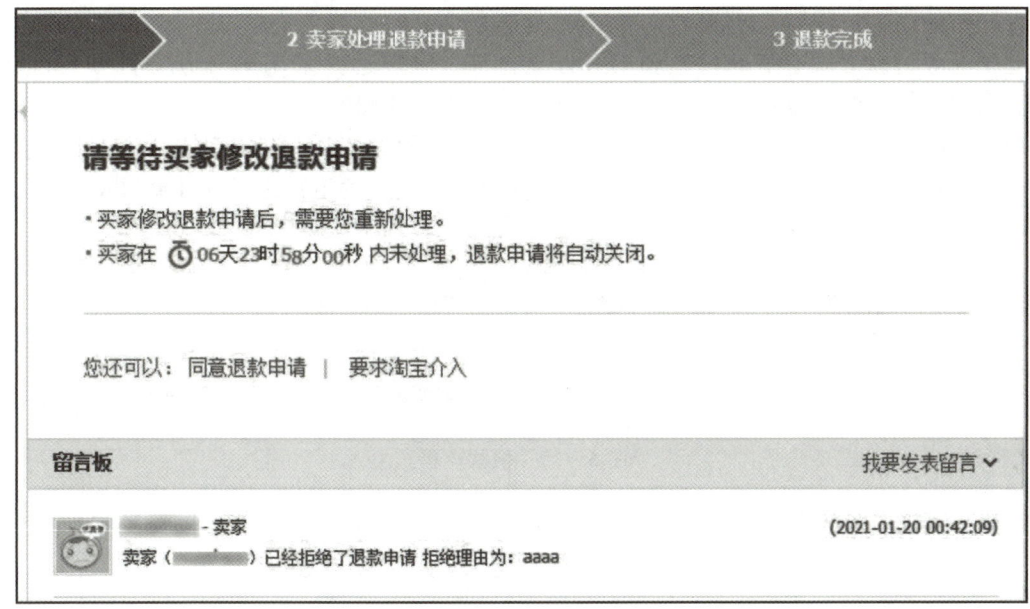

图 6-11 拒绝退款

买卖双方可以再进行友好协商，如果最终无法达成一致，可在维权三天后申请交易平台客服介入，帮助双方协商处理，如图 6-12 所示。

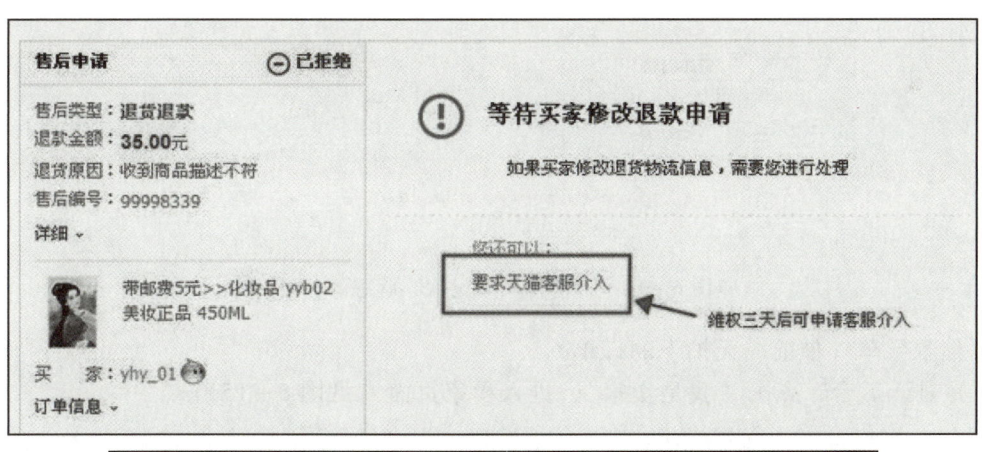

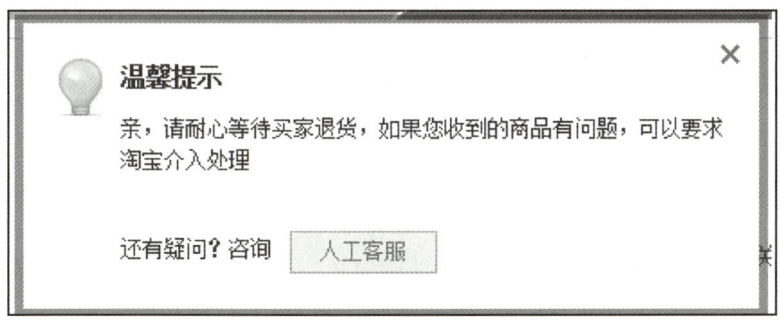

图 6-12 要求客服介入

(四)掌握催款技巧及处理方式

电子商务付款方式有货到付款和第三方支付等。客户选择采用第三方支付方式付款时,可能会出现没有及时付款的情况。这种情况下,该如何处理?

淘宝规则:买家自拍下之日算起,3天之内未及时付款的订单,淘宝系统会在3天后自动关闭交易。除淘宝系统自动关闭交易外,买家和卖家都有取消(关闭)未付款订单的权限。

1. 催款流程,如图6-13所示。

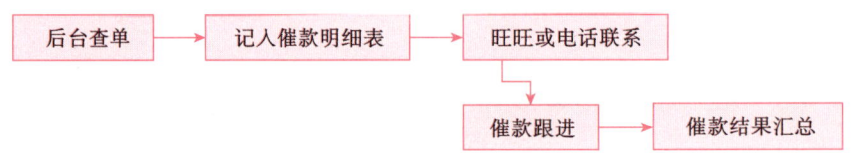

图6-13 催款流程

需催款订单:买家下单后未完成付款,交易为"等待买家付款"状态的订单,如图6-14所示。

图6-14 "等待买家付款"状态的订单

2. 催款导单(催前一天拍下的订单)。

(1)进入后台,点击"我是卖家",进入卖家页面(见图6-15)。

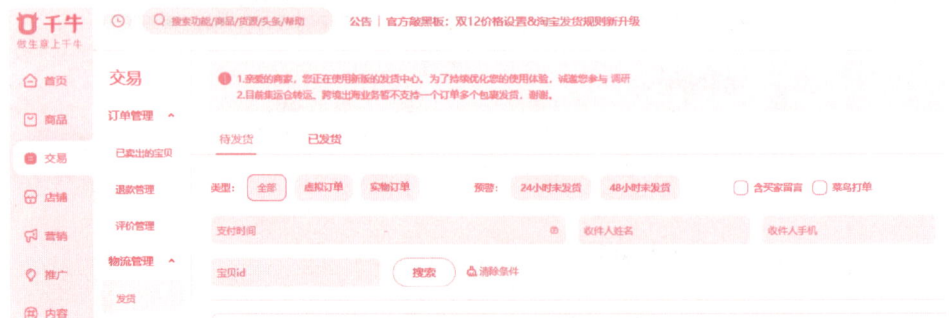

图6-15 卖家交易页面

(2) 在卖家页面点击"已卖出的宝贝"（见图 6-16）。

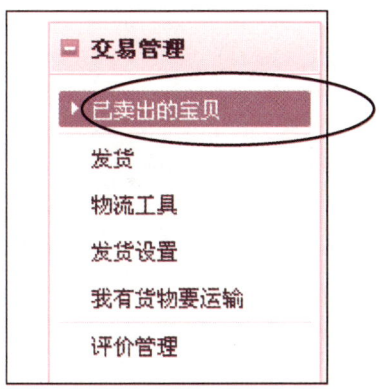

图 6-16 已卖出的宝贝

(3) 在成交时间中选择需要导出的未付款订单日期，从 0 点到 24 点。

例如：需要导出 2021 年 12 月 8 日的未付款订单，成交时间从 2021 年 12 月 8 日 0 点起至 2021 年 12 月 8 日 23 点 59 分 59 秒止，成交时间的设置结果如图 6-17 所示。

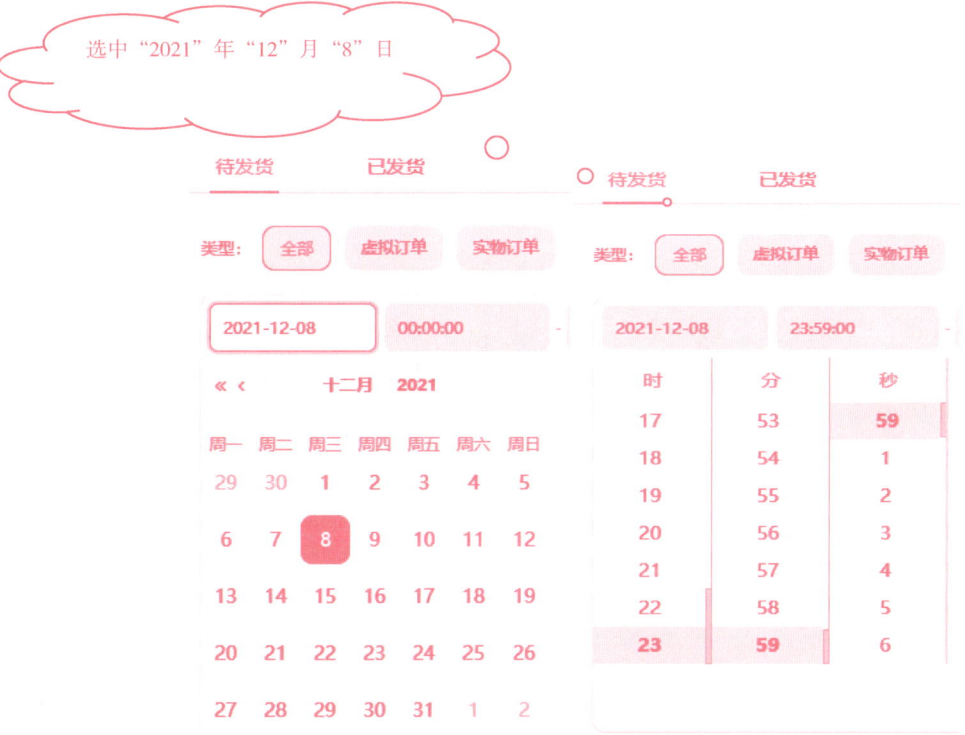

图 6-17 成交时间设置

卖家可以在订单搜索界面直接搜索等待付款的订单，查看未付款订单的情况，如图6-18所示。

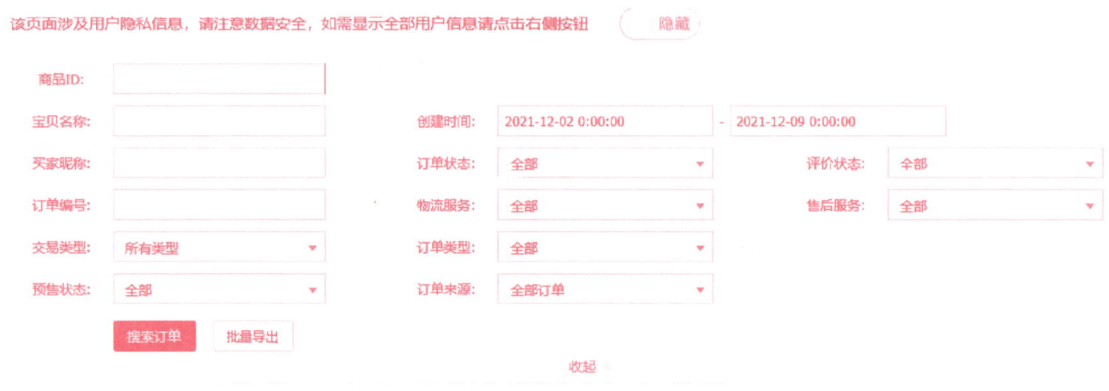

图6-18 卖家订单搜索界面

（4）导出并查看订单详情，如图6-19所示。

图6-19 订单详情界面

3. 催款登记表。

（1）催款明细表。当订单较多时，还可以导出后台订单数据，报表生成后，单击"下载订单报表"按钮即可下载订单。下载完毕，打开文档。买家会员名、应付货款、订单时间、联系电话、收货地址等都会显示在表格中，客服人员可以根据订单信息来进行催付，如图6-20所示。

催款日期	拍下日期	客户ID	订单未付款额	联系结果	是否付款	付款日期	付款总额

图 6-20　催款明细表

（2）催款汇总表格式，如图 6-21 所示。

催款汇总表							
催款日期		处理人员	催款数	回单数	未付款总金额	追回金额	成功率
自	止						

图 6-21　催款汇总表

催款日期：进行催款操作的时间。

处理人员：进行催款操作的工作人员。

催款数：共催款的客户数（1 个 ID 为 1 个客户）。

回单数：催款后完成付款的客户数。

未付款总金额：催款客户的金额总和。

追回金额：完成付款的金额总和。

成功率：追回金额/未付款总金额。

4. 催款跟进。

需跟进订单：联系后表示会付款的客户，需跟进是否及时付款。由于某些原因导致未联系上客户本人，则可考虑之后持续跟进该订单。

跟进时间：未付款交易等待客户付款期限内。

5. 催款方式。

（1）电话联系：为主要催款方式。

（2）旺旺留言：催款跟进后仍联系不上的情况下可旺旺留言。

（3）短信通知：活动量大时未联系上客户本人的情况较多，可通过信息群群发信息。

（五）分析未付款的原因

得到了未付款的订单信息之后，客服人员首先要想一下，客户在下单后为什么迟迟没有付款。未付款的原因可以看作客户遇到的问题，这些问题都需要客服人员去思考。想让客户付款，客服人员要做的事情是解决客户的问题，也就是对症下药。如果只是一味地盲目催客户付款，会适得其反。客服人员看到未付款的订单信息后，首先要做的事情就是了解客户遇到的问题。所有问题都需要客服人员与客户沟通，知道问题所在后再去帮助客户解决问题。最后我们将所有原因都归为两类：一是客观原因；二是主观原因。

1. 客观原因。

客观原因主要包括操作不熟练、忘记支付密码、支付宝余额不足等，针对这些客观原因，客服人员可以采取下面的应对措施。

（1）操作不熟练。一些新手客户对购物流程不熟悉，一般会遇到各种问题，如忘记下载插件、混淆密码等，最终导致订单支付失败。客服人员可以积极、主动地询问客户未付款的原因，并担当起辅导员的角色，引导客户一步一步完成支付。客服人员要熟悉购物流程，并且善用千牛的截图功能，这样可以更加直观地解决这个问题。

（2）忘记支付密码。有些客户会忘记支付密码，并且不知道具体应该怎么操作，因此客服人员需要熟悉重置密码的方法，帮助客户找回支付密码，最终完成付款的操作。

（3）支付宝余额不足。当客户说支付宝余额不足，不能付款时，客服人员可以建议客户使用其他付款方式支付。在付款页面中，选择"其他付款方式"，在弹出的付款方式中可以选择银行支付、花呗支付等。

2. 主观原因。

除了客观原因外，还有主观原因，常见的主观原因有3类。

（1）议价不成功。客户和客服人员对于商品的价格无法达成一致，客户对店铺的商品价格不认可导致最终交易无法完成。客服人员可以采用赠送小礼品或将客户升级为店铺会员来提高催付的成功率。

（2）客户对商品持怀疑态度，对商品不信任导致不敢买。客服人员应该打消客户的疑虑，催促其尽快付款。

（3）另寻商家。这种也是很常见的情况，客户想货比三家。客服人员可以从本身以及服务上寻找差距，将这些差距展现给客户，为本店商品加分，促使客户付款。

思想点拨

在催付过程中会发现还有很多原因，不管出于什么原因，客服人员都要做到耐心、细心、真心、热心，去想办法帮客户解决问题。

(六)应对未付款的方式

客户没有付款的原因我们基本上都已经了解了,但是每个客户未付款的原因不一样,如何知道客户未付款的原因是什么呢?首先,可以从客服人员与客户沟通中发现原因;其次,对于从聊天记录中找不出答案或静默下单的客户,客服人员可以用主动出击的方式来找到客户未付款的原因,从而采用前文讲到的方法来促使客户付款。

1. 查看聊天记录。

在之前的天记录中看看能否找到客户当时未付款的原因,如果能找到原因,客服人员就对这个原因做出反应。

2. 主动出击。

当客户拍下商品没有付款并且也没有聊天记录时,客服人员就需要主动出击了,主动出击要靠客服人员主动与客户沟通。客服人员主动沟通时说的第一句话有很大的讲究,很多客服人员找到订单后,会直接跟客户说:"您好,您在我们店里拍下的商品还没有付款呢,请您尽快付款哦。"或者说:"您好,您在我们店铺购买的商品还没有付款,请问是什么原因呢?"这样说的效果一般,客户可能根本就不会理会客服人员。那么客服人员应该怎样说,才会对客户产生吸引力呢?下面列举了与客户沟通的方法和技巧。

技巧1:制造紧迫感。

制造紧迫感是指客服人员告诉客户,如果他们现在不付款,可能会失去某些利益,这样必然会使客户产生或多或少的紧迫感,从而快速付款。

客服人员可以用发货时间来促使客户付款,如"您好,亲,您在我家拍下的商品,在下午5点前付款,当天就可以发货哦,我看您的收货地址就在本省,这样明天就可以收到并使用了哦。"很多客户都希望能早点收到商品。这样一来就给客户制造了一种紧迫感,从而促使客户付款。

除了发货时间,还可以用库存告急来促使客户付款,如"恭喜亲抢到了我家宝贝,但是您选择的这款宝贝现在库存不多了,如果不尽快付款的话,宝贝很可能会被别人抢走哦。"在很多情况下,客户会因为担心买不到自己心仪的商品而立刻付款。

另外,还可以使用活动截止时间来提醒客户尽快付款,如"亲,您拍下的宝贝是我们感恩回馈的活动商品,活动将在明天结束,届时商品都将恢复原价哦。"

技巧2:享受特权。

享受特权是指让客户享有某些优惠,从而促使客户快速付款。

很多时候,客户都是第一次来店铺购物,客服人员可以用首次购物优惠或者赠礼品的方法来催付,如"亲,您是第一次在本店购物,我们给每一位新朋友都准备了一份精美的礼品哦。"在这里不用提付款一事,客户看到了自然会想起这笔订单还未付款。

也可以使用第几位客户享受优惠的方式,如"亲,您是本店本月第300位客户哦,我们店逢百的客户会享受一定的优惠,机会不容错过哦。"在这种情况下,客户会觉得自己运气好,不想错过这次机会,从而付款。

此外,如果是光顾店铺两次以上的客户,也可以为其准备老客户专享赠品,如"您好,亲,感谢您再次光顾我们小店,我们为您准备了一份礼品,这是我们的一点心意。"

这样不但起到了催付的作用,而且加深了客户对店铺的印象。

技巧 3：进行信息核对。

信息核对是指在发货前，客服人员需要与客户进行订单信息的核对，这个动作也可以在客户拍下商品付款前进行，这样不仅可以核对信息，还有提醒客户付款的作用，很多客户在淘宝购物时，会有多个收货地址，在不同的购买时间或者购买不同的商品时会使用不同的收货地址，这样一来就会发生客户拍下商品后没有选择正确的收货地址的情况。如果不进行信息核对，等货物发出去后，客户不能顺利签收，就会严重影响客户的购物体验，还会出现更多的售后问题。

客户拍下商品后，除了收货地址会选错外，拍下的商品也可能选错，如果没有及时发现，同样会产生不必要的麻烦与损失。因此客服人员可以采用信息核对的方法提醒客户核对订单信息，如"亲，您在我们店拍下了一件 XL 码的红色短裙，地址是×××，您核实一下哦。"

（七）及时做好客户评价和解释

评价是买卖双方对购物过程的一个综合看法，也是潜在买家参考的一个重要因素。好的评价（正面评价）会让买家放心购买，差的评价（负面评价）会让买家望而却步。

交易结束要及时做评价，不论买家还是卖家都很在意自己的评价。评价关联着信用度，而信用至关重要。及时在完成交易后做出评价，会让其他买家看到自己信用度的变化。有些买家不像卖家那样能够及时地做出评价，可以友善地提醒买家给你做出如实的评价，因为这些评价将成为其他买家购买你物品前重要的参考。

评价还有一个很重要的解释功能，如果买家对你的物品做出了不公正的评价，可以在评价下面及时做出正确合理解释，防止其他买家产生错误理解。

1. 正面评价。有的放矢地选择一些特别好的正面评价来回复，以提醒其他客户关注到这条正面评价，而且这类客户的特点一是乐于分享，二是有成为忠实客户的潜力，如果多一点鼓励和关怀，他们将成为我们最好的口碑营销载体，如图 6－22 所示。

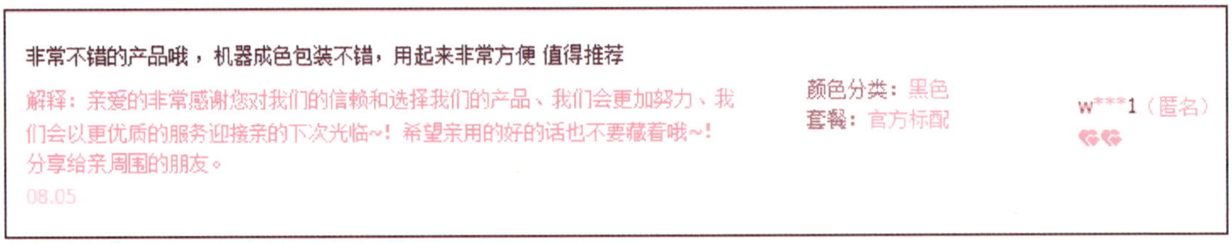

```
非常不错的产品哦，机器成色包装不错，用起来非常方便 值得推荐        颜色分类：黑色        w****1（匿名）
解释：亲爱的非常感谢您对我们的信赖和选择我们的产品、我们会更加努力、我      套餐：官方标配
们会以更优质的服务迎接亲的下次光临~！希望亲用的好的话也不要藏着哦~！
分享给亲周围的朋友。
08.05
```

图 6－22 正面评价的回复

要注意的是，每天产生大量的新评价，一些好的正面评价很容易被淹没。但是如果可以写一些有质量的评价解释，那么有回应的这条正面评价就会特别醒目，也更容易让后面的买家看到这个评价。

2. 负面评价。剖析评价问题，实际就是一个沟通的问题。对于评价数量较多的卖家来讲，出现中、差评具有一定的概率性（产品、服务质量与中、差评产生概率成正比关系）。所以，作为售后人员要看淡这个问题，把这个问题正常化。需要明白自己所处的环境和所站的角度与购物的买家不同，要能够理解对方给中、差评的心态，不要把对方也当作一个从事电子商务工作的专家。

根据实际经验来看，给予中、差评的90%的买家都有自己的理由。至于原因，站在卖方的角度未必能够理解。需要提醒售后人员的是：要站在对方的角度上来看售后服务，而不是站在自己的角度上考虑买家的问题。如果能站在买家的角度上，很多问题会被简化，90%的中、差评全部都可以通过沟通的方式来解决。也就是说：如果在售后服务中用心、花心思和精力去做好沟通，要得到99.90%以上的好评率不是一件难事。

（1）评价解释的处理技巧。

第一，是主动。出现评价后，第一时间线上联系或打电话过去最为有效，尤其是对那些在评语中反映的问题不大的评价，往往事半功倍。一方面，这个事情买家还没忘记，可能他刚刚评价完毕，如果运气好的话，他的旺旺很有可能还在线。另一方面，问题不大的评价，客服人员很快把电话打过去，对方会觉得他的事情很受重视。

第二，是热情。这些热情体现在与买家的所有沟通过程里，要学会与给出负面评价的客户积极沟通、真诚道歉，并且给出一些补偿性的解决方案。例如，要热情地根据买家以往的购买记录，向对方推荐一些近期的新品或者畅销品；挂电话时，要热情地邀请买家再次光临。售后服务的最高境界为：改善评价不是目的，只是结果。所以，具体和买家之间谈什么并不重要，关键是要有的谈，要让对方感受到售后服务的真诚、热情，最佳结果是取得谅解。图6-23中所示为客服人员热情回复顾客询问的具体示例。

图6-23　热情的回复

第三，是锲而不舍。很多情况下的中、差评问题不是通过一两句话或者一两个电话就能沟通好的。在这种情况下，一方面要站在客户的角度上，替他解决问题，让他满意；另一方面售后人员必须保持坚持不懈的信念和足够的耐心，真诚地去感动对方，让他明白我们的做事态度和责任意识。

（2）做评价解释时注意的问题。

第一，评价解释属于公开信息的展示，而不是与一个客户之间的私密对话，最重要的是展现给其他客户看，所以一定要注意专业形象。

第二，文字要多才能引人注意，字越多、占的位置越大，才越显眼。特别是在处理一些写得很详细的负面评价时，也要有针对性地解释得更周全、具体，同时还要注意礼节（见图6-24）。

图6-24 负面评价的回复

注意：一般情况下买家的负面评价可能有点过激，那么就要更加礼貌周到地做出解释，以显示出鲜明的反差。

第三，要注意遵守网站的相关规则，不能公布买家的地址和联系方式，要保护好客户的隐私。

> **知识窗**
>
> **处理中、差评的操作技巧及问题应对**
>
> 1. 刚刚收到了中、差评，怎么处理？
>
> 在新评价中，如果问题描述得比较简单，在第一时间联系的效果最好。此时联系买家也是最佳时机，如果拖的时间比较长，很容易出现联系不上买家的情况。
>
> 在新评价中，如果问题描述比较严重、误会也比较深，间隔24小时后再联系买家沟通比较好。
>
> 2. 历史评价的处理方式。
>
> （1）超过6个月的历史评价，怎么处理？
>
> 可以在新品上架、活动及促销、店庆等机会邀请买家再来店铺看看，最好能附带小礼物，这样可以通过发给买家旺旺活动链接、礼物链接的方式，来确定买家旺旺具体上线时间。

（2）超过 1 个月的历史评价，怎么处理？

处于这个阶段的买家大部分情绪已经很稳定。通过电话说明因多次联系对方都没有联系上而表示歉意，希望通过下次包邮、赠送小礼物的方式来尽量补偿买家，让对方感到被重视和满意。

- 注意：超过 1 个月的评价，沟通时可以直奔主题地表达出自己的意思。
- 切忌：超过 6 个月的评价，只谈以后的合作，不要帮助买家回忆以前不愉快的经历。

3. 买家同意更改评价，但却一直没有改，怎么办？

有经验的售后服务都会有这样的经历：很多买家在电话中同意帮助更改评价，但不知什么原因一直没有更改。实际上，95%买家都会在电话中同意更改评价，但真正能更改评价的可能只有一半左右，剩下的一半就是我们需要解决的难题。让买家更改评价的关键在于"旺旺在线"，如果对方旺旺不在线，就算你再多打几个电话，多发几个消息，也没有用。因此，更改评价的关键点在于：旺旺上线。只要旺旺上线，接下来的事情就好办多了。

（1）将所有中、差评的买家都加为好友，并进行分类整理。中评买家、差评买家、已撤销买家、同意撤销评价买家等。只要买家一上线，就可以看到他的状态。处理结束后，然后再转到别的子组即可，分类清晰，一目了然。

（2）强化买家的时间观念。与买家的沟通中尽量不使用"明天""后天""下午""早晨"等时间不明确的词汇。一定要确定时间，多使用"明天早晨 11：30""今天晚上 8：25"这样具有确定性的词汇。

（3）买家同意修改评价后，立即发送一条旺旺信息，将更改评价的详细方式给买家发送过去，方便买家操作。鉴于很多新手买家对淘宝不熟悉，最好附带一个更改评价的图文链接。

（4）如果买家旺旺一直没有上线，或者上线后并没有更改评价，建议不要直接打电话催促买家。换一种方式，例如短消息给买家："××先生，您好，我是上次电话联系过您的××店，您上次承诺帮助我们修改评价还没更改呢，我把更改评价的方法通过旺旺发送给您，更改方法很简单，谢谢。祝您今天好心情。"也可以使用淘宝站内信等其他方式。

（5）以发送礼品链接、促销链接或者推举产品的方式，吸引买家上淘宝旺旺。

- 手机短消息是一种非常实用的工具，相比旺旺或者其他网络工具更具亲和力，推荐使用。

4. 如果中差评最终不能撤销，怎么办？

以平常心和乐观的心态去看待中、差评是淘宝优秀卖家应该具备的基本素质之一。

试想：如果得到了一个中、差评，我们无法联系到买家或者对方不同意更改，我们的解释为："亲爱的买家×××，您好。这次购物让您感到不满意，我们感到非常抱歉。我们分别在 10 日 11：15、晚上 8：25，11 日的 10：30 给您打了电话，并多次给您旺旺留言。很遗憾，最终我们还是没能联系到您，也没有听取您对我们产品和服务的建议。我们查阅了和你的聊天记录及听取了客服人员的反馈，也没有发现问题所在。如果您看到了我们这段话，请您上线后联系×××账号，我们的主管将亲自接待您，我们愿意虚心听取您对我们的建议。中、差评对买卖双方的信用都有影响和伤害，您一定也不愿意这样，我们真诚地期望和您化解误会。近期我们会有新品发布，真诚地期待您再次光临，并热烈欢迎您。"

如果卖家的解释非常强硬，会降低后来买家的购物安全感，失去信任。如果你是买家，看到一个充满挖苦、冷酷的解释，和上面的那个解释相比，您愿意去哪家店呢？

- 善于使用解释，以乐观的心态对待中、差评，不仅不会丢掉生意，也许你还会因此赢得顾客。

5. 如何减少和控制中、差评出现的概率？

提高我们的产品质量和服务能力远远要比解决中、差评重要得多。同时，我们自己也需要正确看待中、差评问题：每一个中、差评都最为客观、最为直接地反映了所在店铺的问题，我们应该认真总结其产生的原因，虚心接受顾客最直接的意见，不断改善工作环节、服务的质量，把它当作催促我们前进的"催化剂"。

步骤四　维系好老客户

开发一个新客户的成本等于留住八个老客户的成本。对于卖家而言，老客户不仅重复购买的开发成本低，而且对企业的品牌与产品认同感强，订单价高；因为对企业认同，沟通更加顺畅，即使有服务不到位的地方，客户也能够理解；还有很多客户带来很好的口碑传播效果。所以，维护好老客户的关系可以达到事半功倍的效果。

（一）影响老客户重复购买的因素

经过总结，客户回头率与以下八大因素有关，如图6-25所示。

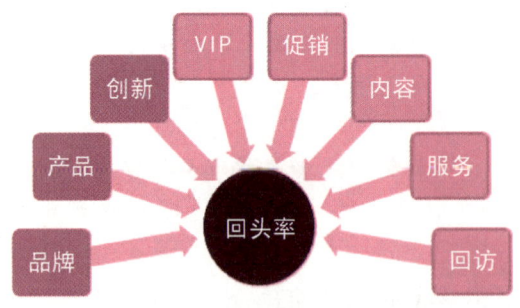

图6-25　老客户回头购买的八大因素

品牌：店铺品牌、商品品牌在客户心中的地位很大程度上影响客户回头率。
产品：产品的品质和性价比是客户回头的重要因素。
创新：不断推出的新品、新款和创新服务也吸引客户回头。

VIP：给客户 VIP 身份并给予特殊的优惠政策是客户回头的保障体系。

促销：不断变化的促销方案及对老客户的回馈会刺激客户回头。

内容：提供丰富有效的产品资讯、专业知识等内容能提升客户持续关注。

服务：每一个环节的服务品质及给客户的购物体验会让客户流连忘返。

回访：不定期的电话、短信、邮件回访会让客户加深印象，多次回头。

其中，品牌、产品与创新是企业的硬实力范畴，而 VIP、促销、内容、服务、回访等属于企业的软实力范畴，也是客户关系管理范畴。

（二）维系老客户的方法

对于顾客，除了做好第一次交易，更要做好后续维护，让他们成为忠实的老顾客。

1. 建立客户数据库。收集老客户的信息，包括客户的所有联系人，客户的性格、脾气、爱好，主要对哪些产品感兴趣等，为客户提供个性化的服务。

2. 与客户经常保持联系。成交后致谢（"谢谢你"三个字虽然简单，但可以表示出对客户的重视和朋友一般的温暖）、节日祝福（在客户生日或者节日的时候，可以寄卡片、发邮件、打电话问候一声，不会花很多钱，又能迅速建立关系，维系与客户之间的亲切感）、赠送礼品（客户来访或拜访客户时赠送一些小礼品，但礼品不能重复）。

3. 及时回复。老客户的邮件必须当天回复。如果问题比较复杂，需要多方配合而无法当天回复的，一定要回复客户"邮件收到，正在处理中"，即使如此，客户的回复也绝对不可以超过 3 天。

4. 严格质量检验。产品或商品一定要有质检，保证品质。

5. 创新。随时了解客户的意见，根据客户要求进行改进，研发出更好的产品或服务。同时，发展新的业务模式，随时发现商机，寻找新的合作点。

6. 改进技术手段和管理方式。把 2 次以上购买的顾客设定为 VIP 买家，并建立 VIP 群，制定相应的优惠政策，如让他们享受新品优惠等。同时，让客户感觉到网点提供的信息全面、完整，沟通和操作简单，使客户不会轻易购买竞争者的产品。

7. 把握好对老客户的追踪。定期给客户发送有针对性、买家感兴趣的邮件和消息（切忌太频繁，否则很可能被当作垃圾邮件），宣传的物品绝对要有吸引力。同时，要把握好度，一定要耐心、不要心急，既不能追得客户太紧，也不要太松散，否则可能失去建立业务关系的机会。

8. 保持持续的热情。不要让客户感觉对老客户的服务随着订单的稳定而趋于松懈。看似简单的工作，如果持续为客户提供，会让客户的信任感在潜移默化中增强。

9. 做好老客户的回访。定期对老客户的业务进行总结，回访顾客，采用打电话、微信、短信、E－mail、贺卡等方式与客户联系，建立良好的客户关系，也可以从他们那得到好的意见和建议。

回访的目的：提升客户满意度，提高服务质量，了解客户需求及产品使用信息反馈，为客户解决使用问题，接受客户的投诉和抱怨，降低差评率。

回访的方式：邮件回访、电话回访、QQ 群、登门拜访等。

回访的时间：回访尽量用电话回访，选择好回访时间，不要在客户上班或者休息的时候电话回访，可以根据客户上次购买商品的时间，选择那个时段去回复。

回访的对象：可以根据客户的购买量和购买次数判断客户的消费能力后，有针对性地选择回访客户。

回访的内容：首先了解客户前一次在店铺购买的体验，以及是否遇到问题，这些问题有没有及时得到解决。如果客户上一次购物体验很好，就顺势把现在店铺做的活动告诉客户，通过活动的优惠来吸引客户再次购买。

回访人员需具备的条件：让客户能感受到特殊的服务，感受到回访人员的笑容。注意说技巧、倾听技巧、沟通技巧的灵活运用。

知识窗

电话回访话术

一、客户收到货后的回访话术

客服：您好，我是淘宝网××店的客服，请问是××先生（女士）吗？

顾客：是的。

客服：请问能耽误您一点时间做一个简单的售后回访吗？

顾客：可以（不可以直接转结束语）。

客服：您于×月×日在我商城拍下的××产品，现在使用情况怎么样？

顾客：还好。

客服：（简单讲解顾客所购买产品的使用方法及需注意的地方。）要帮我们多多宣传哦。

顾客：没什么效果/不好。

客服：了解顾客的使用方法及作息时间、饮食等，做好解答与指导说明。

结束语：打扰您了哈，有需要可随时与我们联系，我们的服务电话是：×××××××，感谢您的配合与支持。再见（遇节假日可使用祝福语，如祝您周末愉快，祝您××节快乐。）

二、客户未收到货的回访话术

客服：您好，我是淘宝网××的客服，请问是××先生（女士）吗？

顾客：是的。

客服：请问能耽误您一点儿时间做一个简单的售后回访吗？

顾客：可以（不可以直接转结束语）。

客服：您于×月×日在我商城拍下的××产品，现在使用情况怎么样？

顾客：还未收到货。

客服：抱歉，给您添麻烦了。您的件我先帮您查询一下到哪了哦，您稍等……

客服：××先生（女士），您的件已经到达××，×天应该可以送到的哦，您再耐心等等的哈，我们会帮您跟踪件。

顾客：好的。

客服：跟您简单地讲解一下您拍下的××产品的使用方法及需要注意的几点，您收到货后要注意使用方法呵。

顾客：好的，谢谢指导。

结束语：不客气，您有需要可随时与我们联系哦，我们的服务电话是：××××××××，感谢您的配合与支持。再见（遇节假日可使用祝福语，如祝您周末愉快，祝您××节快乐。）

三、缺货电话通知话术

客服：您好，我是××店的客服，请问是××先生（女士）吗？

顾客：是的。

客服：您于×月×日在我商城拍下的××产品，因这款是我们的热销产品，卖得太火爆，现在仓库暂时没有货，我们已与厂家确认，会于×月×日左右到货，您看我们到货给您安排一起发出，可以吗？抱歉，给您添麻烦了。

顾客：可以（不可以或客户不太情愿）。

客服：非常感谢您的支持，我们会于×月×日货到后尽快安排发出的哦。（您放心，货到我们安排最先给您发出，另外为表示歉意，我们会额外给您配送一个热销产品的中样给您试用，随包裹一起发出。）

顾客：好的。

客服：谢谢您的谅解与支持，有需要可以随时联系我们，旺旺或服务电话都可以哈，我们的服务电话是：××××××××，再见。

> **想一想**
>
> 1. 大家知道客户除了产品之外，还需要哪些服务吗？
> 2. 如何让客户接受我们的服务？如何最终让潜在客户成为忠诚客户？

任务二
处理交易纠纷

🔍 任务要点

能够迅速找到交易纠纷产生的原因并正确应对，能够高效地解决消费纠纷，达到互惠互利的双赢结果。

🔍 任务情境

随着客服技巧运用日趋熟练，小李的交易量不断攀升。小李高兴得合不拢嘴。但随之而来的交易纠纷又让小李陷入了烦恼，一个差评及投诉让小李一个月的辛苦付之东流。如何正确解决交易纠纷，提升客户满意度呢？

🔍 任务分析

电子商务店铺和实体店销售基本相似，很难做到让所有的顾客都满意，每个商家都会遇到一些交易纠纷。遇到交易纠纷时，我们应当认真倾听顾客的不满，对自己的不足或失误积极加以改正，并主动向顾客承认错误并道歉。处理交易纠纷时应把握有理、有利、有节的原则，以积极的态度处理交易纠纷。纠纷处理得当，不但可以增加店铺的销售量，还可以增进与顾客间的友谊。

🔍 任务实施

步骤一　知道常见的交易纠纷类型

在电子商务交易中，买卖双方通过网络达成商品的交易，买家靠商品的图片、描述以及同客服人员的沟通来获取商品信息，不能见到商品实物，因此在沟通过程中可能存在一定的盲点或误差。在物流配送上，现在网店大部分是靠第三方物流公司来组织实施，也会给整个交易带来风险。同时，在支付以及客户服务等方面，客户因为种种原因产生不满都可能带来交易纠纷。

目前，网上交易存在的最大问题是：产品质量、物流配送及第三方支付、客户服务及厂商信用得不到保障。交易纠纷主要体现在以下几个方面：

（一）商品质量问题纠纷

商品质量问题纠纷是指买家购买收到的商品存在破损、与网上商品的描述有差异、影响正常使用或其他质量瑕疵而产生的纠纷。主要包括以下四种情况：

1. 商品与描述不符。买卖双方成交后，买家收到的商品与网上描述（包括图片描述与文字描述）不符。以服饰举例来说，卖家在网站上贴的图片很多并不是实物图，而是杂志图片扫描或者宣传图片，再加上计算机不同显示器之间的色差，往往造成颜色和上身效果等与图片相去甚远。"色差太大""货不对板""穿着不如图片好看"等是买家经常抱怨的内容。与描述不符的范围包括货物的形状、大小、重量、颜色、型号、新旧程度等。

2. 商品质量问题。买卖双方成交后，买家收到的商品发生以下问题：①产品本身存在问题，质量没达到规定的标准；②产品的包装出现问题，导致产品损坏；③产品是假货、劣质品或出现瑕疵，如劣质面料或有瑕疵的服装；④买家没有按照说明操作而导致出现故障。

3. 商品价格问题。卖家对买家期望值管理失误，导致卖家在消费过程中有失望的感觉，随之产生抱怨甚至纠纷。

4. 卖家发错商品。买卖双方成交后，买家收到商品的数量、尺码、颜色、运送方式与下订单时不一致。

（二）物流问题纠纷

物流是电子商务中重要的一环，一般由第三方物流公司进行物流配送，物流问题纠纷包括由第三方物流公司引起的纠纷和卖家发货延迟或不发货引起的纠纷。

由第三方物流公司造成的纠纷通常有三种原因：配送过程中对商品造成的损耗，配送过程中商品丢失和快递员态度恶劣及延迟送件。

卖家会因资源不畅、资金或人手不足引起发货延迟，甚至有时会因为供货商缺货而卖家无货可发，造成买家抱怨。这对先拍了商品等待收货的买家来说是一个非常不愉快的心理体验。

（三）沟通问题纠纷

沟通问题纠纷包括沟通有效性纠纷、服务态度和方式纠纷。买卖双方有沟通的交易比没有沟通的交易成功率更高、纠纷更少，缺乏沟通是产生纠纷的一个主要因素。另外，卖家通过网络为买家提供产品和服务，缺乏正确的推荐技巧和工作态度，都将导致买家不满，进而产生抱怨，主要表现为：服务态度差、推销方式不正确、专业性不够、过度推销。

例如，在淘宝网上买卖双方之间的沟通中大部分是通过旺旺，买家给中评和差评的理由常常是卖家态度不好或是卖家不回复留言。C2C各个店铺的客服人员的数量、在线时间、素质等参差不齐，往往导致买家抱怨客服人员态度差或买卖双方不能有效的沟通，特别是交易量大的店铺，在客服人员少的情况下，容易发生这类纠纷。

（四）售后问题纠纷

售后问题纠纷主要是指退换货标准和由此产生的运费承担问题。很多C2C卖家为避免退换货，往往在"买家须知"里面写着"确定为质量问题可以退换"，但对于何为"质量问题"没有相关部门出示的统一标准，很难判断。买卖双方常常就这一问题产生纠纷，若在双方协商过程中卖家态度不好或者结果不能令买家满意，买家就很可能给卖家负面的评级。再者，由退换货问题产生的运费承担问题各个C2C店铺处理方式不一，就算一些店铺承诺承担因"商品质量问题"而退货产生的运费，但如果买卖双方就是否是质量问题不能达成一致，也容易就退换货费用产生纠纷。

各种容易出现的交易纠纷的分类如表6-1所示。

表 6-1 交易纠纷分类表

纠纷类型	类型描述
商品问题	与描述不符
	商品质量问题
	商品价格问题
	卖家发错货品
物流（收货）问题	卖家发货慢
	第三方物流问题
	确认时间到未收到货
沟通问题	沟通及时性问题
	沟通态度问题
	沟通有效性问题（服务的方式与技巧）
售后问题	退换货标准纠纷
	退换货费用纠纷
	售后服务态度纠纷
	退换及时性问题

步骤二 做好交易纠纷处理

（一）预防是根本

在电子商务过程中，如果产生交易纠纷，往往会影响到电商业务的正常运营。所以，能够在客户的不满刚刚出现的时候就及时处理，或者是根据经验提前制定出规避交易纠纷的方案来是最好的解决方法。规避交易纠纷产生的方法主要有以下几种：

1. **商品信息如实化**。随着消费者网购经验的积累，对网购消费越来越理智，对于商品的价格会做精心的比较，只需在网站上搜一搜就能够对所需购买的商品价格有大致的了解，不会因为不了解商品的市场行情而上当受骗。在同等价位下，消费者会更加注重商品的质量以及商家的信誉是否靠得住。所以，卖家更应该在商品的质量上下工夫，为消费者提供优质的商品。同时，商品描述要根据行业特点，对商品信息做出详细分解，卖家根据产品的特点如实发布，不能夸大其词误导买家，因为大部分交易纠纷都是因为商品与描述不符而产生的。卖家要做到以下 3 点：

（1）商品基本信息如实发布；

（2）产品描述详细化；

（3）认真填写售后服务信息。

卖家发布商品信息或者买家进行售前咨询时，最好能够如实地说明产品本身存在的缺陷，做到实事求是，避免因为隐瞒而产生的不愉快。只有真正经得起市场考验、真正受市场欢迎的产品和服务，才会在竞争中立于不败之地。

2. **主动回复物流与货物包装问题**。电子商务虽然有第三方物流参与，但实际上接受哪家快递的服务多半由卖家帮买家选择，所以遇到常见的物流时效性问题时，卖家应该积极帮助客户查询，并及时回复客户信息，让客户感到满意。

（1）设置物流专职客服人员在线解答。客服人员处理售后物流问题查单查件时反应要快，态度上要热情和耐心，解释原因要以诚相待。要告知客户在网上下订单后，物流部门免费上门取件的时间，以及支付宝系统自动修改交易状态的情况（使用 E 邮宝和网上 EMS，在买家签收后 7 天；使用其他推荐物流，在买家签收后 3 天，支付宝将会自动打款给卖家。除 E 邮宝和网上 EMS 以外，其他推荐物流享受先验货、后签收的权利。）

（2）与第三方物流明确各自的责、权、利，以及服务细则和签收要求。要给第三方物流公司注明发货方享受的优惠折扣标准，邮资结算周期和支付方式，货物损坏、丢失的赔偿处理原则，合作期限和合作解除条款（见图 6-26）。

国内运送方式	到达天数	运送范围	费用	友情提醒
【平邮】	7~14 天	全国	一口价包平邮	需凭身份证去邮局领取（遗失率 0.5% 延迟率 10%）
【邮政快递】	4~6 天	全国	按路程远近加 5~10 元一件	邮递员叔叔送上门，但有 10%-20% 的邮政快递包裹会被邮局自行改为平邮送（遗失率 0.5% 延迟率 20%）
【专线快递】	2~3 天	只限大中城市	按路程远近加 8~10 元一件	快递大哥送上门，确认白天有人收件，填写正确的联系电话很重要！（遗失率 2% 延迟率 8%）
【EMS 特快】	3~4 天	全国	按路程远近加 20~25 元一件	邮递员叔叔送上门，可在网上查询进度（遗失率 0.5% 延迟率 5%）
★新疆、西藏、云南等离上海较远的地区到达的时间要长，内地或港澳台地区另议				
★专线快递派送范围仅限市区，郊区和周边县城镇不在派送范围内，专线快递无网点的城区建议用邮政快递				
★款到发货，本市买家也可前往位于南京西路人民广场的门店当面交易				

图 6-26　运送方式

（3）保证货物准备充足。如图 6-27 所示，要准备充足的货物、准备充足的包装用品。

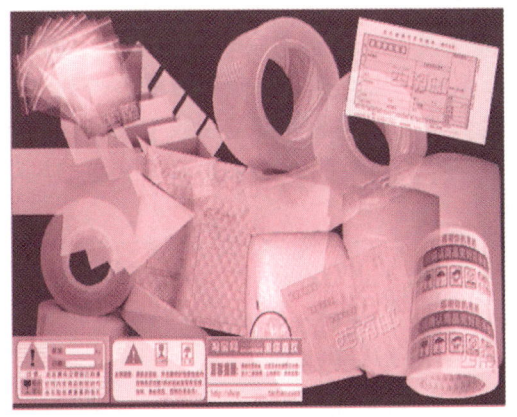 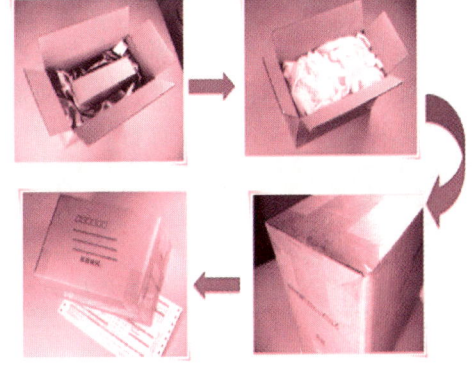

图 6-27　包装准备

（4）设定快捷短语及时回复买家提问。确认物流方式、买家收货地址；公布发货时间；跟踪到货情况，积极回访客户（见图 6-28）。

图 6-28 自动回复

有些大型电商开始配备自己的物流配送（如京东商城），减少了第三方物流可能在配送过程中对商品造成损耗、配送不及时等因素，大大降低了物流环节中的交易纠纷。

3. 完善售后服务内容。售后服务一直都是很多电子商务平台急切希望能够得到全面完善解决的问题。不仅淘宝、京东这样的大型电子商务平台，就连许多 B2B 电子商务平台都采取了一系列售后服务保全和服务措施，包括有条件退货、无条件退货、成立客户咨询系统、建立用户投诉中心等。据数据统计，有 69.23% 的卖家的服务承诺包括在一定条件下允许消费者退货，如产品存在质量问题、产品规格与消费者要求不符等；有 61.54% 的公司建立了客户咨询系统，以方便客户查询信息，及时解答客户在购物中遇到的问题；有 53.85% 的公司同时建立了客户投诉中心，主要负责处理客户的反馈意见以及客户在购物中的不满；还有 30.77% 的公司承诺消费者可以在一定时间内（7 天或 10 天以内）无条件退货。

4. 认真对待交易约定。交易约定相当于在线签订合同，保证交易双方在完成交易之后的权益以及避免发生交易纠纷。交易约定在电子商务平台中是非常重要的环节，也是出现纠纷时解决的依据和凭证。一般情况下，售前卖家与买家双方会就这笔交易达成统一的协议，内容包括：卖家首先提出，买家参看卖家所列举的信息，同意这些信息后，没有任何意见直接购买此商品；卖家制定最初的协议信息，买家觉得不妥，提出修改或者补充信息；得到买卖双方认可后，买家再购买。作为发生纠纷后的凭证之一，需要买家和卖家的重视并认真填写。不论是何种形式的交易约定，买家需要认真地确认，身为卖家更应该仔细认真地对待交易约定的事项。

5. 使用中介交易系统保障交易安全。淘宝的支付宝、京东的京东闪付、苏宁的易付宝，这些大型电子商务平台都有保障安全交易的中介系统，让消费者在使用时能够得到安全的保障。电子商务平台在保障消费者权益方面都会提示消费者尽量不要使用线下交易，线下交易存在的安全风险需要交易双方自行承担。使用中介保护交易能降低买卖双方交易的风险。

售后服务中最重要的是什么呢？面对客户的诉求，我们应该用什么样的态度去解决？

（二）处理分轻重

我们把顾客对自己期望没有得到满足的各种表述统称为"客诉"。所谓投诉，是客户对产品、服务等产生不满而引起的抱怨。它们是客户的不满意诉求不同程度上的表现。其中，抱怨是心中怀有不满，隐性地进行责怪。中、差评就是一种显性的客诉。投诉就是更为激烈的一种维权行为（见图 6-29）。

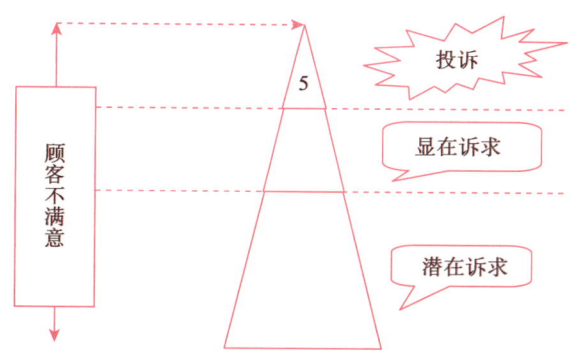

图 6-29 客户不满意的表现程度

1. 买家抱怨的处理。抱怨产生的原因主要有：客户不满意卖家所提供的服务；客户不满意所购买的产品；广告诱导导致客户抱怨；使用的新产品、新服务不习惯；客户为了增加谈判筹码。其根本原因是客户的愿望没有得到满足。

处理客户抱怨的原则：①树立正确的服务理念，不与客户争辩。②先处理情感后处理事情。③制定处理客户抱怨流程，做到有章可循。④准确及时向高层主管传达客户的抱怨。⑤及时处理客户抱怨。⑥记录客户抱怨，留档分析。

客户抱怨处理流程：①聆听客户抱怨。②理解客户的感受。③分析客户抱怨的原因。④转换客户的要求。⑤找出解决问题的方案，及时通知客户。⑥反馈结果并表示感谢。⑦对改进的内容进行跟踪回访。⑧检查结果，吸取教训，避免重蹈覆辙。

电商企业的经营是以客户为中心，而不是传统的以产品或以市场为中心。当客户抱怨时，不要把它看成是问题，而应把它当作是天赐良机，当客户抽出宝贵的时间，带着他们的抱怨与我们接触的同时，也是免费向我们提供了应当如何改进服务的信息。因此，客户的抱怨不是麻烦，是机会，是客户的恩惠。

2. 买家中、差评的处理。中、差评是卖家比较头疼的一个问题。特别是一些不好的负面评价，无论对电商的整体信誉还是店铺的宝贝销量都有非常大的影响。

中、差评其实可以看成是一般的投诉问题，解决问题先要认清问题。例如，中、差评经常出现几种情况：①新手买家（说东西不错，还好，但给个中评）；②快递问题（快递太慢，快递态度不好，破损）；③服务问题（客服人员态度不好，缺货，发货慢）；④质量问题（不适合，不好用，没以前买的商品好，假货）。那么，要分析买家给予中、差评是基于其中哪种情况。

除了新手买家不懂得操作给予中评外，其他都是经常出现交易纠纷情况下的负面评价。所以，对于中、差评的处理要做到：

（1）要真正认识到自身存在的问题，每一次客户的不满和由此产生的一些负面评价，实际上都是在提醒我们要在以后加以避免。

（2）学习心态——有则改之，无则加勉。

（3）要学会积极沟通、真诚道歉，并且提出一些补偿性的解决方案，最佳结果是希望能够取得谅解。

(4) 积极争取请客户修改原有的评价。希望通过改善评价帮助买卖双方减少纠纷和矛盾、消除误会,最终解决网络购物中的诚信问题。

充分沟通、解除误会、解决问题,最终实现买卖双方之间双赢,这才是解决中、差评的目的。

3. 维权投诉的处理。这里的维权投诉主要指网站投诉。各个大型购物网站有自己的客户服务部门,处理各种交易纠纷。因此,每个平台都有自己的维权投诉通道(见图6-30)。

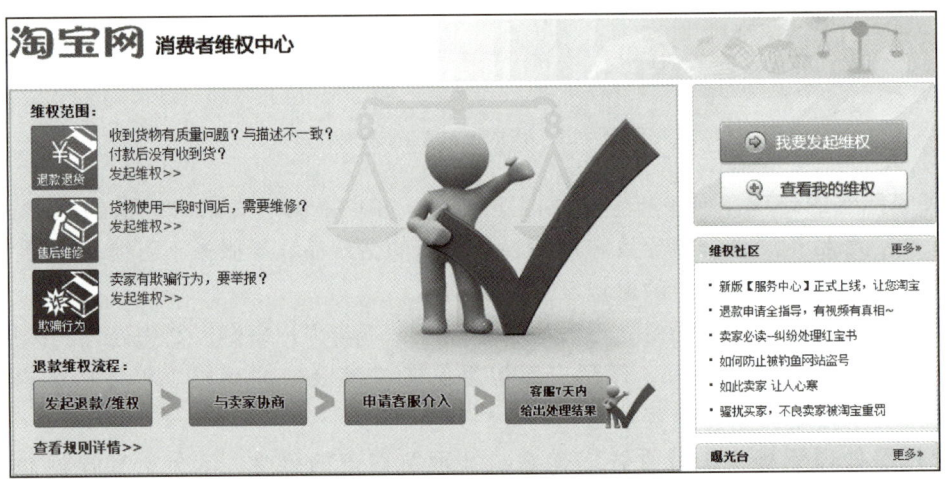

图6-30 维权中心入口

第一,对于客户已生成的投诉维权,首先应该有针对投诉维权交易的敏感度。例如,每天关注一下"投诉/举报提醒"区域(见图6-31)。正常情况下"收到投诉"的数量应该是每天在减少,如果数量增加了,就应该马上去查看一下。最重要的是第一时间回复此投诉,以代表我们的态度。

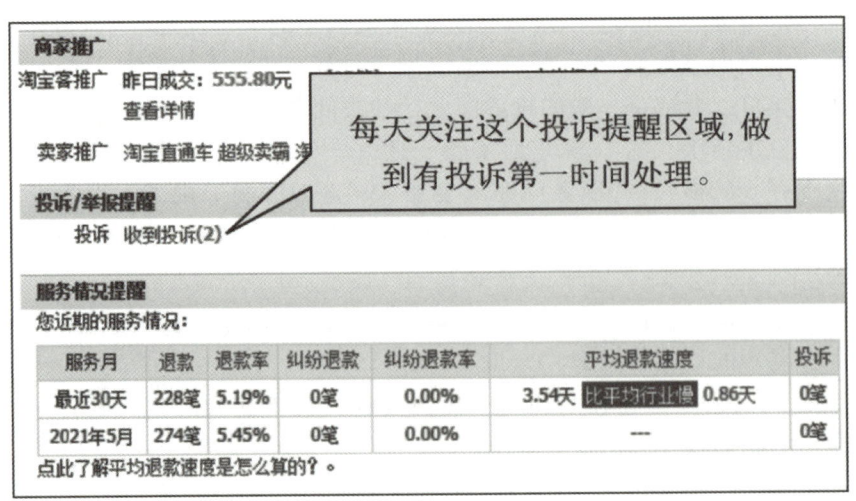

图6-31 关注投诉/举报提醒

第二，积极处理纠纷，为自己赢得机会。当商品纠纷和售后服务纠纷出现的时候，很多卖家就会很担心，其实只要正确面对、认真地解决，纠纷并不可怕。正确的做法就是在第一时间内做出反应，有礼有节说明问题或者误会发生的原因，然后把在聊天记录、交易记录中对我们有利的证明进行阐述，并且提供这些截图。只要事实依据足够充分，工作人员能感到卖家是本着诚信和为客户着想的态度去处理的话，多数情况下会取消这个纠纷投诉的。

第三，保留售前、交易过程、发货、售后的交易证据。处理纠纷的时候，都会将买卖双方的聊天记录作为证据。所以，从买家的咨询开始就要保留好聊天记录，以邮件、即时通信发给买家商品，一定要保留买家收到商品的聊天过程（电子商务平台一般都会将收货的聊天记录作为解决收货纠纷的凭证之一）。同时，交易时的聊天记录、邮件、交易图片的截图，包括发票、当时网站的宣传页都应该保存下来，对于今后维权举证有着关键作用。

> **想一想**
>
> 作为买家，应该如何规避网上交易纠纷？作为卖家，如何处理网上交易纠纷？你在网上购物的过程中遇到过纠纷吗？最后是怎么解决的？若你被一位老主顾投诉了，你会怎么办？

步骤三　掌握纠纷处理方法

纠纷处理中最重要的有两点：一是说话的艺术；二是沟通的技巧。掌握了这两点，就可以游刃有余地处理纠纷。

微课：掌握纠纷处理方法

（一）耐心倾听，真诚道歉

当客户投诉时，要热情地对待，不要急着去辩解，更不能否认问题所在。应当耐心地倾听客户对商品或服务哪些地方不满意。顾客在反映商品质量问题时，可能会表现出愤怒、泄气、失望、烦恼等不良情绪，不能把顾客的这些表现认为是对我们个人的不满。这时我们应当换位思考，假如自己网上购物时也发生了同样的问题，会怎样做？这样有利于我们更好地处理顾客的投诉。

无论是什么原因造成顾客不满意，都应该诚恳地向顾客道歉，对给顾客造成的损失和不愉快而道歉，不要找借口对客户的抱怨敷衍了事。如果你确实极为诚恳地向客户道歉并深刻认识到自己的不足，大部分顾客都会理解和原谅的。

（二）仔细询问，详细解释

客户不良情绪发泄后，情绪往往会相对缓和些。此时，可考虑记录下客户的用户名以及所交易的商品，再查看与顾客之前的聊天记录，与顾客一起分析问题所在，解释出现这些问题的原因，再有针对性地找出问题的解决方案，切忌直接拒绝或教育讽刺客户（见图6-32）。

（三）提出办法，解决问题

了解事实情况后，及时想出补救办法，提出一个以上的补救措施供买家选择。把自己的每一个想法都告诉顾客，让他们知道你没有忘记这件事，让顾客看到你为他们付出的行动。消费者发现产品存在质量问题时，第一时间想到的就是问题能不能得到解决，需要多久能够得到解决，当消费者发现你的补救办法合情合理，就会消除心中的顾虑。

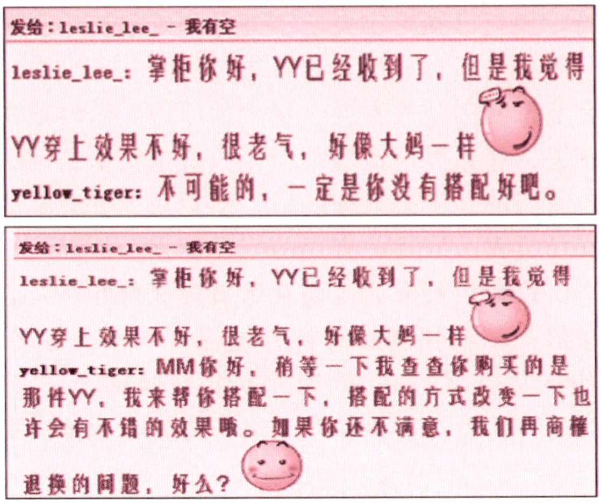

图 6-32 回复用语对比

（四）及时执行，跟进反馈

客户同意补救措施后要立即执行，如果有特殊原因无法执行或延迟执行要立即通知客户。在补救措施执行过程中，要及时通知客户执行进度，可通过旺旺、微信、短信等方式告知客户，让客户随时了解事件进程。

拓展阅读

网店客服人员如何处理交易纠纷

纠纷交易是指在交易行为成立后，客户因为种种原因产生不满而产生纠纷的那部分交易。纠纷交易的种类有以下几种：

1. 产品纠纷：买家对于产品的品质、真伪、使用方法、使用效果、容量、尺码、体积等相关因素产生质疑而导致的纠纷。

处理方法：①对于产品质量不过关，请买家提供图片或证明，确认是质量问题，可进行退货退款处理。②如买家对产品有所误解时，耐心向买家解释产品的特性。③买家使用方法不当时，可引导买家了解正确的使用方法。

2. 物流纠纷：买家对选择的物流方式、物流费用、物流时效、物流公司服务态度等方面产生质疑而导致的纠纷。常见的是费用和时效问题。

处理方法：①针对时效性问题，积极帮助买家查件查单，及时回复买家。②主动承担责任，积极帮助买家处理对物流公司的投诉，不争论是谁的责任。③充分了解各物流公司的派送范围和时效。

3. 服务态度纠纷：买家对客服态度、店铺售前（后）各项服务产生质疑而导致的纠纷。

注意要点：①注意聊天对话时标点符号、语气措辞的应用，巧妙运用沟通技巧。②设立客服管理机制，对客服人员的态度和买家投诉进行管理。

步骤四　牢记纠纷处理注意事项

1. 不要直接拒绝客户，永远不要对客户说"不"，这是一切服务的基本规范。
2. 不要争辩、争吵或打断客户话语，倾听比解释更有用，应该给客户更多的机会来说出客户自己的真实想法。
3. 暗示客户有错误，不要只强调自己正确的方面却不承认错误。
4. "表示或暗示客户不重要"是原则性错误，每一个客户都是我们重要的资源。
5. 当有变故的时候要及时通知，客户享有知情权。

解决网络交易纠纷之后，应该好好地利用这次机会把投诉顾客转换成忠实顾客，再次向顾客道歉，并感谢顾客对自己的信任。

> **知识窗**
>
> **处理顾客投诉的十大技巧**
>
> 1. 诚意对应道声谢，真诚说声对不起——给予回复。
> 2. 将心比心同情心、虚怀若谷化情绪——表示感谢。
> 3. 认真倾听顾客说，弄清缘由细分析——认真倾听。
> 4. 提供台阶送正确，立即行动莫迟疑——确定事实情况。
> 5. 承认错误要坦诚，道歉熄火要适时——得到讲解的机会。
> 6. 赔偿损失要彻底，减少伤害是第一——迅速解决。
> 7. 商品知识要学习，不明事情不随意。
> 8. 对待工作要反思，多从自身找问题。
> 9. 诉客变成忠诚客，举一反三提品质。
> 10. 抱怨信息作资源，顾客忠诚是目的——保留怨言记录。
>
> **处理疑难投诉的"孙子兵法"**
>
> （1）用微笑化解冰霜；（2）转移目标；（3）角色转换；（4）不留余地；（5）缓兵之计；（6）博取同情；（7）拉近距离；（8）转移场所；（9）主动回访；（10）适当让步；（11）给客户优越感；（12）善意谎言；（13）勇于认错；（14）以权威制胜。

实战强化

实训　客户纠纷处理模拟训练

一、实训目的

通过本次实训，使学生掌握纠纷处理技巧，并熟练运用这些技巧进行纠纷处理。

随堂测验

二、实训内容及要求

1. 学生在教师指导下,根据案例详情进一步认识纠纷类型,讨论设计纠纷发生的情境。

(1) 商品纠纷案例。

- 商品本身质量问题。

【详情】新买的MP4常常自动关机。

【详情】店主啊,你的袜子太不经穿了,我只穿了一天,前面破得整个脚都能露出来了。

- 商品细节与描述不符。

【详情】裤子也太肥了吧,上身一点效果也没有了,图片上模特儿穿的是这款吗?差距咋这么大?

【详情】这件T恤的颜色和图片上的效果相差得也太离谱了,这哪儿是色差呀,分明以为我是个色盲嘛;掌柜很肯定地说是正版,可是那个线头多得呀……

- 商品使用效果与描述不符。

【详情】你的瘦身霜,真的把我害苦了,腿部的脂肪没燃烧,反而把我的眼睛辣个半死!

【详情】实际效果和商品介绍不相符,使用后根本吸不出黑头,并且产品做工粗糙。

(2) 物流纠纷案例。

- 货物延误。

【详情】情人节的99朵玫瑰你居然没有帮我送出去。你这不是害人吗!

【详情】拍下来后电话联系好了,但不发货,送女朋友的鲜花没有收到,差点和我分手。做不了就不要做!

【详情】快递速度真是"超快",怀疑是快递公司派专人跑着送来的吧?

- 货物破损。

【详情】无正规包装还算次要,关键是已经开封,明显可以看出来原本封口处应该有层铝箔封住的!心里极其不爽,希望各淘友吸取教训!

【详情】My god,拿到手以后我就在努力回想原本我要买的商品长啥样?碎得也太厉害啦,面目全非呀!

- 货物丢失。

【详情】一直都没收到货,卖家还说已经发货了,但是货在哪里呢?

- 货物漏发、错发。

【详情】情人节当天竟然把我送给女友的花送错了!虽然卖家态度诚恳并退了款,但是造成的后果不能原谅!

- 更改快递公司,买家不方便。

【详情】跟卖家说好要发申通快递的,卖家也答应了,可实际上发的还是圆通快递,我们这圆通快递要自己取,浪费很多时间和精力。

(3) 服务纠纷案例。

- 服务态度不好或服务不及时。

【详情】我对这家的服务态度不满意,因为没收到货物。我发信息问她是用什么快递寄的,她连一个回复都没有。你们说这样的态度我能满意吗?难道她都是这样对待客户的吗?

【详情】卖家回复速度奇慢,第一次明明答应帮我量下尺寸,结果我等了一个上午也没有回音,后来又询问她,竟然回答没法量。

- 服务不专业。

【详情】说好帮助安装,可是来人很不专业,服务差,还是自己费劲搞定。

【详情】希望卖家做代理之前更详细了解一下代理产品的情况!不要丢掉自己的信誉!

2. 教师指导学生分成客户和客服人员两组,一一对应,按照纠纷处理技巧,进行客服纠纷处理模拟。

(1) 根据案例详情中设计的纠纷情境,买卖双方登录阿里旺旺,客服人员充分运用旺旺表情技巧和语气词运用技巧进行耐心询问,并做相应处理。

(2) 买卖双方进行角色互换,并把聊天记录进行复制或截图。

三、实训组织

1. 每个学生都进行上机操作,并将纠纷处理情况整理后上交教师。
2. 完成实训步骤后,学生整理客服聊天记录,总结经验并提出问题,并上交给教师。
3. 教师进行点评、总结。

思考与练习

1. 同理心指的是什么?
2. 商品售出后,有哪几件事情是应该立刻做的?
3. 正面评价的评价解释步骤是什么?
4. 负面评价的评价解释步骤是什么?
5. 做评价解释要注意的问题(三个)是什么?
6. 纠纷交易中包含哪几种纠纷?
7. 客户对产品质量提出质疑时,应如何正确应对?
8. 面对客户的不良情绪,客服人员应如何正确处理?
9. 你认为售后服务工作都包括哪些内容?你今后准备如何改进?

① _____
② _____
③ _____

④ _____
⑤ _____
⑥ _____

任务实训

第六天，老员工告诉小李，有销售行为必然会有售后问题需要处理。为了减少客户投诉和纠纷率、提高客户的满意度，我们应该学习售后服务流程和工具的使用，掌握售后服务基本话术，同时也要培养和提高观察分析能力。

一、淘宝客服培训、筛选计划（见表6-2）

表6-2

培训内容	培训任务
理论培训	1. 如何做好客户回访工作？
	2. 如何做好客户管理工作？
服务技能培训	1. 老员工上机操作教授店铺售后处理事宜
	2. 考核每一位客服人员打字速度（80字/分钟）
	3. 与每一位新客服人员进行旺旺沟通，考核反应速度，以及对店铺产品知识的应答能力

二、小李的实训内容

1. 做好客户回访工作。

（1）对不同类型的客户进行不定期回访。客户需求不断变化，通过回访不但了解不同客户的需求，还可以发现自身工作中的不足，及时补救和调整，满足客户需求，提高客户满意度。

（2）回访方式：电话沟通、旺旺沟通等。

（3）回访内容。

- 根据物流信息查询货物已经收到，长时间没有评价的客户给予电话回访。
- 询问客户对店铺的评价，对产品服务的建议和意见。
- 特定时期内可做特定回访，例如客户是在2个月前购买爱宝氏鱼肝油（数量不多），可以电话告知当月有促销，吸引购买。
- 制定详细的回访计划。
- 回访时间不宜过长，内容不宜过多。

（4）回访注意事项。

- 避免在客户休息时打扰客户。
- 必须保证回访信息的完整记录。

（5）回访用语。

开始：您好，我是××，请问您是××先生/女士吗？打扰您了。

交流：感谢您在××时间购买我们的产品，请问您对我们的产品及服务是否满意？

【满意】对我们的服务有什么建议吗？

【不满意/一般】能否告诉我您对哪方面不满意吗？我们应改进哪方面的工作？

结束：

【满意】感谢您的答复，您如果需要什么帮助，可随时跟我们取得联系，祝您……，再见！

【不满意】非常感谢您的反映，这一点我们的确做得不够，我们会改进，望您监督，祝您……，再见！

2. 做好客户管理工作。

（1）对咨询客户加入旺旺后做好组的分类，例如，流失客户组、成交客户组，在成交客户组，再细分为11月份购买、12月份购买等。

（2）每个旺旺ID都可以添加备注，对流失客户的情况可以在备注当中注明，以便后期的跟进。

（3）与客户沟通后，所遇难缠问题统一用文档做好记录。

3. 老员工上机操作，教授店铺售后处理事宜。

（1）客户要求帮助查单时，介绍如何使用查单网址进行查询（申通、圆通、韵达、EMS等网站）。

（2）快递问题解决流程。用快递单号查询产品去向——分析物流信息的原因（爆仓、EMS本身就慢、快递员配送周期长）。如果自己搞不清楚，就电话联系发件快递公司问清情况，然后告知客户，并表歉意。

（3）介绍店铺备注中各色标旗帜的含义（根据当时店铺情况而定）。

（4）要坚持遵守淘宝退换货的规则、处理事情要按照淘宝规定。必须知道淘宝退换货规则为：7天无理由退换货，来回运费问题是：非质量问题买家退换货，卖家包邮则各自承担发货运费，卖家不包邮则买家承担来回运费；质量问题买家退换货，来回运费由卖家承担。

（5）难缠、纠结的客户售后服务怎样提供。首先要倾听客户的不满及问题，其次总结客户的注重点并对症下药，在遵守淘宝规则的前提下尽量满足客户的要求，但是不能畏惧客户。善于使用电话与客户沟通。客户比较纠结时，可以与客户进行电话沟通，同样要善于真诚地倾听，始终坚持我们是为客户处理问题的，态度一定要诚恳，让客户感觉到我们是在为他着想，是在帮助他解决问题。

（6）自己解决不了的问题一定要及时请教负责人或者老员工，不能擅自承诺买家。

4. 考核每一位客服人员的打字速度，标准为80字/分钟。

5. 与每一位新客服进行旺旺沟通，考核反应速度，以及对店铺产品知识的应答能力。

项目七 管理客户关系

现代企业的命运掌握在客户手中,客户是企业利润的最终决定者。

——詹姆斯·穆尔

▎**知识目标:**

掌握客户关系管理的相关知识点、技能点,树立 CRM 客户服务的理念,熟悉客户管理流程及忠诚度培养原则,并掌握新、老客户管理的知识。

▎**技能目标:**

通过对 CRM 流程与方法的学习和能力训练,能够独立或合作完成案例分析,理解电子商务时代客户关系管理的重要性。

▎**情感目标:**

培养从事客户关系管理工作的自信心、自豪感及团队精神,养成遵守相关法律法规的自觉性,提升个人在企业中的发展能力。

任务一
进行客户关系管理

🔍 任务要点

> 认知客户管理的定义，理解客户管理流程，掌握开发新客户、维系老客户的方法，能够有效地对客户进行分类和管理。

🔍 任务情境

在一次工作例会上，客户服务部刘经理向小李这些新人问了几个问题：一个网店通过各类推广活动吸引来潜在购买客户的访问，再通过网店客服的咨询服务转化为正式购买客户，每一个客户的产生都要耗费大量的广告成本与人力成本。那么谁能算一下获得一个新用户需要花多少钱？而让老客户回头需要花多少钱？新客户和老客户购买过程有何差异？如何做好客户关系管理？要求小李他们认真思考并系统总结。

🔍 任务分析

很多网店非常注重开发新客户，在广告投放、活动策划等环节投入巨大，而往往忽略了对老客户的维护与挖掘。在如今流量越来越昂贵的激烈竞争时代，新客户的营销费用往往很高，若不能留存新客户，提升复购率，发展其为老客户，让其持续购买，对店铺而言，没有最大化挖掘客户价值。如何让这些营销费用持续为我们贡献效益？如何让这些费用的价值最大化？如何让客户带来持续的价值？这些是本项目我们要重点学习和讨论的内容。

🔍 任务实施

步骤一　了解电子商务环境下的客户关系管理

（一）客户关系管理概述

客户关系是指围绕客户生命周期发生、发展的信息归集。客户关系管理是一种以"客户关系一对一理论"为基础，旨在改善企业与客户之间关系的新型管理机制。最早开展客户关系管理的国家是美国，在1980年初便有所谓的"接触管理"（Contact Management），即专门收集客户与公司联系的所有信息，到1990年则演变成包括电话服务中心支持资料分析的客户关怀（Customer Care），之后开始在企业电子商务中流行。

客户关系管理（Customer Relationship Management，CRM），这个概念最初由Gartner Group提出，是指企业为了赢取新客户、维持老客户，以不断增进企业利润为目的，通过不断地沟通和了解客户，达到影响客户购买行为的方法。即通过对客户详细资料的深入分析，来提高客户满意度，从而提高企业竞争力的一种手段。

无论如何定义，CRM 的核心是"以客户为中心"，提高客户满意度，培养、维持客户忠诚度。

（二）电子商务环境下研究分析 CRM 的重要性

从企业外部环境来看，电子商务的深入应用和网络双向、直接、交互的特点，拉近了企业和客户的距离，使企业面对海量的、各种各样的客户数据。客户选择范围骤然扩大，客户忠诚度逐步降低，并向客户需求个性化、客户经验成熟化、客户要求高标准化等转变，使客户行为呈现多渠道性、复杂性、多样性、易变性等特点，形成了对传统营销策略和客户理念的巨大冲击和挑战，增加了企业了解客户、管理客户和发展客户的难度。所以，对客户背景资料和交易行为等的正确分析已经成为企业管理客户的难点。

从企业内部环境来看，企业的最终目标是实现利润最大化。在电子商务环境下，企业面对客户呈现出的复杂性、多样性、易变性等特点，通过分析客户背景资料和交易行为中的数据，进而确定客户需求甚至是潜在需求，并制定相应的营销对策，以提供给客户满意的产品和服务，努力提高客户满意度，达到客户忠诚，与客户建立起长期、稳定和持续的发展关系，防止客户流失，已经成为企业管理客户的重点。

CRM 的使用者通常是市场、销售和客服三个部门，通过有效地管理客户信息和跟进的任务，达到企业和客户之间价值链的让渡。CRM 侧重于对客户的前期获得、接洽、沟通、商务等活动进而促成销售，然后进行后销售时期的维护，即客服的售后服务。通过 CRM 良好的信息追踪能力、工作流和强大的归类整理能力，可以使客服人员及时知晓待解决的问题和未解决的问题，并且可以统计出客户对服务的满意度。经调查发现，使用 CRM 系统的公司的客户忠诚度要比不使用 CRM 系统的公司高出 40%。

（三）客户关系管理的目标

客户关系管理能为企业获得更多的客户，保留更好的客户，创造更大的客户价值，从而为企业带来更丰厚的利润和持续的竞争优势。其管理目标包括：

1. 改善服务水平。客户关系管理向客户提供主要的服务，根据销售和服务的历史信息提供个性化的服务，在知识库的支持下向客户提供更专业化的服务，通过在线销售更好地实现客户产品订制。这些都有利于企业提高服务水平。

2. 提高工作效率。借助客户关系平台，可以同时完成多项业务。同时，销售自动化程度提高，很多重复性工作（如发传真、邮件）可以由计算机系统完成，提高企业的营销工作效率。

3. 降低营销成本。客户关系管理借助现代计算机和网络技术，大大降低营销运作成本，可以更准确地寻找到目标客户，更有针对性地开展营销活动，节省开发客户的成本。

案例学习：
华为的客户
关系管理

4. 扩大销售。通过客户关系管理可以提高销售的成功率，增加客户的重复购买率和购买量。

CRM 系统的宗旨是：为了满足每个客户的不同需求，要同每个客户建立联系，从而保持客户永久的忠诚，实现"提高客户满意度，降低客户流失率"的具体目标，并在此基础上进行"一对一"个性化服务。

步骤二 了解客户关系管理流程

(一) 客户识别

1. 客户的进入与成长。早在许多年以前，聪明的杂货店老板就意识到，必须关注那些具有销售前景和利润潜力的重要客户，为使其"现金牛"（Cash Cow）源源不断蜂拥而至，这些杂货店老板为重要客户提供了更高质量的产品和热情周到的服务。

一个新客户如果第一次购物体验很好，就极有可能回头重复购买，成为店老板的忠实客户，如图7-1所示。

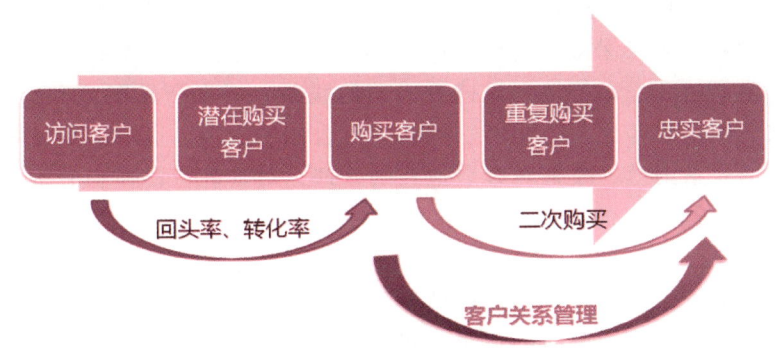

图7-1 客户进入和成长路径

2. 客户的生命周期。客户生命周期，是指从一个客户开始对企业进行了解或企业欲对某一客户进行开发开始，直到客户与企业的业务关系完全终止且相关事宜完全处理完毕的这段时间。客户的生命周期是企业产品生命周期的演变，但对商业企业来讲，客户的生命周期比企业某个产品的生命周期重要得多。

客户生命周期描述的是客户关系从一种状态（一个阶段）向另一种状态（另一个阶段）运动的总体特征。在生命周期上，客户关系的发展是分阶段的，以下为五个阶段模型：

(1) 客户获取。发现和获取潜在客户，并通过有效渠道提供合适的价值定位以获取客户。
(2) 客户提升。通过刺激需求的产品组合或服务组合把客户培养成高价值客户。
(3) 客户成熟。使客户使用新产品，培养客户的忠诚度。
(4) 客户衰退。建立高危客户预警机制，延长客户的生命周期。
(5) 客户离网。该阶段主要是赢回客户。

(二) 客户细分

在电子商务环境下，企业与客户的距离大大缩短，使企业面对海量的客户数据；网络方便、快捷、实时、互动的特点，也为企业收集客户详细资料提供了有效的手段。在这种情况下，采取有效方法对客户进行细分，通过企业对客户价值和动态行为的认知，准确识别客户，区分客户群中的不同客户，将客户划分为不同的重要等级或类别，提供给他们需要的产品或服务，合理分配企业有限的资源，是电子商务环境下企业管理客户的第一步。

对客户进行差异化分析是将尽可能多的客户名输入数据库，定期或不定期地"净化"

客户信息。注意地址、联系办法等方面的变更；注意哪些重要客户对产品和服务多次提出抱怨？是否在本企业只订购一两种产品，而从其他企业订购比本企业更多的产品？悉心保持与这些客户的业务往来，常与之联系，解决问题。

识别"金牌"客户，运用以往的销售数据或其他现有较简易的数据，来预测本年度占到客户总数目5%的"金牌"客户是哪些。寻找出客户总数目20%的"拉后腿"客户。依据客户带给企业价值的大小，把客户分为A、B、C三类。减少对C类客户的投入及花费，把节约的资金和人力投向A类客户。

（三）客户保持

"客户忠诚之父"弗雷德里克·莱奇荷德（Reichheld）经调查指出：客户保持对公司的利润有着惊人的影响，客户保持率增加5%，企业平均利润增加幅度在25%~85%之间。所以，识别商业价值高的客户，与他们保持更主动的联系，提供产品服务和促销活动等信息。尝试找回过去失去的重要客户，说明可以重新开始合作的原因。通过信息技术的应用，为客户提供多种可能的联系渠道。改善对客户抱怨的处理，对其进行整理和分析，提高客户抱怨进行处理的"一次即圆满"的比率。

（四）客户升级

在电子商务环境下，客户与企业的接触点和沟通渠道越来越多，使企业有机会更深入地了解客户的偏好和购买行为，有助于企业更高效地满足客户的需求及其潜在需求。

个性化发给客户邮件，按照地区或产品进行分类，提供不同版本的客户服务文档。收集客户希望获得的企业信息，根据客户的要求进行调查，识别那些客户真正的需求，征求前几名客户的意见，了解他们希望企业提供哪些服务，实施对企业有价值客户的增量销售和交叉销售，进一步提高他们的价值与忠诚度，与他们建立起持续、长期、稳定的发展关系，从而实现企业利润最大化。这是电子商务环境下的企业管理客户的最终目的。

案例学习：
三只松鼠与客户的沟通

思想点拨

客户是企业发展生存的基础和命脉，为客户提供卓越的产品和服务是企业发展的重要策略，我们在做客户关系管理应秉持"以客户为中心，为客户提供优质产品和服务"的理念。通过开展客户关系管理了解客户、熟悉客户，从而为客户创造更多的价值。万不可通过客户关系管理进行"杀熟"等不符合职业道德的行为。

知识窗

网购中新客户和老客户购买过程异同

新客户一般是通过搜索或者广告进入网店，因为第一次购买顾虑比较多，所以进店之后要看产品样式、看信誉级别、看销售记录、比较产品价格、看客户评价，然后还要咨询、砍价、咨询售后服务，最后才成交购买。如果因为我们某一个环节服务不到位或者与客户沟通不畅，还容易产生纠纷。

老客户一般通过收藏或者网址直接进入我们的网店，因为之前有过购买经历，所以对网店的产品与服务比较放心。老客户会比较看重样式与店内活动，简单咨询或者不咨询就会直接拍下付款，收货之后产生的纠纷也会比较少，满意度很高（见图7-2）。

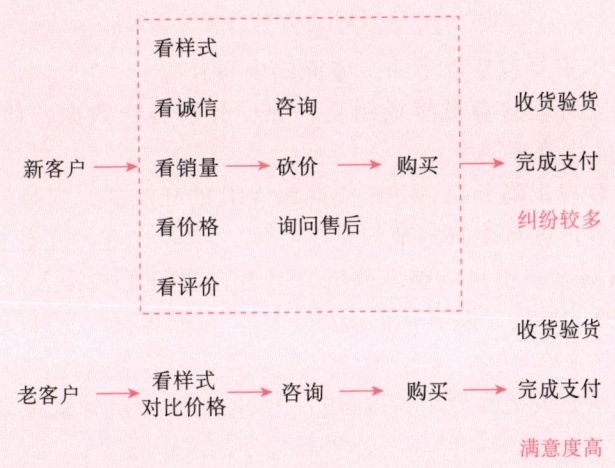

图7-2　新、老客户购买过程异同

显而易见，老客户比新客户购物过程更加简化，服务成本更低，通过科学测算，维护一个老客户再次购买的成本是开发一个新客户成本的1/7。

步骤三　建立客户关系管理系统

客户关系管理系统（CRM）是现代管理思想与计算机、通信、软件等技术相结合的产物，它的基本思想是以"客户为中心"，基于客户生命周期的全过程，把有关市场和客户信息进行统一管理，实现共享。CRM系统主要包含传统CRM系统和在线CRM系统。

由于管理技术和信息技术的日新月异，目前市场上推出了一些集CRM思想、营销模式、电子商务、数据挖掘、数据仓库和电话呼叫中心等为一体的CRM系统，为网络经济时代的企业应用CRM提供了先进的手段和方法。基于电子商务客户关系管理模式的企业利用网络技术等先进的技术手段，可以完整地记录每一位点击网站的客户的行为，从中获得客户的购买倾向、合作意向、购买历史、购买习惯、信誉记录、诉求记录，并通过对这些信息进行整理、分析，挖掘客户的潜在需求，并针对不同的客户提供个性化的服务，以满足客户对产品/服务的挑剔心理，最终通过自己独特的业务模式击败所有的竞争对手，从而实现对客户资源最有效的管理。

（一）CRM客服部门的组织架构

为了有效地进行客户关系管理，众多专业化的电子商务企业设置有专门的CRM管理部门，设有CRM部门主管、CRM专员等岗位。图7-3所示是一些企业客服部门的组织架构。

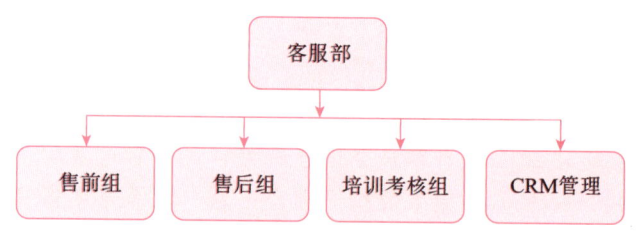

图 7-3　客服部门 CRM 管理组织架构

CRM 管理组的工作主要包括以下四个方面的内容：

1. 分级制度：建立合理的会员等级制度，统计分析客户数据，如增长率、回头率、客单价等客户数据，并优化管理制度。

2. 客户分组：将客户正确分组，并建立高级 VIP 的旺旺群，安排专员进行客户维护。

3. 客户关怀：对客户进行生日与节假日等关怀，与客户进行互动交流。所谓客户关怀，是指 CRM 系统能通过对客户信息的整理分析，对客户进行更加深入的了解，帮助企业主动地把握客户的需求，通过持续、差异化的服务手段，为顾客提供更加适合的产品或服务，最终实现客户忠诚度的有效提升。

4. 精准营销：根据会员实际分组情况进行相关的精准会员营销策划。

有些客服分类是按照客户的贡献度来进行等级分类的，但是这样的会员等级设置是否科学？会员等级设置应遵循什么样的规则？客户的价值由哪些因素决定？

（二）CRM 系统功能构成

CRM 系统的核心是客户数据的管理。对于电商企业的客户，需要了解他们的性别、年龄、收入状况、性格、爱好、家庭状况、购物时间、购买记录等，并进行统一的数据库管理，然后才能对他们进行有针对性的关怀和营销。企业可以把客户数据库看作是一个数据中心，利用它可以记录在整个市场与销售过程中和客户发生的各种活动，跟踪各类活动的状态，建立各类数据的统计模型，用于后期分析和决策支持。

为达到上述目的，一套 CRM 系统大多具备客户信息管理、市场营销管理、销售管理、服务管理和客户关怀、竞争对象记录与分析的功能。

一般而言，CRM 系统包含三大范畴：

营销（Marketing），例如，客户开发、促销活动管理……

销售（Sales），例如，销售自动化（SFA）、电话销售……

服务（Service），例如，客户服务（Customer Service）、呼叫中心（Call Center）……

从中可以细分为：

1. 客户基本信息管理模块。记录客户的消费信息以及对客户的信息进行分类、整理，并根据结果进行有的放矢地开发和有针对性地留住客户。

2. 市场营销管理模块。可以根据客户的现实数据进行市场分析与预测，提供个性化的市场信息，提供销售预测功能。

3. 销售管理模块。提供有效、快速且安全的交易方式，提供订单与合同管理。

4. 服务管理和客户关怀模块。提供呼叫中心服务（Call Center Service），提供客户支持、售后服务的自动化和优化功能，能有效地进行产品售后追踪、投诉记录和管理、服务结果的跟踪等。

5. 竞争者分析模块。记录主要竞争对手，记录主要竞争产品。

一套 CRM 集成系统的功能构成不是独立存在的，它是作为企业管理系统面向客户的前端工具，与企业后端的供应链管理（Supply Chain Management）紧密相关，从而保证 CRM 系统中每一张订单能够在保证利润的前提下有效及时地得到确认并确保执行。每一笔销售交易的达成都有赖于企业后台的支撑平台，即 ERP 系统（Enterprise Resource Planning System），其中包括分销与运输管理、生产与服务计划、信用与风险控制、成本与利润分析等功能。

随着电子商务的进一步发展，越来越多的 CRM 产品将建立在 Web 浏览器上，完成与 ERP 的整合，在保持传统销售管理的基础上，支持管理决策，提供可以满足客户个性化需求的途径，从而推动企业进一步发展。

知识窗

啤酒与尿布

客户信息是 CRM 系统的基础。数据仓库、商业智能、知识发现等技术的发展，使得收集、整理、加工和利用客户信息的质量大大提高。在这方面，一个美国最大的超市——沃尔玛对顾客购买清单信息的分析表明，啤酒和尿布经常同时出现在顾客的购买清单上。原来，美国很多男士在为自己小孩买尿布的时候，还要为自己带上几瓶啤酒。而在这个超市的货架上，这两种商品离得很远，因此，沃尔玛超市重新分配货架，把啤酒和尿布放得很近，使得购买尿布的男人很容易地看到啤酒，使得啤酒销量大增。这就是著名的"啤酒与尿布"的数据挖掘案例。

步骤四　建立并维护客户忠诚

很多人认为 CRM 是软件，其实 CRM 更是一种商业策略。国外企业很早就注重提升客户的忠诚度，增加消费群体的二次及多次消费，逐渐形成老客户介绍新客户，业务生成新业务的良好体系。很多著名的企业都很注重客户的维护，比如人们买电脑首先想到的就是联想、苹果等品牌，品牌效应就是建立在高质产品和高品质客户服务上的，这也是为什么这些企业能在激烈的竞争中脱颖而出的原因。

在网络经济下，客户是企业最重要的虚拟资产或潜在资产，客户保持就是供应商维持已建立的客户关系，使客户不断重复购买产品或服务的过程，从而为企业创造更多的价值。

电子商务环境下市场透明，缩小了企业、客户、竞争者间的距离，使客户非常容易流失和转变，客户保持实际上就是一个建立和保持客户忠诚的过程。客户利润的核心是客户忠诚，客户忠诚是客户保持的目标，高度的客户忠诚是客户不断重复购买的保证。只有把客户忠诚的理念作为其保持战略的着眼点，通过各种努力达到客户忠诚，才能有效地保持住客户。

（一）客户忠诚的建立

客户忠诚是客户在购买企业产品和服务的过程中体验各因素的结果，因此，建立客户忠诚的过程是从客户与企业或客户与产品接触开始的，这个过程如图7-4所示。

图7-4　建立客户忠诚的过程

客户对忠诚度各因素的体验与客户忠诚度之间是一个正相关作用的循环过程。各因素循环作用构成了一个正反馈系统：

（1）只有当客户感知你的产品和服务，并因此产生愉悦感，客户才可能对你产生信赖，他才会被你锁定，成为你忠诚的客户。此时，他对你必然信赖，会再次感知你的产品和服务，再次强化对忠诚度因素的体验，提升忠诚度。

（2）让客户成为你的推销员。如果客户感知你的产品和服务，产生越来越高的满意度，不仅能成为带来利润的老客户，而且也是你的义务推销员。假如客户对你失望，产生信赖怀疑，对你的忠诚度降低，此时如果不及时掌握情况和采取挽回措施，则会流失客户，带来利润损失。

（3）如果客户初次感知你的产品和服务，就产生了较低的满意度或不满意情绪，那么，要帮助客户产生愉悦感是不可能的。一般情况下，他会变成你难以再争取到的流失客户，离去的客户同时也将给你带来潜在客户和间接利润的损失。

> **思想点拨**
>
> 建立客户忠诚，不仅仅是从产品、服务等企业内部视角入手。有时从社会发展的视角出发，弘扬家国情怀，践行社会主义核心价值观，体现企业的责任担当，更能引发客户甚至全社会的共鸣，快速有效地培育客户忠诚。例如，2021年7月，河南省郑州市遭遇了特大洪灾，多年来发展每况愈下的鸿星尔克慷慨捐出5000万元物资，此举一经媒体报道，获得全社会认可，鸿星尔克收获了大量粉丝和忠诚客户。

（二）忠诚客户的效益

忠诚客户所带来的收获是长期且具有累积效果的。一个客户能保持忠诚度越久，企业从他那里得到的利益越多。

1. 销售量上升。忠诚客户都是良性消费者，他们向企业重复购买产品或服务，而不会刻意去追求价格上的折扣，并且他们会带动和影响自己周围人购买，从而保证了企业销量的不断上升，使企业拥有一个稳定的利润来源。

2. 加强竞争地位。忠诚客户持续地向企业而非企业的竞争对手购买产品或服务，则该企业在市场上的地位会变得更加稳固。如果客户发现所购产品或服务存在某些缺陷，或在使用中发生故障，能做到以谅解的心情主动向企业反馈信息，求得解决，而不是采取投诉或向媒体披露等手段扩大事端，企业将取得更大的收益，使企业在激烈竞争中立于不败之地。

3. 能够减少营销费用。首先，通过忠诚度高的客户多次购买，你甚至可以定量分析出他们的购买频度，不必再花更多金钱去吸引他们；其次，关系熟了，还会减少合约谈判及命令传达等经营管理费用；再次，这些忠诚的顾客还会向他们的朋友宣传，为企业赢得更多正面的口碑。忠诚的客户乐于向他人推荐你的生意。有趣的是，被推荐者相对于一般客户更亲近于你、更忠诚于你。正是由于这点，许多人对自卖自夸的广告不会倾注热情，虽然他们的广告策划得很优秀。

4. 不必进行价格战。忠诚的客户会排斥你的竞争对手，他们不会被竞争者的小利所诱惑，会自动拒绝其他品牌的吸引，只要忠诚的纽带未被打破，他们甚至不屑胜你一筹的对手，所以不必与竞争者进行价格战。

5. 有利于新产品推广。忠诚的客户在购买你的产品或你的服务时，选择呈多样性，他们信任你、支持你，所以他们会较其他客户更关注你所提供的新产品或新服务。一个忠诚的客户会很乐意尝试新业务并向周围的人们介绍，有利于企业拓展新业务。

（三）培养客户忠诚度的原则

1. 以诚意表示感谢。向客户表示感谢最有效的方式是用诚意去奖励，而不是用钱。当顾客使用你的产品而你向客户表示感谢时，与对客户的价值相比，它的实际价值更要便宜。即使你没有免费，而是按成本价或是打折，这依然是一种用诚意而不是现金表示感谢的方式。如果做得好，表示感谢花不了多少钱。"用心不用钱"同样可以通过帮助客户在原材料方面获得更好的价格来表示对他的感谢，运用影响力或者途径来帮助自己的客户。不管客户、消费者还是其他公司，都应该寻求一种用心表示感谢的方式。

2. 最深的感谢留给最好的客户。许多公司把最好、最优惠的交易条件提供给新客户。这其实是一个倒退，应该为最好的客户提供最好的条件。新客户的素质是个未知数，不知道最后他们会让企业得到多少利润。而你能清楚地了解目前的客户，找出谁是最有价值的客户，奖励他们以保住他们的忠诚，千万不要失去他们。

3. 以促进业务的方式表示感谢。对潜在客户常常会有免费使用，这是增加感谢效果的一个好战略。但更好的战略是多给忠诚的客户一张免费入场券，以鼓励他们把其他人带进来。会员制的俱乐部这样做会有非常好的成效。企业也可以用产品来奖励忠诚的客户，以鼓励他们与公司做更多的生意。

4. 感谢不能过早或过晚。如果在还没有经过足够的时间以建立关系之前就表示感谢，那就和折扣差不多。同样，如果感谢表示得太晚，也就失去了意义。

5. 表示将会感谢。一些购物商场开展的会员累计消费奖励计划绝妙的设计就是在一开始就告诉你：有个很大的感谢在等着你。你购物越多，得到的感谢就会越大。在其他一些项目中，感谢是一个惊喜，令人高兴，但仍是惊喜。如果公司已经计划要表示感谢，公司就应该提前让自己的客户知道，这样他们才会为此而努力，就没必要像在生日晚会上给人一个惊喜那样对待客户。告诉他们前面有一个礼物等着他们，并不会破坏他们的感觉。

6. 准备为客户的忠诚而竞争。表示感谢是让客户忠诚于你的一种方式。当然，你必须和那些也希望得到这些忠诚客户的人竞争。一种竞争的方式就是给出很大的折扣来吸引客户，这个战略的问题就是其他人也会如法炮制，然后你手上的一些客户有可能会离开而成为别人的客户。结果可能是,市场份额没有发生改变,仅是一个昂贵的客户重组过程,以及总体忠诚度的降低。

7. 允许竞争者也拥有忠诚的客户。正如从忠诚的客户身上获得利益一样,也不应去破坏别人的这种机会,因为这不会是个漂亮的做法,还是考虑其他方法为上策。试想,如果竞争者没有什么忠诚的客户,他们就不会考虑提价,实际上为了使损失更少,他们更有可能以降价来吸引你的忠诚客户。如果竞争者发展了他们自己的忠诚客户,这也很有利。正如人们所说的,住在同一个玻璃屋子里的对手不会朝你扔石头。

8. 对供应商表示感谢。在价值链中,每一个针对客户的战略都有一个供应的系统针对供应商。正如应该奖励忠诚的客户一样,关系是双方的,供应商同样希望能够忠诚于他们,所以也应该奖励忠诚的供应商。理解应该对供应商表示感谢的公司常会把其应用于对待员工,他们常把公司的产品免费或者以很大的折扣卖给忠诚的供应商,也可以运用自己的影响力或渠道去帮助供应商在原材料方面得到一个好的价格。

步骤五 维护好大客户

能否把大客户发展成为企业稳定的、长期合作的战略性合作伙伴,是企业能否实现可持续发展的非常关键的因素之一,所以要把对大客户的管理和服务工作放到客户关系管理工作最突出的位置来实施。

要实施大客户管理,首先要清楚哪些是大客户,什么样的客户是大客户,这就需要建立大客户的评价标准和定期评判机制。

大客户评价标准,是用以解决什么样的客户属大客户的问题。企业应结合多年的销售管理经验,综合考虑客户的合同量、单价、销售收入、回款率、利润水平、质量损失以及客户行业影响力、商业信誉等因素,制定具有可操作性的量化评级标准,而后确定大客户,形成大客户清单。做好大客户的客户关系管理有三项基础性的工作必须要配套开展起来。

(一) 建立大客户业务档案

加强对大客户管理的最基础的工作,也是必不可少的工作,便是建立大客户业务档案。要通过认真持续、长期的跟踪、调查和总结,对大客户的产量规模、产品结构、生产线状况、发展规划、主要业务人员和决策人员情况、同行业在客户处的市场份额等信息有一个系统的掌握,并建立一整套规范的档案资料。这样的客户档案,是企业重要的商业秘密和无形资产,对企业在商战中的科学决策以及赢得市场主动权有着非常重要的意义。

(二) 建立大客户回访和跟踪服务机制

我们平时常说"跑业务",所谓"跑",就是要接触客户,缩短与客户的距离,与客户进行有效的互动。这就要求企业建立一种科学完善的大客户走访和跟踪服务机制,通过走访和跟踪服务机制的运转来推进客户关系的发展,拓宽合作范围,加深合作层次,最终实现企业间的良好战略合作,成为共赢、互信的战略伙伴。大客户走访和跟踪服务机制的建立,要注意从三个层面共同推进:一是领导层面的走访机制;二是技术层次的走访和服务机制;三是业务层面的走访和服务机制。

(三) 制定针对大客户的销售政策

大客户与一般客户对企业重要性的不同,决定了二者在销售政策上应有所区别。这种区别应能保证大客户资源的稳定和发展。对于合同量大、回款良好的大客户，可以适度地给予一定的价格优惠；对于价格较高、合同稳定的客户，可以在货款回收上适度地放宽；对于合作良好、无质量异议损失的客户，可以适当地增加销售费用，增加走访次数。业务员的销售费用提成比例也要根据客户的情况有所分别，大客户的提成比例要有别于一般客户，要在企业掌握主动权和调动业务员积极性两个方面寻求平衡，达到最佳效果。

企业在大客户管理方面有很多可取的措施，也有很多不足，企业有必要对销售政策和客户关系管理方式进行系统的修改和完善。只有建立一套科学合理的系统方法，才能保护好大客户这一宝贵资源，使之不至于流失或萎缩，稳固企业的经营基础，使企业得以长期稳定高效发展。

> **思想点拨**
>
> 对于大部分企业来讲，80%的利润来自20%的大客户，因此，企业在进行客户关系管理时会对客户分级管理。在分级时，要运用正确的方法，融入"自由、平等、公正"等社会主义核心价值观理念，不能让小客户感到受歧视、不公正待遇，否则很容易丢失小客户，进而引发企业的生存危机。

任务二
客户关系管理工具应用

任务要点

认知网络客户关系管理工具功能和内容，掌握其应用方法和技巧及实施步骤。

任务情境

作为新客服人员，小李被再三强调客户关系管理是新时代企业竞争力的关键。网络时代企业对客户关系管理必须主动出击，并保持全天候24小时的维护，这种要求离不开各种工具软件的支持。因此开发和建立各种形式的客户关系管理系统及工具并能熟练掌握运用它，是电商企业进行客户维系的有力保证。

任务分析

客户关系管理是一套先进的管理模式，其实施要取得成功，必须有强大的技术和工具支持。CRM 软件是实施客户关系管理必不可少的一套技术和工具集成的支持平台。CRM 管理系统基于网络、通信、计算机等信息技术，能实现企业前台、后台不同职能部门的无缝连接，能够协助管理者更好地完成客户关系管理的两项基本任务：识别和保持有价值客户。其功能可以归纳为三个方面：对销售、营销和客户服务三部分业务流程的信息化；与客户进行沟通所需要的手段（如电话、传真、网络、E-mail 等）的集成和自动化处理；对上面两部分功能所积累下的信息进行加工处理，产生客户智能，为企业的战略战术决策做支持。

任务实施

步骤一　做好 CRM 客户关系管理工具的选型

（一）CRM 系统类型划分

随着 CRM 市场壮大，面对复杂多样的 CRM 系统，业界人士开始重视 CRM 的类型划分。

1. 根据服务器来划分，可分为产品型 CRM 和租用型 CRM。

（1）产品型 CRM，服务器架设在企业内部，CRM 系统安装在企业内部的服务器上，数据由自己来保管。一般是一次性购买终身使用，每年只需交少量的服务费。

（2）租用型 CRM，CRM 系统和服务器都由软件供应商提供，采取月付费或是年付费方式，数据保存在软件供应商处。对于短期内预算较少的企业比较好。

2. 根据产品功能划分，可分为操作型 CRM、协作型 CRM 和分析型 CRM 三类。

（1）操作型 CRM 也称"运营型 CRM""前台 CRM"等。该类 CRM 的主要设计目的是让销售、营销、客户服务、技术支持等部门在日常工作中共享客户资源，减少信息流动滞留点。同时，具有一定的分析能力，通过多个渠道快速、全面地获得客户的信息以及相关的联系等，使得与客户的联系变得连续，呈现给客户的信息一致。

（2）协作型 CRM 又称"渠道型 CRM"，是指将企业销售、客户服务人员同客户接触的各种渠道进行整合，通过统一的标准化接口与后台的支撑系统、业务网中的业务平台和业务管理平台以及其他的外部系统实现互联，使客户的同一个服务请求可以在各个相关系统平台上得到统一的展示。构建"多渠道接入，全业务服务"的统一的客户接触门户是协作型 CRM 所要完成的任务。协作型 CRM 目前主要应用于呼叫中心、多渠道联络中心、帮助前台以及自助服务帮助导航等。

（3）分析型 CRM 是从大量的客户数据中提取有用的信息进行分析，对未来趋势做出预测，协助企业制订市场计划和发展方向。分析型 CRM 包括操作型和协作型系统的功能，并同时提供商业智能能力，最终使运营商将客户信息转交为客户知识，将企业原有的客户信息管理系统提升到客户知识管理系统的高度。通过建立数据仓库、运用数据挖掘、商业智能等技术手段，对大量的客户信息进行分析，可以让运营商更好地了解客户的消费模式，并对客户进行分类（如根据客户的当前贡献与潜在贡献，寻找对企业最为重要的大客户），从而能针对客户的实际需求制定相应的营销战略，开发出相应的产品或服务，更好地满足客户需求。这不仅是大规模定制及一对一营销模式的核心思想，也是今后主流 CRM。

3. 按照生产厂商的技术支持划分，可分为传统 ERP 型、数据分析型、传统呼叫中心型和前端办公型四类。

（1）传统 ERP 型。该类产品的最大特点是采用了客户智能、融会贯通的交流渠道和基于 Internet 技术的应用体系结构三个关键战略。

（2）数据分析型，数据仓库是 CRM 进行客户分析的基础，数据仓库所建立的客户数据库使企业能收集到更详细的客户信息档案，以便对现有客户提供更好的服务，也可以建立一个预测模型，尽可能准确地预报客户流失的概率和可能性，以便及早采取相应的措施。

（3）传统呼叫中心型，Call Center 是传统客户关系管理理论的表现，Internet 呼叫中心可以将传统的呼叫中心转化为多媒体呼叫中心，从而为企业提供了包括语音、VoIP、文本交谈、电子邮件等多种媒体接入方式，帮助企业提供最高等级的在线客户服务，并迅速在网上完成交易。

（4）前端办公型，大多数都是销售部门专用软件，在 Front – office 阶段，主要目的是提高销售部门效率，适用于销售人员在 300 人以下，多部门、多业务、跨地区销售的统一管理，能帮助企业统一管理客户资源；建立畅通有效的客户交流渠道，实现全过程销售自动化、智能化。

4. 还有一个划分方式是按照系统架构，分为 B/S 架构和 C/S 架构。目前国际上主流的系统架构都是采用 B/S 架构，国内也是如此。但很多特定的情况下必须使用 C/S 架构。

（二）CRM 系统的部署

目前 CRM 软件的部署有两种方式：一种是用户自己购买 CRM 软件；另一种是使用 CRM 的 SaaS 服务商提供的 CRM 软件服务。对于第一种情况，用户选型时特别要注意软件的灵活性和可扩展性。对于第二种情况，用户选型时要注意自身的实际需求。

自淘宝推出开放平台战略之后，有越来越多的软件服务商加入到店铺管理软件的开发中来，其中客户关系管理系统是店铺软件的一大类。

从千牛工作后台进入服务市场，搜索"客户关系管理"，就可以看到第三方企业提供的客户关系管理系统，如图 7 – 5 所示。

图 7 – 5　服务市场的客户关系管理系统

当前比较有影响力的客户关系管理软件有 E 店宝 ERP 系统、淘喜欢、客户管理助手、淘管用等。这些软件有的侧重于数据库管理，有的侧重于二次推广与营销，有的侧重于客户关怀，功能各有千秋，但是更新速度都非常快。店主可以根据自身需要选择适合自己需要的客户关系管理软件。

步骤二　了解 CRM 客户关系管理的实施步骤

如何进行电子商务客户关系管理？一般来说分为四步：数据收集、等级设置、客户分组、客户关怀与营销，如图 7-6 所示。

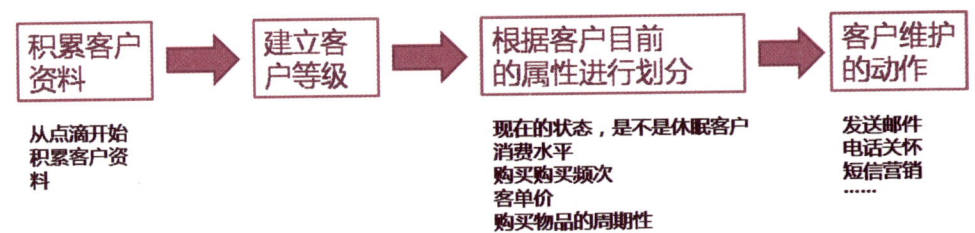

图 7-6　客户关系管理的步骤

（一）数据收集

客户关系管理的基础是客户数据，通过网店后台我们可以查看到最基本的客户资料，如手机、邮箱、地址等信息，但是更多的客户资料，比如生日、兴趣、爱好、肤色等是需要我们网店的客服在聊天的过程中不断收集和整理的。

卖家可以点击会员管理下面的会员详情，输入查询条件，系统会显示符合要求的会员，卖家通过后面的会员资料即可查看会员详细信息，点击交易详情，系统会显示会员在卖家店铺的交易情况，如图 7-7 所示。

会员名称	会员级别	交易笔数	交易总额	平均客单价（元）	上次交易时间	下单终端	操作
红莲暗影	二星会员	2	406.00	203.00	2021-09-09 21:55:33	💻📱	查看积分明细
meimei1190	四星会员	5	539.00	107.80	2020-03-06 13:46:38	💻📱	查看积分明细

图 7-7　买家信息列表

在会员资料详情页面，卖家可以在会员资料里面手工维护会员的等级和备注信息，如图 7-8 所示。

设置完成后，在卖家的旺旺对话框中将关于买家详细信息以及以往在该家店中的购物信息显示在旺旺名片中，方便卖家对买家进行全方位的了解，便于双方更好地沟通。如果我们使用第三方客户关系管理软件，可以添加更多的标签和字段，这些标签和字段会方便我们在会员管理中搜索和筛选。

真实姓名	李**	性别	男	生日	1993-9-19
省份	广东省东莞市				
会员级别	店铺客户	会员状态	享受折扣		
信用等级	★★★★	交易次数	1次	交易金额	95.00（元）
上次交易时间	2023-12-30	宝贝件数	4件	平均订单金额	95.00（元）
交易关闭数	3笔	客户来源	交易成功		

图 7-8　客户资料详情

（二）等级设置

淘宝网店后台的会员管理工具提供了会员等级设置功能，登录淘宝网店后台，从左侧栏点击进入会员关系管理，选择"等级设置"选项卡，如图 7-9 所示。

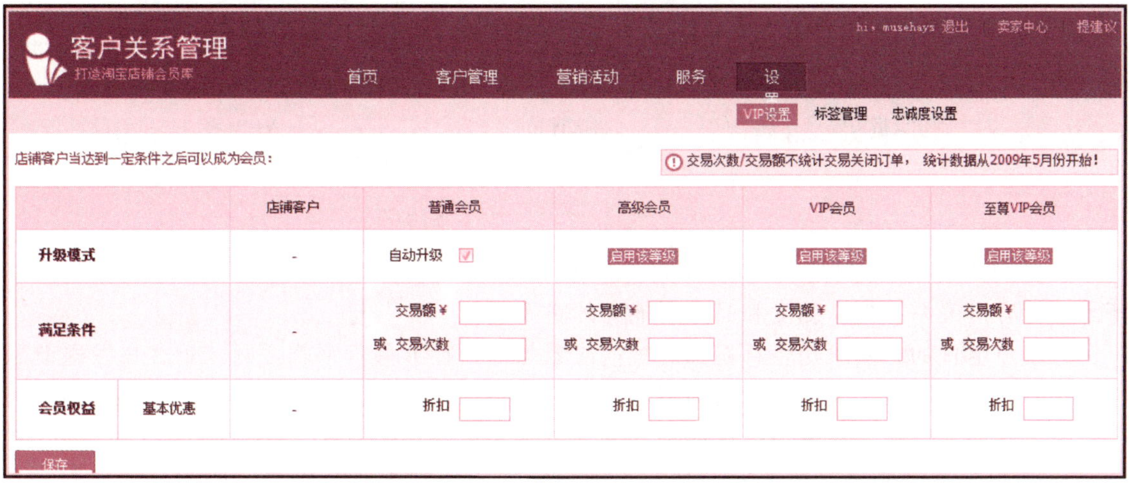

图 7-9　会员等级设置

淘宝网店后台的会员管理工具将会员分为普通会员、高级会员、VIP 会员、至尊 VIP 会员四个等级。可以根据消费金额与消费次数进行会员等级设置。

（三）客户分组

通过会员等级设置，所有会员根据购物金额或交易笔数会自动成为各等级的会员，当他们的金额或交易笔数达到相应规定时，会员等级会自动升级，并有相应的优惠折扣或者特权。

（四）客户关怀与营销

掌握和了解了所有的客户信息之后，就要利用这些信息与我们的客户进行互动和交流，客户是用来关怀的，不是用来骚扰和推销的，只有和客户建立起情感上的信任与交流，客户才会成为我们的忠实客户。

1. VIP会员维护。VIP会员是我们最大的财富，他们的人数虽然很少，但是购买力强大，将这些客户群体维护好，使其成为我们忠实的客户，是客户关系管理中的头等大事。

为了和VIP会员之间建立起直接的联系，我们可以建立一个VIP会员的旺旺群，通过这个群来交流感情，传达促销信息，维护VIP会员群体。

为了让VIP会员有更加尊贵的感觉，让他们更加重视这个VIP资格，除了淘宝网店系统提供的折扣优惠之外，可以为他们发放专门的实物会员卡，并且每年都进行一次评估。对VIP会员的评估可以参照图7-10所示流程（VIP顾客为一年内订购次数在3次以上，销售数量在10件以上，销售金额在1万元以上的忠实顾客）。

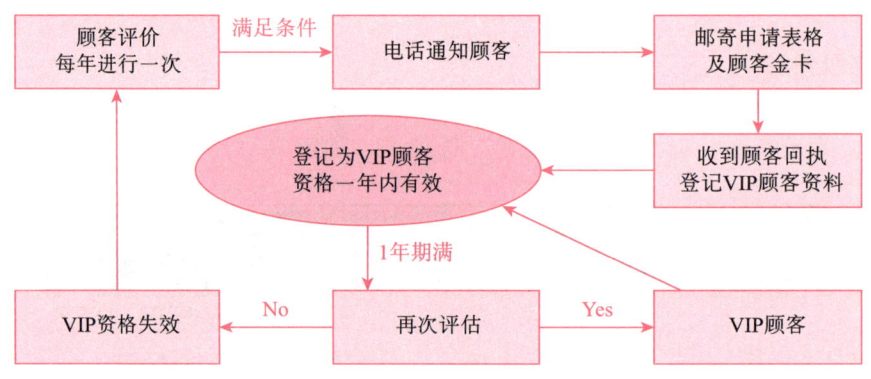

图7-10 会员标签设置

2. 生日与节假日关怀。客户关系管理的核心是关怀，对客户进行生日关怀、节假日关怀是拉近客户关系，提升黏度和品牌影响力的重要手段。

在客户生日的时候发送生日祝福的短信或者邮件，在节假日来临之际，给客户发送节假日短信，在客户购买7天后发短信提醒客户使用，在购买28天后询问客户的产品使用效果，在会员卡到期发送短信提醒……这些都是非常有效的客户关怀方式。

3. 客户关系管理与营销手段。与客户进行沟通主要有电话、短信、EDM、邮件和SNS等几种方式。不同的方式，有着不同的效果，适合不同的对象。

（1）电话回访：电话回访是顾客感受度最好的营销方式之一，准确率和转化率也非常高，平均成本也是最高的一种方式。这种方式使用率比较少，适合与VIP老客户之间沟通，会让客户感觉受到重视。如果电话不是回访而是推销，次数过多就会引起客户的反感。

（2）短信营销：成本较低，且准确度较高。一般短信的到达率及顾客查看的比率是在营销方法中偏高的，但整体的转化率偏低，具体转化率需看活动力度。短信营销要注意控制字数，所有信息尽量在一条短信内写完，另外发送频率不要过高，否则会被视为骚扰短信。

（3）EDM营销：成本较低，因为可以直接点击页面，活动转化率比较高，但是顾客查看的概率也较高，因此需要提前准备网页设计，通过客户关系管理工具的信息通道可以给不同的等级、标签和条件的客户发送站内信息和优惠券，但需要收取一定的费用。

（4）邮件营销：邮件营销是成本最低、监测效果较好、信息包含量最大、应用范围最广泛的营销方式。邮件营销需要进行详细的活动策划、页面设计，并建立专门的邮件服务器和监控反馈系统。

（5）SNS营销：SNS营销是一种新兴的营销方式，投入成本最低、维护客户最多、互动性最高，是现在很多企业用来传播企业文化，进行推广营销的重要工具。现在越来越多的企业也开始建立官方微博，与客户和网民互动，一方面传播企业文化，另一方面进行客户关系管理与营销。

> **思想点拨**
>
> 2020年，中华人民共和国工业和信息化部出台《通信短信息和语音呼叫服务管理规定》，规定提出，未经用户同意不得发送商业短信或拨打电话。作为客服人员，应多关注、努力学习国家有关法律法规，合法合规开展业务。

> **知识窗**
>
> ### 客户关系管理的 RFM 模型
>
> 在众多的客户关系管理（CRM）的分析模式中，RFM模型被广泛提及。RFM模型是衡量客户价值和客户创利能力的重要工具和手段。该模型通过一个客户的近期购买行为、购买的总体频率以及花了多少钱三项指标来描述该客户的价值状况。
>
> 在RFM模型中，R（Recency）表示客户最近一次购买的时间有多远，F（Frequency）表示客户在最近一段时间内购买的次数，M（Monetary）表示客户在最近一段时间内购买的金额。一般的分析型CRM着重于对客户贡献度的分析，RFM模型则强调以客户的行为来区分客户。
>
> 最近一次消费（Recency）是指最近一次购买的时间。这是维系顾客的一个重要指标，一般来讲，最近一次购买时间距离现在越近，其再次购买的可能性越大。
>
> 消费频率（Frequency）是指顾客在特定时间段内购买的次数。消费频率越高，往往代表着顾客满意度甚至顾客忠诚度也越高，因此，绝大多数企业非常重视消费频率这一指标。
>
> 消费金额（Monetary）是所有数据库报告的支柱，也可以验证"二八法则"——公司80%的收入来自20%的顾客。通常一个网店排名前10%的顾客所花费的金额比下一个等级者多出至少2倍，占公司营业额的40%以上。
>
> 我们把RFM模型中的三个指标分为五个等级，可以把顾客分成 $5 \times 5 \times 5 = 125$ 类，对其进行数据分析，然后制定我们的营销策略。我们以一年作为会员分类的考核期，那么我们对三个指标的打分标准作如下规定，如表7-1所示。

表 7-1

分数	R（时间）	F（频率）	M（金额）
5	R≤1 个月	6 次≤F	2 000 元≤M
4	1 个月＜R≤3 个月	4 次≤F≤5 次	1 000 元≤M≤1 999 元
3	3 个月＜R≤4 个月	F=3 次	500 元≤M≤999 元
2	4 个月＜R≤7 个月	F=2 次	300 元≤M≤499 元
1	7 个月＜R≤1 年	F=1 次	M≤299 元

根据 RFM 值计算公式可知，每个顾客最后的 RFM 分值 =1R+3F+4M，再根据得分将客户分成四个等级，如表 7-2 所示。

表 7-2

RFM 值	顾客级别
36～40	P（Platinum）
26～35	G（Gold）
17～25	S（Silver）
1～16	B（Bronze）

根据表 7-2，顾客级别可分为 P（Platinum）至尊 VIP 会员、G（Gold）VIP 会员、S（Silver）高级会员、B（Bronze）普通会员四个级别。现在很多客户关系管理软件都是采用 RFM 模型来自动进行 RFM 值计算与客户分类的。

步骤三　了解 CRM 客户关系管理工具的使用

淘宝及京东店铺的后台也有平台配备的 CRM 客户关系管理工具，此步骤以京东店铺为例，讲述 CRM 客户关系管理工具的使用。

1. 登录京麦工作后台，选择左侧菜单中的"营销中心"，再点击"客户运营"即可进入客户运营平台，如图 7-11、图 7-12 所示。

2. 客户运营系统的功能分类有用户管理、会员管理、会员积分、客户营销、工具箱、公众号营销与互动营销等，客服人员根据店铺客户管理需要选择相应的功能与模块。

客户运营系统显示会员贡献、渠道分析、客户概述、营销数据等功能模块，方便了解会员最近 30 天的消费情况、会员的来源渠道、近两天的店铺访客及营销数据情况，如图 7-13、图 7-14 所示。

项目七 管理客户关系

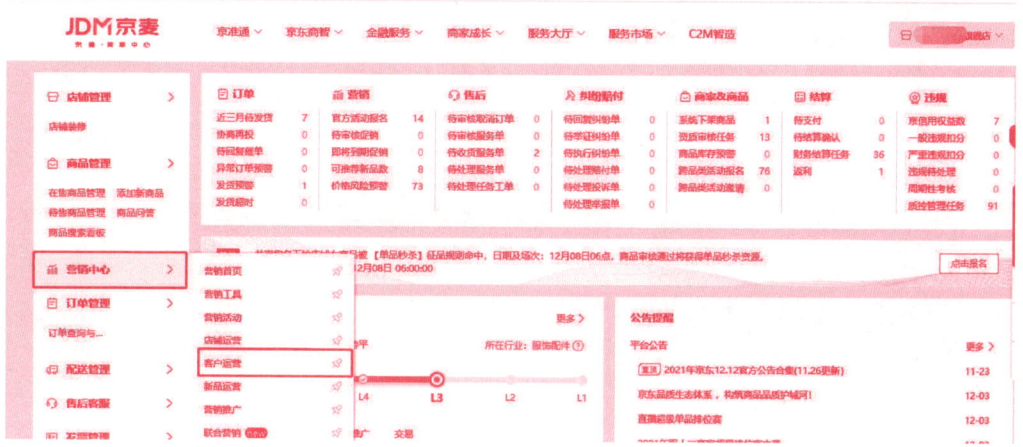

图 7-11 京麦商家后台

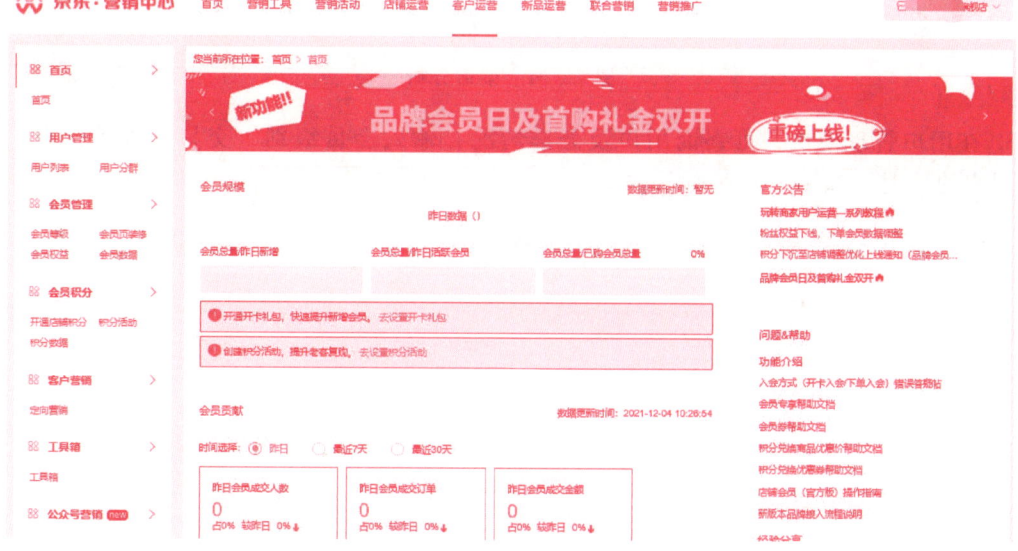

图 7-12 京麦"客户运营"系统首页

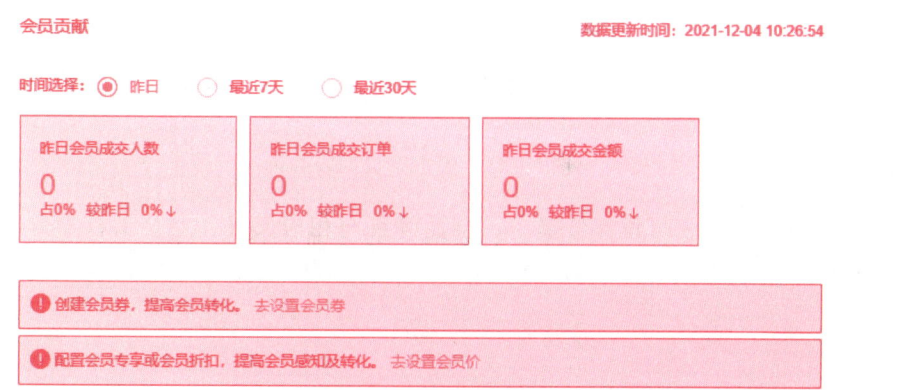

图 7-13 会员贡献

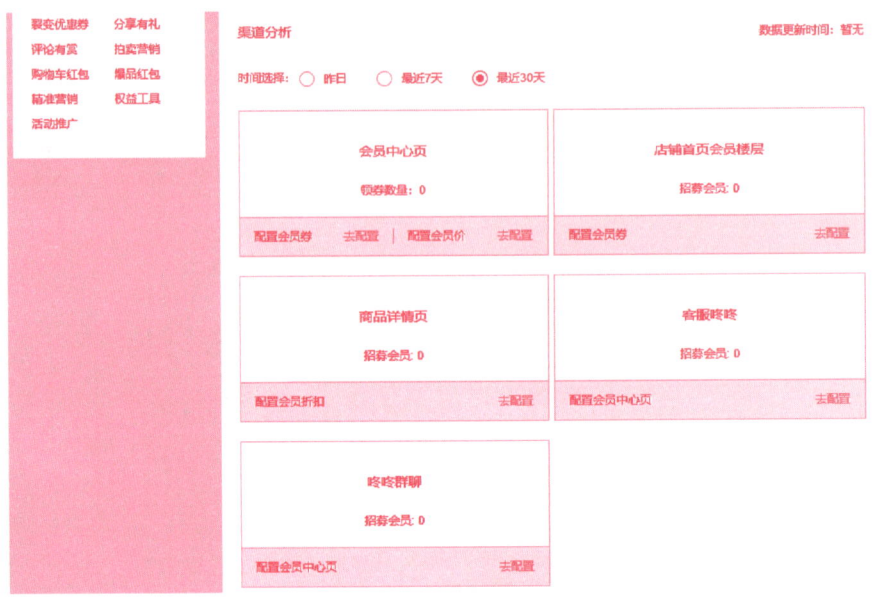

图 7-14　渠道分析

3. 在用户管理模块，可查询用户及分群情况，输入会员级别、交易笔数等信息，可查询该用户的情况，如图 7-15 所示。

图 7-15　用户会员列表查询

4. 在会员管理模块，可设置会员卡、会员等级与相应条件，及会员权益等，如图 7-16、图 7-17 所示。

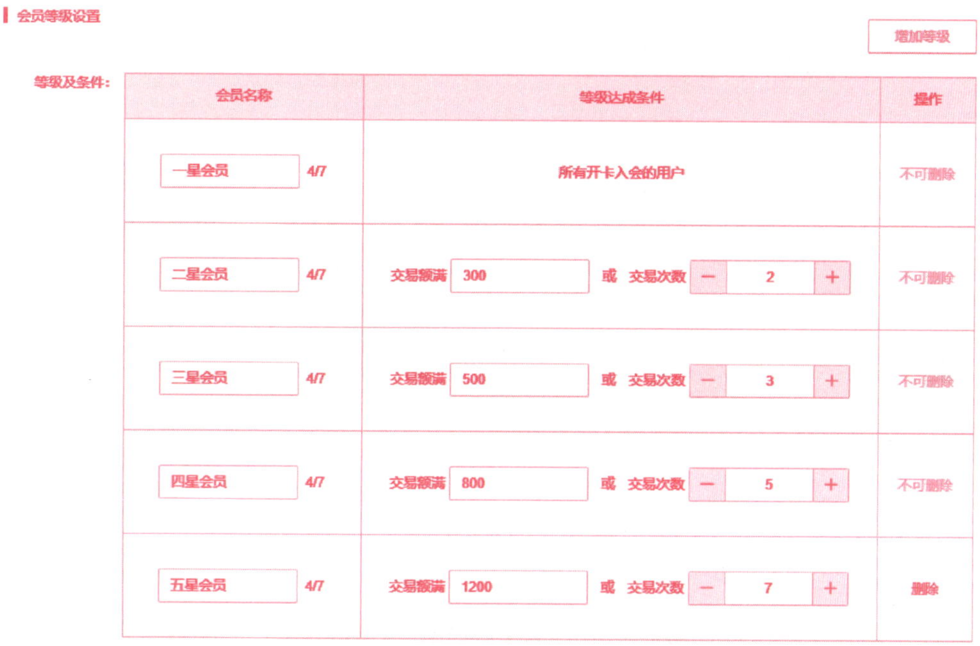

图 7－16 会员等级及相应条件设置

图 7－17 会员权益设置

5. 在会员积分模块，可开通店铺的会员积分，设置会员积分活动等。会员在店铺消费后可获得积分，一定的积分又可兑换商品优惠价、优惠券、红包、商品实物等。通过设置会员积分，加强与客户会员的互动，增加客户黏性。会员积分设置，如图 7－18 所示。

图 7-18 会员积分设置

6. 在客户营销模块，可针对客户开展定向营销。定向营销主要包括定向优惠券、购物车营销、人群同步、短信营销、首购礼金优惠券、首购礼金促销等，如图 7-19 所示。

图 7-19 不同类型的定向营销活动

店铺可根据不同的需要设置不同的定向营销活动，如可对定向人群创建专属优惠券，可对部分加购用户在购物车页面进行优惠券信息推送，可向定向人群进行短信触达，向其推荐活动信息，可针对店铺新客设置首购礼金优惠券。

7. 在工具箱模块，可设置短信向客户推送，告知客户店铺的活动或优惠信息，促使老客户回购，提升复购率。短信的设置，如图 7-20 所示。

项目七　管理客户关系

短信模板		
官方模板　自定义模板		新建模板
短信内容	计数	
【店铺签名】双十一狂欢，错过等一年，打开京东App"我的-优惠券"，领取#优惠券面额#优惠券，提前加购啦！回T退订	54字符，1条短信	
【店铺签名】新品上架，打开京东App"我的-优惠券"，领取#优惠券面额#优惠券，赶快来尝鲜！回T退订	48字符，1条短信	
【店铺签名】亲爱的会员，我们想你了，特别赠上一张#优惠券面额#优惠券，打开京东App"我的-优惠券"领取吧。回T退订	55字符，1条短信	
【店铺签名】店内好货热卖中，打开京东App"我的-优惠券"，领取#优惠券面额#优惠券，数量有限赶紧下手哦。回T退订	54字符，1条短信	
【店铺签名】双十二好价再续，错过等一年，领取#优惠券面额#优惠券，提前加购哦！请置#优惠券领取短链接#回T退订	57字符，1条短信	

图 7-20　短信设置

8. 在公众号营销模块，主要分为微信营销活动和公众号管理两部分。可打通站内外数据，开展微信场景下的拉新、活跃、转化营销玩法，助力店铺开启微信私域经营，迎来持续增长。比如可设置优惠券、京豆、红包等多种奖励，引导用户在微信朋友圈分享好友，让好友完成关注微信公众号、成为会员、关注店铺等助力操作。活动的海报版式，如图 7-21 所示。

图 7-21　公众号营销活动海报

9. 在互动营销模块，可以设置不同的活动，加强与用户的互动，促进新客户下单并成为会员，增强老客户的黏性。此模块的互动营销活动较多，主要有签到有礼、店铺抽奖、店铺夺宝岛、店铺礼包、新人有礼、收藏有礼、裂变优惠券、分享有礼、评论有赏、拍卖营销、购物车红包、爆品红包、精准营销、权益工具、活动推广等。每一种活动的适应场景、营销玩法及目的都不同，需要店铺结合自身实际情况进行选择。比如签到有礼活动，对于一些老客户较多、购买频次高的店铺，可设置此活动，当用户连续签到天数签满后可获得对应奖励。通过签到有礼，既增加了店铺每日的访客数量，又促进了与店铺老客户的互动交流，有利于客户关系的维护，提升客户忠诚度。签到有礼活动设置，如图7-22所示。

图7-22 签到有礼活动

步骤四 认识呼叫中心

CRM的典型应用就是呼叫中心。在市场竞争越演越烈的客观情况下，呼叫中心所提供的服务已由被动服务转化为主动服务。在可以预期的将来，中国企业的通信成本将会降低，这将推动互联网、电话的发展，进而推动呼叫中心的发展。网络和电话的结合，使企业得以统一的平台面对客户。

（一）呼叫中心的概念

呼叫中心又称"客户服务中心"，是指综合利用先进的通信及计算机技术，对信息和物资流程进行优化处理和管理，实现集中沟通服务和生产指挥系统。呼叫中心的发展过程为：

第一代呼叫中心——人工热线电话系统；

第二代呼叫中心——交互式自动语言应答系统；

第三代呼叫中心——兼有自动语言与人工服务的客户系统；

第四代呼叫中心——网络多媒体客服中心。

（二）呼叫中心的类型与服务方式

呼叫中心的类型有：自营性呼叫中心，是企业自身建立的独立的呼叫中心；外包性呼叫中心，是企业把呼叫业务外包给专业的呼叫中心服务商。

其服务方式有：①呼入方式，接听顾客来电，为顾客提供一系列的服务和支持；②呼出方式，从事市场营销和电话销售活动为主，是企业的利润中心；③呼入与呼出混合方式。

你自己平时接触过的呼叫中心都在什么行业？呼叫中心企业给我们生活带来什么作用？

（三）呼叫中心在 CRM 系统中的作用和主要功能

呼叫中心是 CRM 系统中企业与客户联系的重要窗口，其目标是利用电话来促进销售、营销和服务。呼叫中心能够让客户感受到自己是价值的中心，能更好地维护客户忠诚度。其主要功能有：

1. 电话管理，主要包括呼入呼出电话处理、互联网回呼、呼叫中心运营管理、图形用户界面软件电话、应用系统弹出屏幕、友好电话转移、路由选择等。

2. 开放连接服务，支持绝大多数的自动排队机。

3. 语音集成服务，支持大部分交互式语音应答系统。

4. 报表统计分析，提供了很多图形化分析报表，可进行呼叫时长分析、等候时长分析、呼入呼叫汇总分析、座席负载率分析、呼叫接失率分析、呼叫传送率分析、座席绩效对比分析等。

5. 管理分析工具，进行实时的性能指数和趋势分析，将呼叫中心和座席的实际表现与设定的目标相比较，确定需要改进的区域。

6. 代理执行服务，支持传真、打印机、电话和电子邮件等，自动将客户所需的信息和资料发给客户。可选用不同配置，使发给客户的资料有针对性。

7. 自动拨号服务，管理所有的预拨电话，仅接通的电话才转到座席人员那里，节省了拨号时间。

8. 市场活动支持服务，管理电话营销、电话销售、电话服务等。

9. 呼入呼出调度管理，根据来电的数量和座席的服务水平为座席分配不同的呼入呼出电话，提高了客户服务水平和座席人员的生产率。

10. 多渠道接入服务，提供与 Internet 和其他渠道的连接服务，充分利用话务员的工作间隙收看 E – mail、回信等。

知识窗

800 与 400 开头电话的区别

800 开头的电话对于拨打的消费者来说，是完全免费的服务电话；而 400 开头的电话则需要拨打用户自己负担电话费，400 电话的收费标准如下：

在 400 电话服务中心的本地拨打该电话，就与拨打本地固定电话的资费一样，就是一般市话。对于手机用户来说，根据各自的运营商和套餐费用标准收费，也是收取本地市话费。如果拨打外地的 400 电话服务，那么拨打的消费者就需要自己负担长途电话费。

800 电话不能使用手机拨打，而 400 电话可以，这是所有 800 服务电话都有一个替代电话的原因，不过拨打该电话是要收费的。

(四)呼叫中心的优势

1. 提高工作效率。呼叫中心能有效地减少通话时间,降低网络费用。提高员工、业务代表的业务量,在第一时间内就将来话转接到正确的分机上,通过呼叫中心发现问题并加以解决。同时,自动语音应答系统可以将企业员工从繁杂的工作中解放出来,去管理更复杂、直接和客户打交道的业务,提高工作效率和服务质量。

2. 节约开支。呼叫中心统一完成语音与数据的传输,用户通过语音提示即可轻易地获取数据库中的数据,有效地减少每一个电话的时长,每一位座席工作人员在有限的时间内可以处理更多的电话,大大提高电话处理的效率及电话系统的利用率。

3. 选择合适的资源。根据员工的技能、员工的工作地点、根据来话者的需求、来话者的重要性、根据不同的工作时间、日期来选择最好的同时也是最可接通的业务代表。

4. 提高客户服务质量。自动语音设备可不间断地提供礼貌而热情的服务,即使在晚上,您也可以利用自动语音设备提取所需信息,而且由于电话处理速度的提高,大大减少了用户在线等候的时间。

5. 留住客户。一般的客户发展阶梯是:潜在客户→新客户→满意客户→留住的客户→老客户。失去一个老客户,所受到的损失需要有8~9个新客户来弥补,而20%的重要客户可能为您带来80%的收益,所以留住客户比替换他们更为经济有效。呼叫中心集中公司所有客户的信息资料,并提供客户分析、业务分析等工具,帮助您判断最有价值客户,并奖励您的老客户,找出客户的需要并满足他们的需要,从而提高客户服务水平,达到留住客户的目的。

6. 带来新的商业机遇。理解每一个呼叫的真正价值,提高效率,增加收益,提升客户价值,利用技术上的投资可更好地了解您的客户,密切与客户的联系,使您的产品和服务更有价值。尤其是从每一次呼叫中也许可以捕捉到新的商业机遇。

知识窗

955开头的电话

955开头的电话主要是银行、保险、证券服务热线,拨打时一般要收取基本通话费(市话费用,无信息费)。例如:

工商银行	95588	交通银行	95559	中国银行	95566
招商银行	95555	建设银行	95533	广发银行	95508
农业银行	95599	浦东银行	95528	中信银行	95558
光大银行	95595	兴业银行	95561	民生银行	95568
方正证券	95571	招商证券	95565	新华人寿保险	95567
太平人寿保险	95589	安邦财产保险	95569	中国银联	95516

(五)呼叫中心的系统组成及其应用

呼叫中心系统主要有:智能网络(IN)、自动呼叫分配系统(ACD)、交互式语音应答系统(IVR)、计算机电信集成系统(CTI)、来话和去话呼叫管理用系统(ICM/OCM)、呼叫管理系统(CMS)、数据库管理系统(DBMS)、人工座席(Agent)组成。

其应用领域很广泛，包括银行、电信、证券、邮政、保险、电力、法律、公安、医疗、交通、家电行业、汽车行业、政府、电子商务等。

在电子商务领域，主要突出如图7-23所示的框架关系。

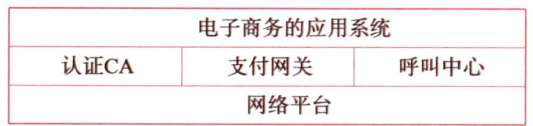

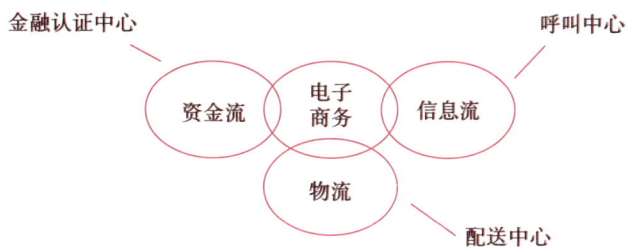

图7-23 电子商务应用关系

> **拓展阅读**
>
> **中国呼叫中心行业的三大发展趋势**
>
> 从二十世纪末开始，中国呼叫中心产业经过十余年的发展，从最初的传统客服行业发展到各行各业，颇具规模，业务应用也更加宽泛。产业重点从建设到管理，价值提升正在悄然转变。目前中国的呼叫中心逐渐朝三大趋势发展。
>
> 第一个发展趋势是语音识别技术。中文关键词辨识与分析模块给企业提供一个强大的筛选与预警系统，全面系统化找出客户的"关键通话"，协助管理者听到问题、听到抱怨，也看到商机，借此迅速有效解决问题，提升客户满意度并创造商机。
>
> 第二个发展趋势是关注员工的满意度。根据研究分析，员工的满意度提高不但能促进销售，还可节省大量的成本，其中适宜的班表与公正客观的考核就是关键。TQ提供专业人力资源优化软件，协助企业建立最高的作业标准、最直觉化的操作流程以及最人性化与高效率的工作环境，让冗长而重复的基本作业交给系统处理，让管理者获得更多宝贵的时间向核心管理迈进。
>
> 第三个发展趋势是云客服。除了能以较少的成本弹性取得需要的应用服务，更可以针对企业环境的快速变化进行调整，因此对于呼叫中心这样的产业，"云端"绝对是解决企业节约成本与快速反应的一帖良药。TQ基于多年来对于客服产业的投入与坚持，针对企业的不同需求，量身打造不同规格的云端服务，云录音、云质检、云排班与云客服平台皆可随需求改变，无须担心资源浪费与过度建置的问题。
>
> 作为中国呼叫中心领域的"领头羊"，TQ云呼叫中心是业内首次实现各种通信渠道一体化整合管理的创新型呼叫中心管理系统。

实战强化

随堂测验

实训一 客户关系管理流程的模拟训练

一、实训目的

培养学生对客户关系管理知识的运用能力,掌握电子商务环境下客户关系管理流程。

二、实训内容

案例材料:网店的包邮产品中,一种9.9元的产品,一位客户买了30件;另一种99元的产品,一位客户买了2件。

以上述材料为例,利用所学知识分析,哪位客户是我们要维系的客户?怎样去维护?

三、实训要求

1. 学生分成若干小组,讨论分析实训内容。
2. 每小组推举一名代表做总结性分析。
3. 发言要语言流畅,条理清晰。
4. 时间规定:每组发言3分钟。

四、成绩评定

1. 规定时间到后,由其他小组打分。
2. 教师进行点评、总结、打分。

实训二 客户关系管理工具应用训练

一、实训目的

培养学生对理论知识的综合运用能力,使学生熟练使用客户关系管理工具。

二、实训内容及要求

1. 案例材料:宝洁公司是第一家提供"800消费者免费服务电话"的公司,它每年要接收几十万个直接打进的"800电话",其中很多是顾客对产品的投诉。宝洁公司不仅回复顾客的每一个电话,而且把每个月的电话内容记录下来,以提交会议讨论。宝洁之所以在中国飞速发展,其秘诀之一就是公司将改良产品的构想建立在熟悉消费者真实需求的基础之上。

模拟800呼叫中心座席员接待客户处理流程,接听电话,处理相关问题。

2. 熟练运用一套CRM系统软件进行模拟操作实训。

三、实训组织

1. 呼叫中心实训。
（1）每两人一组，现场展示呼叫中心座席员和客户的交流过程。
（2）每两人一组，互换身份，重复以上过程。
（3）每组规定过程时间 3~5 分钟，规定时间到后，由客户给座席员打分。
（4）其他组学生对展示组学生打分。
（5）教师进行点评、总结。
2. CRM 系统软件实训。学习使用 CRM 系统软件。

思考与练习

1. 什么是客户关系管理？
2. 培养客户忠诚度的原则有哪些？
3. 电子商务客服人员与客户进行沟通有哪几种方式？
4. 列举电子商务客服人员维系老客户的方法。
5. 电子商务客服与网络营销一样吗？如不一样，请举例说明。
6. 什么是呼叫中心？其优势有哪些？
7. 列举呼叫中心的工作内容。
8. 400 和 800 客服号码的区别是什么？
9. 10086 常用的功能有哪些？

任务实训

第七天，小李专门进行了客户关系管理的培训。客户服务部刘经理提出：现在绝大部分网店还没自己的客户关系管理系统（CRM），有的只是厚厚的发货单、记账单，客户信息杂乱，完全无法维护。但是有一些大型的网店和 B2C 企业，建立起了完善的客户关系管理系统（CRM），极大地提升了客户的回头率，利润成倍增长。

（一）淘宝客服培训、筛选计划（见表 7-3）

表 7-3

培训内容	培训任务
理论培训	1. 熟悉一些常见的客户关系管理工具 2. 熟练运用加强客户交流的网络平台
服务技能培训	1. 上机练习工具的使用 2. 建立自己的客户交流平台 3. 晚上一起聚餐，促进团队融洽

(二) 小李的实训内容

客户关系管理离不开管理工具软件，作为网店管理和维系客户关系，一般要使用到如下一些平台和工具。如：网店后台的会员关系管理工具、"淘关怀"、淘宝开发平台的客户关系管理软件、"掌柜说"、淘宝帮派等。

1. 网店后台会员关系管理工具。

网店运营最常用到的会员管理工具就是淘宝网店后台的会员关系管理工具，登录淘宝网店后台，从左侧栏点击进入会员关系管理，如图7-24所示，通过淘宝后台提供的会员关系管理工具，可以实现管理本网店所有的客户，制定营销活动，分析客户分布，设置会员等级等功能。

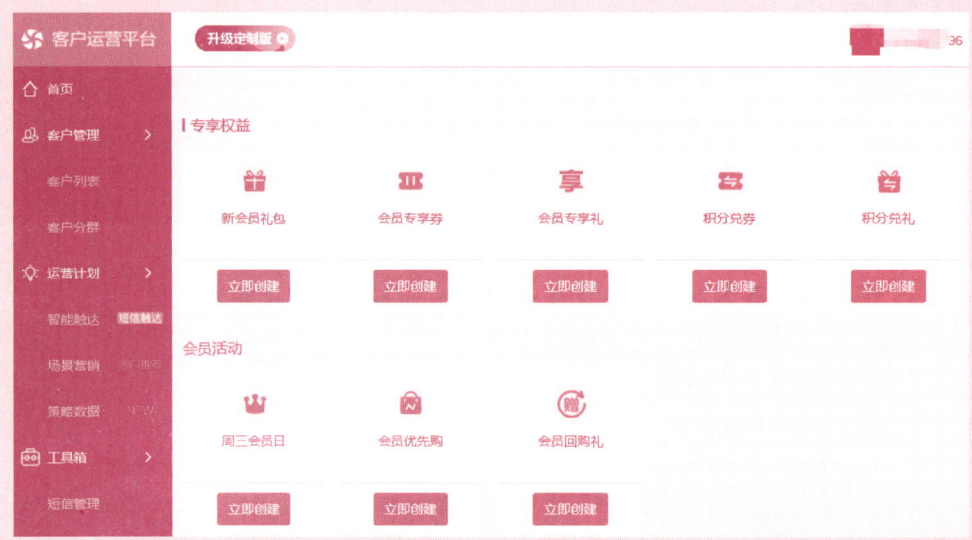

图7-24 淘宝网店后台会员关系管理

淘宝网店后台的会员关系管理工具是一个功能比较简单的客户管理工具，这个管理工具最大的特点是能与网店紧密结合，针对不同等级的会员在购买时享受不同的优惠政策，参加不同的促销活动。不足之处是不支持短信、旺旺等信息群发，不能进行客户关怀与营销。

2. 旺牛客户。

旺牛客户关系管理系统的主要功能有：短信营销、会员精准营销、旺旺窗口收集会员信息、客户关怀、客户分析、个性标签统计使用量等。

从淘宝网店的服务市场中搜索"旺牛CRM"，其功能界面如图7-25所示。

旺牛CRM可以管理多店铺的新老客户，帮助店铺开展客户信息收集、客户分析、客户管理、客户营销、订单催付、发货通知、客户关怀等。

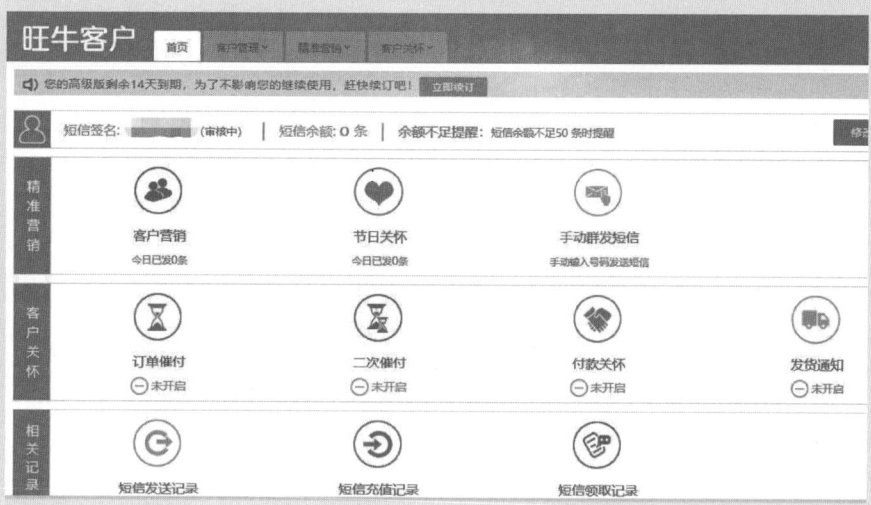

图 7-25　旺牛 CRM

3. 微淘。

微淘是阿里巴巴推出的为商家提供内容平台服务，是以关注关系为核心的生活消费类内容社区，为帐号提供确定性的粉丝触达，为消费者提供最新的消费资讯的社区平台。微淘号生态下有商家、达人、官微三种身份。微淘对商家来说，是商家面向消费者进行自营销的内容电商平台，通过微淘，商家可以进行粉丝关系管理，品牌传递，精准互动，内容导购等。微淘对达人来说，是达人通过个人真实推荐，向消费者安利生活好物内容平台；可以生产深度垂直的内容，帮助消费者做出购买的决策。微淘对消费者来说是优质消费内容的聚集地，消费者可以通过微淘，观看商家、达人的种草内容，从而发现想购买的商品，通过更为真实的内容分享体验来进行购买决策。微淘应用的典型案例是三只松鼠旗舰店，其微淘如图 7-26 所示。

图 7-26　三只松鼠旗舰店的微淘界面

4. 淘宝群。

对于我们网店的核心客户群体，他们数量少，但是消费高，为了维护这部分客户群体，经常用到一个管理利器——淘宝群。淘宝群是淘宝网2016年11月推出的，基于手机淘宝的消息群；用于购物信息的互通，用于商品口碑的传播。淘宝群是消费用户在消费需求场景下的沟通群；群里买家与买家之间的互动是商品口碑的互动；适合卖家进行店铺买家关系管理，例如VIP买家专属服务；群内消息会在用户的手机淘宝首页右上角进行实时提醒。淘宝群需登录"千牛工作台"创建，如图7-27所示。

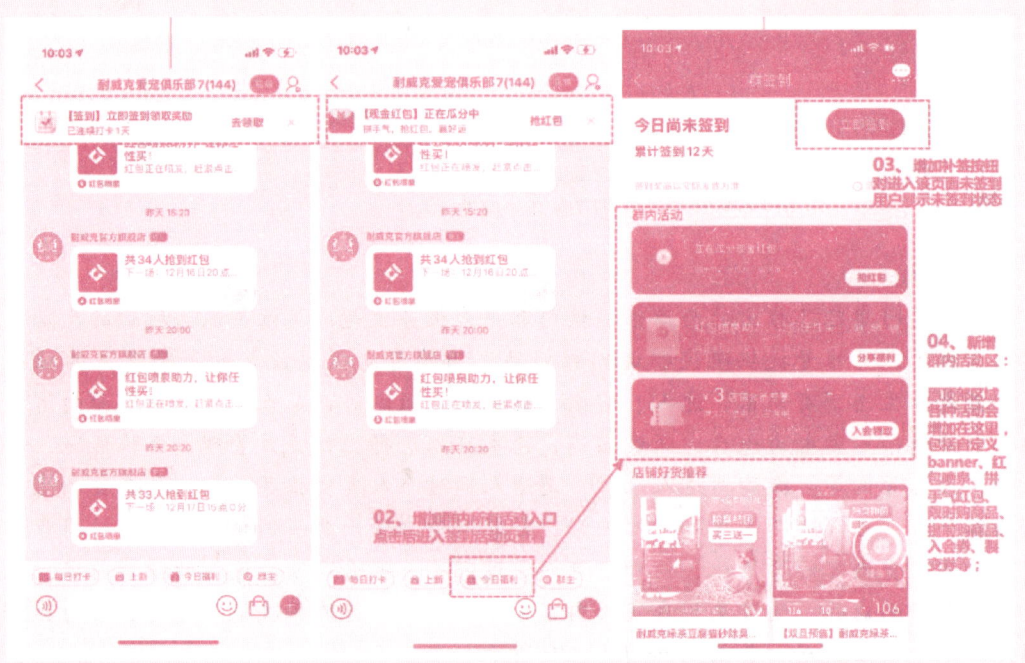

图 7-27 淘宝群

5. 独立社区。

现在有不少网店开始自建社区网站来维护管理客户群体，通过独立社区一方面可以与客户进行深度互动，增加客户黏性；另一方面可以提升品牌影响力。独立社区的特点是可以自己定规则，可以自己开发各类功能，可以收集到更多的客户信息，可以策划和设置各类营销活动。持续不断地保持客户的活跃度，但是独立社区的建设投入不小，运营的难度也比较大，典型案例是小米的独立社区，如图7-28所示。

图7-28 小米的独立社区

所有的培训都结束了,小李在晚上的聚餐上频频向刘经理和其他的团队成员们敬酒。他感到作为一个合格的客服人员需要学习的东西还很多,以后将要遇到的问题和困难也会很多,需要团队间的互相理解和支持,但他也对明天的挑战充满信心。

主要参考文献

1. 冯英健：《网络营销基础与实践》第5版，清华大学出版社2016年版。
2. 淘宝大学：《网店客服》，电子工业出版社2011年版。
3. 罗岚：《网店运营专才》第2版，南京大学出版社2014年版。
4. 张光忠、万安培、郑介甫主编：《市场营销辞典》，人民出版社2008年版。
5. 卢向南、李小东、汤兵勇：《网络企业管理》，高等教育出版社2001年版。
6. 余明阳、姜炜：《品牌管理学》，复旦大学出版社2006年版。
7. 王凡华：《绿色媒体与网络品牌的建构》，《管理观察》，2009年第11期。
8. 刘胜：《品牌知名度不等于美誉度》，《中国企业报》，2004年6月24日。
9. 白东蕊：《网店客服理论、案例与实训》，人民邮电出版社2021年版。
10. 苏朝晖：《电商客户关系管理》，人民邮电出版社2021年版。

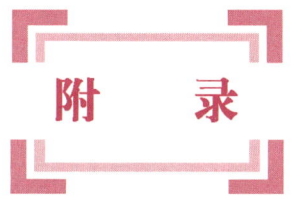

二维码资源索引表

项目	二维码名称	资源类型	正文页码
项目一	文本：客户网购过程	文本	4
项目一	微课：网购客户的需求特点	视频	14
项目一	随堂测验	文本	24
项目二	微课：网络品牌的三个层次	视频	32
项目二	微课：品牌文化建设	视频	35
项目二	微课：商品描述的内容	视频	48
项目二	微课：商品虚假宣传的法律处罚	视频	54
项目二	微课：网络促销的作用	视频	56
项目二	随堂测验	文本	62
项目三	微课：标准化工作流程的意义	视频	72
项目三	微课：退换货流程——物流责任	视频	82
项目三	微课：淘宝卖家规则——恶意刷单	视频	92
项目三	微课：网络支付安全	视频	96
项目三	随堂测验	文本	101
项目四	微课：服务态度很重要	视频	112
项目四	延伸阅读：通过人工智能与客户沟通	文本	116
项目四	PPT：客户来源分析	PPT	129
项目四	文本：用千牛给客户分组	文本	131
项目四	随堂测验	文本	136
项目五	微课：有效订单的处理	视频	150
项目五	微课：如何做好客户归类？	视频	155
项目五	随堂测验	文本	157
项目六	微课：客户投诉的心理	视频	166
项目六	微课：掌握纠纷处理方法	视频	197
项目六	随堂测验	文本	199
项目七	案例学习：华为的客户关系管理	文本	206
项目七	案例学习：三只松鼠与客户的沟通	文本	208
项目七	随堂测验	文本	232